国家电网公司招聘考试专用教材

综合知识全真题库

中公教育国有企业招聘考试研究中心 ◎ 编著

中国出版集团有限公司
世界图书出版公司
北京 广州 上海 西安

图书在版编目(CIP)数据

国家电网公司招聘考试专用教材. 综合知识全真题库 / 中公教育国有企业招聘考试研究中心编著. — 北京：世界图书出版有限公司北京分公司，2020.7(2025.5 重印)

ISBN 978-7-5192-7612-6

Ⅰ.①国… Ⅱ.①中… Ⅲ.①电力工业-工业企业-招聘-考试-中国-习题集 Ⅳ.①F426.61

中国版本图书馆 CIP 数据核字(2020)第 112290 号

书　　名	国家电网公司招聘考试专用教材·综合知识全真题库 GUOJIA DIANWANG GONGSI ZHAOPIN KAOSHI ZHUANYONG JIAOCAI·ZONGHE ZHISHI QUANZHEN TIKU
编　　著	中公教育国有企业招聘考试研究中心
责任编辑	张建民
特约编辑	马瑞霞
出版发行	世界图书出版有限公司北京分公司
地　　址	北京市东城区朝内大街 137 号
邮　　编	100010
电　　话	010-64038355(发行)　64033507(总编室)
网　　址	http://www.wpcbj.com.cn
邮　　箱	wpcbjst@vip.163.com
销　　售	各地新华书店
印　　刷	三河市恒彩印务有限公司
开　　本	787 mm×1092 mm　1/16
印　　张	14
字　　数	336 千字
版　　次	2020 年 7 月第 1 版
印　　次	2025 年 5 月第 15 次印刷
国际书号	ISBN 978-7-5192-7612-6
定　　价	48.00 元

如有质量或印装问题，请拨售后服务电话 010-82838515

目 录

第一篇　一般能力

第一章　数量关系 ·· (2)
　一、数字推理 ··· (2)
　二、数学运算 ··· (5)

第二章　言语理解与表达 ·· (36)
　一、选词填空 ·· (36)
　二、语句表达 ·· (43)
　三、阅读理解 ·· (47)

第三章　判断推理 ··· (98)
　一、图形推理 ·· (98)
　二、逻辑判断 ··· (105)
　三、定义判断 ··· (113)
　四、类比推理 ··· (119)
　五、事件排序 ··· (120)

第四章　资料分析 ·· (138)

第五章　常识判断 ·· (181)
　一、历史与人文 ·· (181)
　二、科技与生活 ·· (185)
　三、国情与地理 ·· (189)

第二篇　形势与政策

第一章　国家重大方针政策及思想 ……………………………………………（210）
第二章　国内其他重要会议及文件 ………………………………………………（215）

第三篇　国家电网有限公司企业文化、电力与能源战略

国家电网有限公司企业文化、电力与能源战略 ……………………………………（220）
　国家电网有限公司企业文化 ……………………………………………………（220）
　电力与能源战略 …………………………………………………………………（220）

第一篇

一般能力

内容概述

一般能力主要考查数量关系、言语理解与表达、判断推理、资料分析和常识判断。其中,数量关系主要测查考生快速理解和解决算数问题的能力;言语理解与表达主要测查考生对语言文字的综合分析能力;判断推理主要测查考生根据一定的已知条件,通过自己拥有的知识、思维进行判定、推断,分析事物得出自己的结论的能力;资料分析主要测查考生对各类文字、图表资料的阅读、理解、分析、计算等方面的能力;常识判断主要测查考生对历史与人文、科技与生活、国情与地理等基本常识的掌握情况。

第一章 数量关系

一、数字推理

1. 1，1，5，13，41，（ ）
   A. 53　　　　　　　　　　B. 79
   C. 95　　　　　　　　　　D. 121

2. 3，9，18，30，45，（ ）
   A. 69　　　　　　　　　　B. 66
   C. 63　　　　　　　　　　D. 60

3. 35，5，（ ），$\frac{5}{49}$，$\frac{5}{343}$
   A. $\frac{5}{7}$　　　　　　　　　　B. $\frac{3}{7}$
   C. $\frac{5}{42}$　　　　　　　　　　D. $\frac{4}{49}$

4. 0，2，7，4，26，6，63，8，（ ）
   A. 124　　　　　　　　　　B. 9
   C. 71　　　　　　　　　　D. 99

5. 8，4，6，15，$52\frac{1}{2}$，（ ）
   A. $233\frac{1}{4}$　　　　　　　　　B. $236\frac{1}{4}$
   C. $239\frac{1}{2}$　　　　　　　　　D. $241\frac{1}{2}$

6. -2，1，7，16，28，（ ）
   A. 31　　　　　　　　　　B. 36
   C. 41　　　　　　　　　　D. 43

7. 1，2，5，14，41，（ ）
   A. 68　　　　　　　　　　B. 122
   C. 81　　　　　　　　　　D. 163

8. 0，-1，4，21，56，（ ）
   A. 81　　　　　　　　　　B. 99
   C. 110　　　　　　　　　D. 115

9. -1, 2, 0, 4, 4, ( )
A. 8   B. 12
C. 16   D. 20

10. 2, 2, 4, 16, 128, ( )
A. 280   B. 546
C. 1056   D. 2048

11. 2, 4, 12, 48, 240, ( )
A. 480   B. 960
C. 1440   D. 1920

12. 1, 2, 3, 35, ( )
A. 70   B. 108
C. 11000   D. 11024

13. 12, 34, 56, 78, 910, 1112, ( )
A. 1314   B. 1416
C. 2147   D. 4235

14. 1, 3, 3, 9, 7, 3, ( )
A. 0   B. 1
C. 2   D. 3

15. 3, 35, 99, 195, ( )
A. 272   B. 306
C. 323   D. 340

16. 0, $\frac{1}{3}$, $\frac{1}{2}$, $\frac{3}{5}$, $\frac{2}{3}$, ( )
A. $\frac{5}{7}$ B. $\frac{7}{9}$ C. $\frac{9}{11}$ D. $\frac{11}{13}$

17. 1, $\frac{3}{2}$, $\frac{5}{3}$, $\frac{7}{4}$, ( )
A. 9   B. $\frac{7}{6}$ C. $\frac{5}{4}$ D. $\frac{9}{5}$

18. 1, 2, $\frac{3}{2}$, $\frac{5}{6}$, $\frac{11}{30}$, ( )
A. $\frac{17}{90}$ B. $\frac{23}{180}$
C. $\frac{37}{240}$ D. $\frac{41}{330}$

19. 4, 8, 20, 60, 210, ( )
A. 390   B. 840
C. 890   D. 1024

20. 2.03, 113.06, 224.12, 335.24, 446.48, ( )
A. 556.96
B. 556.72
C. 557.96
D. 557.72

21. 345, 268, 349, 264, 354, 259, 360, ( )
A. 253
B. 255
C. 366
D. 370

22. 20002, 40304, 60708, ( ), 10023032, 12041064
A. 8013012
B. 8013016
C. 808015
D. 8011016

23. 1807, 2725, 3661, 4534, 5470, ( )
A. 6352
B. 5847
C. 6231
D. 5449

24. 143, 152, 224, 314, 323, ( )
A. 397
B. 503
C. 508
D. 406

25. 17653, 37651, 57631, 67531, ( )
A. 76531
B. 71356
C. 73561
D. 75631

26. $\frac{2}{5}$, $\frac{3}{7}$, $\frac{4}{10}$, $\frac{6}{14}$, $\frac{8}{20}$, $\frac{12}{28}$, ( )
A. $\frac{16}{40}$
B. $\frac{14}{32}$
C. $\frac{20}{48}$
D. $\frac{24}{56}$

27. 1, -3, 3, 3, 9, ( )
A. 28
B. 36
C. 45
D. 52

28. 13, 14, 16, 21, ( ), 76
A. 23
B. 35
C. 27
D. 22

29. 4.5, 3.5, 2.8, 5.2, 4.4, 3.6, 5.7, ( )
A. 2.3
B. 3.3
C. 4.3
D. 5.3

30. 1339, 2373, 3451, 4628, 5717, ( )
A. 7840
B. 7921
C. 7852
D. 7938

31. 4, 5, 15, 6, 7, 35, 8, 9, ( )
A. 27
B. 15

C. 72   D. 63
32. 3, 9, 6, 9, 9, 27, (   ), 27
A. 15   B. 18   C. 24   D. 30
33.

15	2	3
10	?	17
22	4	14

A. 7   B. 5   C. 3   D. 9

34.

A. −3   B. 0   C. 3   D. 6

35.

A. 8   B. 9   C. 15   D. 16

二、数学运算

36. 王某出资 10 万元投资甲、乙、丙三只股票,且投资乙股、丙股的金额相同。他在甲股上涨 300%,乙股上涨 50%,丙股下跌 50% 时将全部股票抛出,共获利 12 万元(不考虑其他费用)。那么,王某投资甲、乙两只股票的金额比例是(   )。
A. 8∶1   B. 3∶1   C. 4∶3   D. 6∶1

37. 某企业在"十二五"期间第一年的营业额比上一年增长了 1.5 亿元,且往后每年的营业额增量都保持 1.5 亿元不变。已知该企业在"十四五"期间的营业额将是"十二五"和"十三五"期间营业额之和的 80%。问:该企业在"十二五"到"十四五"期间的总营业额在以下哪个范围内?(   )
A. 不到 300 亿元   B. 300 亿~330 亿元
C. 330 亿~360 亿元   D. 超过 360 亿元

38. 小王和小张分别于早上 8:00 和 8:30 从甲地出发,匀速骑摩托车前往乙地。10:00 小王到达两地的中点丙地,此时小张距丙地尚有 5 千米。11:00 时小张追上小王。则甲、乙两地相距多少千米?(   )
A. 50   B. 75
C. 90   D. 100

39. 某自驾游车队由6辆车组成,车队的行车顺序有如下要求:甲车不能排在第一位,乙车必须排在最后一位,丙车必须排在前两位,且任一车辆均不得超车或并行。该车队的行车顺序共有( )种可能。
   A. 36   B. 42   C. 48   D. 54

40. 某旅游部门规划一条从甲景点到乙景点的旅游线路,经测试,旅游船从甲到乙顺水匀速行驶需3小时;从乙返回甲逆水匀速行驶需4小时。假设水流速度恒定,甲、乙之间的距离为 y 千米,旅游船在静水中匀速行驶 y 千米需要 x 小时,则 x 满足的方程为哪个?( )
   A. $\frac{1}{3} - \frac{1}{x} = \frac{1}{x} - \frac{1}{4}$
   B. $\frac{1}{3} - \frac{1}{x} = \frac{1}{4} + \frac{1}{x}$
   C. $\frac{1}{x+3} = \frac{1}{4} - \frac{1}{x}$
   D. $\frac{1}{4-x} = \frac{1}{x} + \frac{1}{3}$

41. 某家庭有爸爸、妈妈、女儿3人,今年每2人的平均年龄加上余下1人的年龄之和,分别为39、52、53,则3人中最大年龄与最小年龄之差为( )。
   A. 22   B. 24   C. 26   D. 28

42. 大雪后的一天,小琴和爸爸共同测试一个圆形花圃的周长。他俩的起点和走的方向完全相同。小琴的平均步长54厘米,爸爸平均步长72厘米,由于两人的脚印有重合,并且他们走了一圈后都回到起点,这时雪地上只留下60个脚印,这个花圃的周长是( )米。
   A. 21.6   B. 23.6   C. 26   D. 32

43. 便利店里有三种水果,分别是香蕉、水晶梨和苹果,其中香蕉每千克4元,水晶梨每千克6元,苹果每千克7元。小游、小梁、小志三人带的钱数相等且都不超过100元,三人分别购买一种水果,已知三人买的均是整数千克,小游买完香蕉后还剩15元,小梁买完水晶梨后还剩21元,小志买完苹果后剩17元,如果三人的钱相加,最多能买大约( )千克香蕉。
   A. 55   B. 65   C. 70   D. 75

44. 某演唱会检票前若干分钟就有观众开始排队等候入场,而每分钟来的观众人数一样多。从开始检票到等候队伍消失,若同时开4个入场口需50分钟,若同时开6个入场口则需30分钟。如果同时开7个入场口需几分钟?( )
   A. 18   B. 20   C. 22   D. 25

45. 一个三角形的三边长都是整数,周长为14。这样的三角形有( )个。
   A. 3   B. 4   C. 5   D. 6

46. 某河段中的沉积河沙可供80人连续开采6个月或60人连续开采10个月。如果要保证该河段河沙不被开采枯竭,最多可供多少人进行连续不间断的开采?(假定该河段河沙沉积的速度相对稳定。)( )
   A. 25   B. 30   C. 35   D. 40

47. 一小偷藏匿于某商场,三名保安甲、乙、丙分头行动搜查商场的100家商铺。已知甲检查过80家,乙检查过70家,丙检查过60家,则三人都检查过的商铺至少有( )家。
   A. 5   B. 10   C. 20   D. 30

48. 某蓄水池有一进水口A和一出水口B,池中无水时,打开A口关闭B口,加满整个蓄水池需2小时;池中满水时,打开B口关闭A口,放干池中水需1小时30分钟。现池中有占

总容量 $\frac{1}{3}$ 的水,问:同时打开 A、B 口,需多长时间才能把蓄水池放干?(   )

A. 90 分钟　　　　B. 100 分钟　　　　C. 110 分钟　　　　D. 120 分钟

49. 甲、乙两个工程队共同修建一段长为 2100 千米的公路,甲队每天比乙队少修 50 千米,甲队先单独修 3 天,余下的路程与乙队合修 6 天完成,则乙队每天所修公路的长度是(   )。

A. 135 千米　　　　B. 140 千米　　　　C. 160 千米　　　　D. 170 千米

50. 一条路上依次有 A、B、C 三个站点,加油站 M 恰好位于 AC 的中点,加油站 N 恰好位于 BC 的中点。若想知道 M 和 N 两个加油站之间的距离,只需要知道哪两点之间的距离?(   )

A. CN　　　　B. BC　　　　C. AM　　　　D. AB

51. 有 100 人参加运动会的三个比赛项目,每人至少参加一项,其中未参加跳远的有 50 人,未参加跳高的有 60 人,未参加赛跑的有 70 人。那么至少有(   )人参加了不止一个项目的比赛。

A. 7　　　　B. 10　　　　C. 15　　　　D. 20

52. 假设甲、乙、丙三人单独完成一项任务所需的时间依次是 6 小时、8 小时、12 小时。现在按照甲、乙、丙、乙、丙、甲、丙、甲、乙的顺序每人轮班工作 1 小时,问:任务完成时,甲、乙、丙分别工作了多少小时?(   )

A. 2、2、3　　　　B. 3、3、2　　　　C. 2、3、3　　　　D. 3、2、3

53. 某学校去年参加数学竞赛的低年级学生占 20%。今年该校参加数学竞赛的学生增加了 40%,低年级学生占 25%。问:今年参赛的低年级学生数和去年相比增长了多少?(   )

A. 75%

B. 60%

C. 25%

D. 20%

54. 妈妈为了给过生日的小东一个惊喜,在一底面半径为 20 厘米、高为 60 厘米的圆锥形生日帽内藏了一个圆柱形礼物盒。为了不让小东事先发现礼物盒,该礼物盒的侧面积最大为(   )平方厘米。

A. 600 π

B. 640 π

C. 800 π

D. 1200 π

55. 建造一个容积为 16 立方米,深为 4 米的立方体无盖水池,如果池底和池壁的造价分别为每平方米 160 元和每平方米 100 元,那么该水池的最低造价是多少元?(   )

A. 3980

B. 3560

C. 3270

D. 3840

56. 父母携一个儿童报名参加团体旅游,两家旅行社给出的报价如下:它们的个人全票价相同,甲旅行社的报价是父母全票,儿童享七五折全票价;乙旅行社的报价是三人均享九折全票价。如果甲、乙旅行社报价总额相差 50 元,那么个人全票价是多少元?(   )

A. 800

B. 900

C. 960

D. 1000

57. 如图所示，长方形 ABCD 的面积为 20 平方厘米，$S_{\triangle ABE} = 4$ 平方厘米，$S_{\triangle AFD} = 6$ 平方厘米，三角形 AEF 的面积是多少平方厘米？（　　）

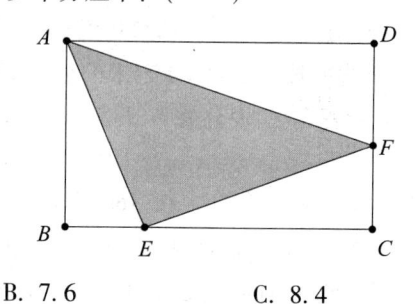

　　A. 7.2　　　　　　B. 7.6　　　　　　C. 8.4　　　　　　D. 8.8

58. 某类商品按质量分为 8 个档次，最低档次商品每件可获利 8 元，每提高一个档次，则每件商品的利润增加 2 元。最低档次商品每天可产出 60 件，每提高一个档次，则日产量减少 5 件。若只生产其中某一档次的商品，则每天能获得的最大利润是（　　）元。

　　A. 620　　　　　　B. 630　　　　　　C. 640　　　　　　D. 650

59. 一个盒子里有黑棋子和白棋子若干粒，若取出一粒黑子，则余下的黑子数与白子数之比为9：7，若放回黑子，再取出一粒白子，则余下的黑子数与白子数之比为7：5，那么盒子里原有的黑子数比白子数多（　　）。

　　A. 5 粒　　　　　B. 6 粒　　　　　C. 7 粒　　　　　D. 8 粒

60. 有软件设计专业学生 90 人、市场营销专业学生 80 人、财务管理专业学生 20 人及人力资源管理专业学生 16 人参加求职招聘会，至少有多少人找到工作就一定保证有 30 名找到工作的人专业相同？（　　）

　　A. 59　　　　　　B. 75　　　　　　C. 79　　　　　　D. 95

61. 某演唱会主办方为观众准备了白、红、橙、黄、绿、蓝、紫 7 种颜色的荧光棒各若干只，每名观众可在入口处任意选取 2 只，若每种颜色的荧光棒都足够多，那么至少（　　）名观众中，一定有两人选取的荧光棒颜色完全相同。

　　A. 14　　　　　　B. 22　　　　　　C. 23　　　　　　D. 29

62. 有一座 13.2 万人口的城市，需要划分为 11 个投票区，任何一个区的人口不得比其他区人口多 10% 以上，那么人口最少的地区可能有（　　）人。

　　A. 9800　　　　　B. 10500　　　　　C. 10700　　　　　D. 11000

63. C 是线段 AB 上一点，D 是线段 CB 的中点，已知图中所有线段的长度之和为 23，线段 AC 和线段 CB 的长度都是正整数，那么线段 AC 的长度为（　　）。

　　A. 2　　　　　　B. 3　　　　　　C. 5　　　　　　D. 7

64. 一个面积为 1 的正六边形，依次连接正六边形各边中点得到第二个正六边形，这样继续下去可得到第三个、第四个、第五个、第六个正六边形，第六个正六边形的面积是多少？（　　）

　　A. $\dfrac{64}{729}$　　B. $\dfrac{32}{243}$　　C. $\dfrac{91}{512}$　　D. $\dfrac{243}{1024}$

65. 甲、乙、丙三人共同加工 2010 个零件。如果他们分别加工一个零件需要 10 分钟、12 分钟和 25 分钟,那么当工作完成时,甲比丙多加工了几个零件?(　　)
    A. 450　　　　　　B. 540　　　　　　C. 600　　　　　　D. 720

66. 在一次竞标中,评标小组对参加竞标的公司进行评分,满分 100 分。按得分排名,前 5 名的平均分为 93 分,且得分是互不相同的整数,则第三名得分至少是(　　)。
    A. 92 分　　　　　B. 91 分　　　　　C. 90 分　　　　　D. 89 分

67. 超市推出 1 元钱 1 瓶,4 个空瓶换 1 瓶的汽水促销活动。小华和小伙伴们总共凑了 40 元钱,最多可以喝到(　　)瓶汽水。
    A. 54　　　　　　　B. 52　　　　　　　C. 53　　　　　　　D. 50

68. 甲、乙两人在一条长 100 米的直路上来回跑步,甲的速度 3 米/秒,乙的速度 2 米/秒。如果他们同时分别从直路的两端出发,当他们跑了 10 分钟后,共相遇多少次?(　　)
    A. 14　　　　　　　B. 15　　　　　　　C. 16　　　　　　　D. 17

69. 某钢铁厂生产一种特种钢材,由于原材料价格上涨,今年这种特种钢材的成本比去年上升了 20%。为了推销该种钢材,钢铁厂仍然以去年的价格出售,这种钢材每吨的盈利下降 40%,不过销售量比去年增加了 80%,那么今年生产该种钢材的总盈利比去年增加了多少?(　　)
    A. 4%　　　　　　　B. 8%　　　　　　　C. 20%　　　　　　D. 54%

70. 一间会议室,长 8.5 米,宽 6 米。用周长 60 厘米、宽 10 厘米的长方形砖铺地,至少要用多少块?(　　)
    A. 2650　　　　　　B. 2550　　　　　　C. 850　　　　　　　D. 1020

71. 在一条公路上每隔 10 里有一个集散地,共有 5 个集散地,其中一号集散地有旅客 10 人,三号集散地有 25 人,五号集散地有 45 人,其余两个集散地没有人。如果把所有人集中到一个集散地,那么,所有旅客所走的总里数最少是(　　)。
    A. 1100　　　　　　B. 900　　　　　　　C. 800　　　　　　　D. 700

72. 7 辆车要维修,一名工人修这 7 辆车分别需要 12 分钟、17 分钟、8 分钟、18 分钟、23 分钟、30 分钟、14 分钟,每辆车停开 1 分钟,经济损失 11 元。现由 3 名工效相同的维修工人各自单独工作,要使经济损失最小,至少要损失多少元?(　　)
    A. 1991　　　　　　B. 1178　　　　　　C. 619　　　　　　　D. 181

73. 甲、乙两车分别从 A、B 两站同时相向开出,已知甲车速度是乙车速度的 1.5 倍,甲、乙到达途中 C 站的时刻依次为 5:00 和 15:00。这两车相遇时是什么时刻?(　　)
    A. 8:30　　　　　　B. 9:00　　　　　　C. 10:00　　　　　　D. 10:30

74. 四艘轮船负责 6 个码头之间的货物调配任务,已知这 6 个码头所需装卸工的数量分别为 12 人、10 人、6 人、8 人、3 人、9 人。现在让一部分装卸工跟随轮船移动,而不是在各自的码头等待轮船到来后才开始工作,这样一来,可以使得 6 个码头所需装卸工的总数减少,则在不影响任务的前提下,所需装卸工的最少人数是多少?(　　)
    A. 48　　　　　　　B. 39　　　　　　　C. 45　　　　　　　D. 31

75. 有一个 30 项的等差数列,和为 3675,它的每一项都是正整数,那么其中最大的一项的最大值是多少?(　　)
    A. 137　　　　　　　B. 166　　　　　　　C. 224　　　　　　　D. 244

76. 有9枚硬币,其中一枚是轻一些的假币,用天平至少称几次,就一定能找到假的硬币?( )
A. 1　　　　　　　B. 2　　　　　　　C. 3　　　　　　　D. 4

77. 如图所示,大正方形周长比小正方形周长多80,阴影部分的面积为880,大正方形面积是( )。

A. 144　　　　　　B. 625　　　　　　C. 900　　　　　　D. 1024

78. 一个长方形的长与宽的比是14∶5,如果长减少13厘米,宽增加13厘米,则面积增加182平方厘米,那么原长方形面积是多少平方厘米?( )
A. 448　　　　　　B. 630　　　　　　C. 812　　　　　　D. 1120

79. 某喷绘机每次同时单面印刷2张广告布,每印1面需要1分钟,广告布印后需晾干2分钟,现需双面印刷15张广告布,则至少需( )分钟的印刷时间。
A. 15　　　　　　　B. 16　　　　　　　C. 17　　　　　　　D. 19

80. 某商店售卖甲、乙两种产品,它们均以240元出售,甲赚了20%,乙赔了20%,则商店盈亏结果为( )。
A. 亏了20元　　　B. 亏了30元　　　C. 赚了30元　　　D. 不盈不亏

81. 某市出租车价格如下:2千米以内8元,超过2千米不足5千米的部分,每千米2元;超过5千米不足8千米的部分,每千米3元;8千米以上的部分,每千米4元;不足1千米按1千米计算。某位乘客乘坐出租车花了20元,该出租车最多行驶了多少千米?( )
A. 7　　　　　　　B. 8　　　　　　　C. 9　　　　　　　D. 10

82. 某支部的每名党员均以5天为周期,在每个周期的最后1天内提交1篇学习心得。某年的1月1日是周日,在1月1日—5日的5天内,支部分别收到2篇、3篇、3篇、1篇和1篇学习心得。问:当年前12周(每周从周日开始计算)内,支部共收到多少篇学习心得?( )
A. 170　　　　　　B. 169　　　　　　C. 120　　　　　　D. 119

83. 编一本书的书页,用了270个数字(重复的也算,如页码115用了2个1和1个5,共3个数字),这本书一共有多少页?( )
A. 117　　　　　　B. 126　　　　　　C. 127　　　　　　D. 189

84. 一本548页的书,数字5一共出现多少次,数字0会出现多少次?( )
A. 147、100　　　B. 150、100　　　C. 154、108　　　D. 154、104

85. 某公司要对员工进行测试答题,答题数目不超过300道。小明、小华、小李分别为公司的员工,假设他们每小时答题速度都保持不变且为整数,已知小明答题6小时后,剩余13道题未答;小华答题8小时后,剩余17道题未答;小李答题16小时后,剩余17道题未答。则小明每小时至少答( )道题。
A. 20　　　　　　　　　　　　　　　B. 22
C. 11　　　　　　　　　　　　　　　D. 30

86. 某地疫情管控期间,居民自发组建 4 个志愿者小分队为辖区居民配送生活物资,已知除第一个小分队外,其余三队的总人数有 131 人,除第四个小分队外,其余三队的总人数是 134 人;第二、三队的总人数比第一、四队的总人数少 1 人,这 4 个志愿小分队共有(　　)。
 A. 157 人　　　　　　　　　　B. 167 人
 C. 177 人　　　　　　　　　　D. 187 人

87. 甲、乙两家卫生院采购医疗耗材,共计进货 260 箱,其中甲卫生院采购的物品中有 13% 是输液器,乙卫生院采购的物品有 12.5% 是输液器,问:乙卫生院进了多少箱医疗耗材?(　　)
 A. 100　　　　　　　　　　　　B. 120
 C. 140　　　　　　　　　　　　D. 160

88. 为了加强社区管理工作,某街道组建了 13 个志愿服务小分队,1~13 小分队的人数依次是 2、3、6、7、9、10、11、14、16、17、21、22、24。一天下午,区里举办保洁、花卉两个讲座。有 12 个小分队去听讲座,其中听保洁讲座的人数是听花卉讲座人数的 6 倍,余下的那个小分队下社区服务。

 由此可知,下社区服务的是第几小分队?(　　)
 A. 5　　　　　　　　　　　　　B. 7
 C. 9　　　　　　　　　　　　　D. 12

89. 原计划用 20 天收割一片麦子,先由 3 台收割机 8 天完成收割任务的 $\frac{2}{5}$,如果要提前 6 天完成麦子的收割任务,还需要增加(　　)台收割机。
 A. 2　　　　　　　　　　　　　B. 3
 C. 4　　　　　　　　　　　　　D. 5

90. 某研究生院今年的研一新生共 1305 人,比去年增加了 4.4%,其中女生人数减少 4%,男生人数增加 10%,则该院今年的研一新生中有男生(　　)人。
 A. 790　　　　　　　　　　　　B. 805
 C. 825　　　　　　　　　　　　D. 865

91. 某物流车厢长 400 厘米,宽 125 厘米,统一装运长、宽、高分别是 60 厘米、40 厘米、50 厘米的快递箱,如果在物流车内可以放两层上述棱长的快递箱,则这辆物流车一次最多能装(　　)快递箱。
 A. 45 个　　　　　　　　　　　B. 48 个
 C. 50 个　　　　　　　　　　　D. 56 个

92. 如图所示,小区要在一块边长为 10 米的正方形草地上,用圆弧线圈出一块不规则图形建造花圃,已知各圆弧所在圆的圆心是正方形的顶点、边的中点或者正方形的中心,半径都是 5 米,则花圃的面积是(　　)平方米。
 A. 25　　　　　　　　　　　　　B. 50

C. 25π D. 50π

93. 将半径为3,圆心角为$\frac{4}{3}\pi$的扇形卷成圆锥,则这个圆锥的体积为( )。

A. $\frac{2}{3}\sqrt{3}\pi$ B. $\frac{4}{3}\sqrt{3}\pi$

C. $\frac{2}{3}\sqrt{5}\pi$ D. $\frac{4}{3}\sqrt{5}\pi$

94. 一块菱形铁皮ABCD如图所示,BD与AB边的长度相等,E是BC边的中点,将其沿BD折起,使面ABD与面BCD相互垂直。问:折起后三角形ABE的面积与三角形ABD的面积之比是多少?( )

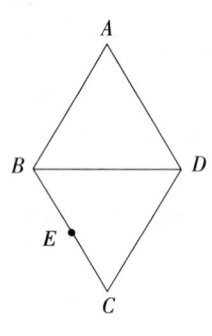

A. $1:2$ B. $\sqrt{3}:2$

C. $\sqrt{5}:4$ D. $\sqrt{15}:16$

95. 某艺术馆展出一件圆柱形的艺术品,工作人员为该艺术品制作了一个底面半径为20厘米、高为60厘米的圆锥形玻璃罩,则该艺术品侧面最大面积为( )。

A. 600π平方厘米 B. 640π平方厘米

C. 800π平方厘米 D. 920π平方厘米

96. 如图,两个形状和大小都一样的直角三角形ABC与DEF,它们的面积都是2004平方厘米,而且每一个三角形直角的顶点都恰好落在另一个直角三角形的斜边上。这两个直角三角形的重叠部分是一个正方形,那么四边形ADEC的面积是( )平方厘米。

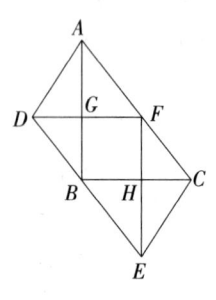

A. 2006 B. 3007 C. 4008 D. 5009

97. 小张和小刘是同事并且住在同一栋楼里,早晨7:40,小张从家出发骑车去公司,7:46追上了一直匀速步行的小刘,看到身旁穿工作服的小刘,小张才想起公司的通知,便立即掉头,并将速度提高到原来的2倍,回家换好工作服,再赶往公司。小张8:00赶到公司时,小刘也恰好到公司。如果小张在家换工作服用去6分钟,掉头时间不计,那么小刘从家里出发的时间是( )。

A. 7:20　　B. 7:25
C. 7:35　　D. 7:30

98. 爸爸和儿子在一周长为2000米的环形跑道上赛跑,两人从同一点同时出发,出发时爸爸和儿子的速度比是5:4,当爸爸跑完一圈后速度减少20%,儿子跑完一圈后速度增加50%,已知爸爸跑完一圈用了1000秒。当儿子追上爸爸的时候两人都跑了( )。

A. 2200米　　B. 2800米
C. 3200米　　D. 3500米

99. 小明回家拿作业本,前300米的速度是5米/秒,后300米的速度是6米/秒,则600米的平均速度是多少?( )

A. 5米/秒　　B. $\frac{41}{9}$米/秒
C. $\frac{60}{11}$米/秒　　D. 9.5米/秒

100. 甲、乙两人在一条椭圆形田径跑道上练习快跑和慢跑,甲的速度为3米/秒,乙的速度为7米/秒,他们在同一点同向跑步,经过100秒第一次相遇。若他们反向跑,多少秒后第一次相遇?( )

A. 30　　B. 40
C. 50　　D. 70

101. 小王在甲医院,小赵在乙医院,两人从所在医院同时骑车出发,来回往返于两个医院之间。已知小王骑车速度为205米/分,小赵骑车速度为225米/分,且经过12分钟后两人第二次相遇,问:两家医院相距多少米?( )

A. 1290　　B. 1720
C. 2150　　D. 2580

102. 甲、乙两个工程队负责一段长为146米的山体隧道贯穿工程的施工,甲工程队先独立掘进2天后,乙工程队从隧道另一端加入施工。已知甲工程队每天比乙工程队多掘进2米,前三天共掘进26米。按此速度,完成这项隧道贯穿工程还需( )。

A. 7天　　B. 10天
C. 12天　　D. 14天

103. 某个车间有两个工人,一个工人是熟练工,一个工人是新招进来的。任务下来之后,熟练工每次会完成所交代任务的2倍,新工人则只能完成任务的$\frac{2}{3}$。新工人9天可以完成的任务,熟练工需要( )天完成。

A. 4　　B. 6
C. 2　　D. 3

104. 加工一批零件,原计划每天加工100个,正好完成,后来改进了加工技术,每天加工120个,提前了三天完成,还多加工了40个,原计划加工( )个。

A. 1600　　B. 1800　　C. 2000　　D. 2200

105. 甲、乙两个工程队共同参与一项建设工程。原计划由甲队单独施工 30 天完成该项工程的 $\frac{1}{3}$ 后,乙队加入,两队同时再施工 15 天完成该项工程。由于甲队临时有别的业务,其参加施工的时间不能超过 36 天,那么为全部完成该项工程,乙队至少要施工多少天?(　　)
   A. 30 B. 24
   C. 20 D. 18

106. 一水池,甲、乙两管同时开,5 小时灌满;乙、丙两管同时开,4 小时灌满;现在先开乙管 6 小时,还需甲、丙两管同时开 2 小时才能灌满。丙单独开(　　)小时可以灌满。
   A. 2 B. 3
   C. 4 D. 5

107. 受材料价格波动的影响,某商品售价上个月增长了 10%,这个月下降 10%,这时售价为 3000 元,该商品原来的售价约是(　　)元。
   A. 3100 B. 3000
   C. 3030 D. 2970

108. 一服装店老板进了十件一样的新服装,开始时以进价 25% 的利润来定价,结果只销售了三件,为尽快完成资金周转,最后八折全部卖出,这样卖完全部商品后,利润率是(　　)。
   A. 7.5% B. 8.5%
   C. 10% D. 12%

109. 商场销售 A、B 两种成本和定价都相同的商品,A 按定价卖出 20 件后,降价 30% 卖出 40 件;B 按定价卖出 48 件后,提价 20% 卖出 12 件。商场发现截至此时,销售 B 商品的利润是销售 A 商品利润的 3 倍。则每件 A 商品的成本是定价的(　　)。
   A. 64% B. 68%
   C. 70% D. 72%

110. 孙某用 24000 元买进甲、乙股票若干,在甲股票升值 15%、乙股票下跌 10% 时全部抛出,共赚到 1350 元,则孙某最初购买甲、乙两只股票的投资比例是(　　)。
   A. 5∶3 B. 8∶5
   C. 8∶3 D. 3∶5

111. 现有浓度分别为 7%、4% 的两种消毒剂若干克,将这两种消毒剂混合为浓度为 6% 的消毒剂 1200 克,则需要 7%、4% 的消毒剂各(　　)。
   A. 800 克,400 克 B. 600 克,600 克
   C. 400 克,800 克 D. 300 克,900 克

112. 在浓度为 50% 的盐水中加 2 千克水,浓度变成了 30%,在此基础上,浓度变为 60%,需再加入盐(　　)千克。
   A. 3.75 B. 3.85
   C. 3.95 D. 4.05

113. 某足够大的容器中有浓度为 10% 的糖水 2000 克,若要得到浓度为 30% 的糖水,则还需向上述容器中加入浓度为 40% 的糖水(　　)。
   A. 1800 克 B. 2500 克

C. 4000 克 D. 4040 克

114. 现有酒精若干毫升,第一次加入一定量的水后,酒精的浓度是 75%,第二次又加入同样多的水后,酒精的浓度变为 50%。问:第三次加入同样多的水后酒精的浓度是多少?( )

A. 37.5% B. 40%
C. 20% D. 35%

115. 某密码由 4 位不同数字组成,已知各位密码之和为偶数,则密码有多少种?( )

A. 120 B. 240
C. 480 D. 2640

116. 编号从 1 到 10 的 10 个白球排成一行,现按照如下方法涂红色:①涂 2 个球;②被涂色的 2 个球的编号之差大于 2。那么不同的涂色方法有多少种?( )

A. 17 B. 28
C. 32 D. 37

117. 高老师带了几个学生去看话剧,话剧社一排座位有 6 个,加上高老师刚好坐满一排。在安排座位的时候,有两个学生要求一定要坐在一起,其他人没有意见,而高老师一定要坐在最左边的位置。那么总共有( )种位置安排方式。

A. 6 B. 12 C. 24 D. 48

118. 7 人排成一排,A、B 两人相邻,且 A、B 两人都不与 C 相邻,则这 7 人有多少种不同的排列方法?( )

A. 480 B. 490
C. 960 D. 980

119. 父母带小宁和弟弟去坐过山车,他们随机地坐在了一排且连在一起的 4 个座位上(一人一座),为安全起见,管理方要求每个小孩旁边要有家长相邻陪坐,则他们 4 人的坐法符合安全规定的概率是( )。

A. $\frac{1}{2}$ B. $\frac{1}{3}$
C. $\frac{2}{3}$ D. $\frac{5}{6}$

120. 一家早餐店只出售粥、馒头和包子。粥有三种:大米粥、小米粥和绿豆粥,每份 1 元;馒头有两种:红糖馒头和牛奶馒头,每个 2 元;包子只有一种:三鲜大肉包,每个 3 元。陈某在这家店吃早餐,花了 4 元钱。假设陈某点的早餐不重样,问:他吃到包子的概率是多少?( )

A. 30% B. 35%
C. 40% D. 45%

121. 小陈上班要经过 3 个交通路口,在每个交通路口遇到红灯的概率分别为 30%、40%、50%,则他上班最多遇到 1 个红灯的概率为( )。

A. 35% B. 56%
C. 65% D. 79%

122. 小王报考公安干警岗位公务员,现已进入体能测试环节,该环节包括跳高、跳远两项测试。已知日常练习时小王跳高及格的概率是0.7,跳远及格的概率是0.8,考场上有三次跳高机会,两次跳远机会,那么小王通过体能测试的概率接近( )。
   A. 0.56 B. 0.756
   C. 0.868 D. 0.934

123. 某单位共有在职在编干部33人,若2017年单位有8人参加访惠聚,2018年5人参加,其中两年都参加的有3人,问:这两年有多少人没有参加访惠聚?( )
   A. 21 B. 22
   C. 23 D. 24

124. 现有50名学生都做生物、化学实验,如果生物实验做正确的有40人,化学实验做正确的有31人,两种实验都做错的有4人,则两种实验都做对的有多少人?( )
   A. 10 B. 19
   C. 23 D. 25

125. 某同学打印论文,双面打印,但是丢了其中一张,剩余页码之和是1000,一共有( )页,丢失的页码分别是( )和( )。
   A. 45,16,17 B. 45,17,18
   C. 46,40,41 D. 46,33,34

126. 甲、乙两仓库分别有粮食45吨和122吨,现甲仓库第一天运入3吨,往后每天运入的量比前一天多2吨,乙仓库每天运出2吨,则至少多少天后甲仓库的粮食比乙仓库多?( )
   A. 6 B. 7
   C. 8 D. 9

127. 把121个球放进11个箱子里,要使每个箱子里所放入的球数都不相同,且最后一个箱子里的球数最多,则最后一个箱子里最少有多少个球?( )
   A. 14 B. 15
   C. 16 D. 17

128. 某高校要求新生报到时填写《新生基本信息登记表》,在3800名新生中有90%的新生填写了自己的手机号码。要保证能找到两个手机号码后两位数字相同的新生,则工作人员至少需要从这些《新生基本信息登记表》中随机抽取出( )份。
   A. 101 B. 380
   C. 481 D. 3420

129. 某养殖户准备围一个长方形的兔圈,要求兔圈的一边靠墙,另三边用木栏围成,已知墙长35米、木栏长60米,该养殖户最大可以围成( )平方米的兔圈。
   A. 250 B. 400
   C. 450 D. 875

130. 某撰稿人在工作日一天能写1万字,周六、周日一天能写5000字,那么2018年2月(一号是周四),他写了多少万字?( )
   A. 25 B. 24

C. 23
D. 22

131. 已知某一年的5月有5个星期二,4个星期三,则这个月的12号是星期（　　）。
A. 六
B. 三
C. 四
D. 五

132. 甲对乙说:"我现在比你大10岁,但是十年前我的年龄是你的3倍。"问:乙今年多少岁？（　　）
A. 10
B. 13
C. 15
D. 20

133. 2017年张医生的年龄恰好等于他出生的公元年数的数字之和,那么他的年龄是（　　）岁。
A. 18
B. 22
C. 20
D. 23

134. 某实验室进行连续试验。自试验开始进行第1次观察并计时,随后每隔5小时观察1次,当观察第121次时,计时表显示正好8点。则进行第（　　）次观察时,计时表的时针与分针在观察试验时第1次成150°。
A. 5
B. 8
C. 10
D. 11

135. 下午2点多的某一刻,时针和分针正好相对3点的刻度对称,此刻时间是（　　）。
A. 2点16~17分
B. 2点17~18分
C. 2点18~19分
D. 2点19~20分

136. 将书籍按"2本社科、3本数学、4本哲学、5本文学"的顺序循环放置,并且每层按从左至右,层数按从下到上的顺序摆放进5层格子的书橱,一层格子可放8本书,则从下到上的第5层左边起第3本是（　　）类书。
A. 社科
B. 数学
C. 哲学
D. 文学

137. 某机关事务处集中采购了一批打印纸,分发给各职能部门。如果按每个部门9包分发,则多6包;如果按每个部门11包分发,则有1个部门只能分到1包。这批打印纸的数量是（　　）。
A. 87包
B. 78包
C. 69包
D. 67包

138. 某次考试有40题,答对1题加3分,答错1题扣2分,有同学最后得分95分,问:答对和答错的题相差几道题？（　　）
A. 32
B. 30
C. 28
D. 26

139. 有一辆货车运输3000只玻璃瓶,运费按到达时完好的瓶子数目计算,每只0.3元,如有破损,破损瓶子不给运费,还要每只赔偿1元。若运至目的地后得到运费866.2元,则这次运输过程中玻璃瓶破损了（　　）。
A. 23只
B. 24只
C. 25只
D. 26只

参考答案及解析

1.【答案】D。解析：方法一，前项×3±2＝后项。1×3-2＝1,1×3+2＝5,5×3-2＝13,13×3+2＝41,应填入 41×3-2＝（121）。故本题选 D。

方法二，将原数列相邻两项作和依次得到 2,6,18,54,（162），是公比为 3 的等比数列,应填入 162-41＝（121）。故本题选 D。

2.【答案】C。解析：数列各项依次递增,且变化幅度不大,优先考虑作差寻找规律。

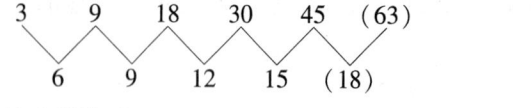

```
  3    9   18   30   45  (63)
   \  / \  / \  / \  / \  /
    6    9   12   15  (18)
```
作差
公差为 3 的等差数列
故本题选 C。

3.【答案】A。解析：数列各项可依次改写为 $\frac{5}{7^{-1}},\frac{5}{7^0},(\frac{5}{7^1}),\frac{5}{7^2},\frac{5}{7^3}$，分子均为 5，分母的底数均为 7，分母的指数是公差为 1 的等差数列，所填应为 $\frac{5}{7}$。故本题选 A。

4.【答案】A。解析：数列偶数项依次为 2,4,6,8,是偶数列；奇数项依次为 0,7,26,63，可依次改写为 $1^3-1,2^3-1,3^3-1,4^3-1$，所求为下一个奇数项，应为 $5^3-1＝$（124）。故本题选 A。

5.【答案】B。解析：题干中存在分数,可先观察数列的前几项,前后两项之间有较明显的倍数关系,尝试作商。

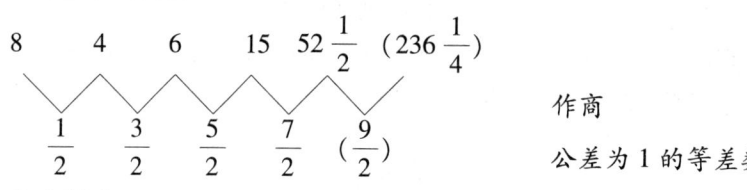

```
  8    4    6   15   52½  (236¼)
   \  / \  / \  / \  / \  /
   ½   3/2  5/2  7/2  (9/2)
```
作商
公差为 1 的等差数列
故本题选 B。

6.【答案】D。解析：相邻两项之差依次为 3,6,9,12,（15），是公差为 3 的等差数列,应填入 28+15＝（43）。故本题选 D。

7.【答案】B。解析：相邻两项之差依次为 1,3,9,27,（81），是公比为 3 的等比数列,应填入 41+81＝（122）。故本题选 B。

8.【答案】D。解析：三级等差数列。

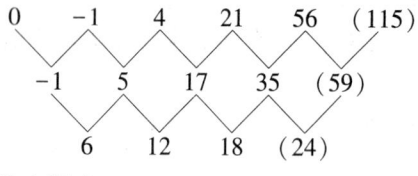

```
  0   -1    4    21   56  (115)
   \  / \  / \  / \  / \  /
    -1    5   17   35  (59)
       \  / \  / \  / \  /
         6   12   18  (24)
```
作差
作差
公差为 6 的等差数列
故本题选 D。

9.【答案】B。解析：相邻两项作和得到新的数列。

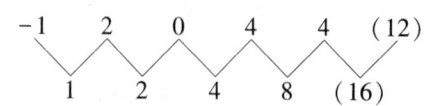

```
 -1    2    0    4    4   (12)
   \  / \  / \  / \  / \  /
    1    2    4    8   (16)
```
作和
公比为 2 的等比数列

故本题选B。

10.【答案】D。解析：相邻两项之商依次为1,2,4,8,(16),是公比为2的等比数列。应填入128×16=(2048)。故本题选D。

11.【答案】C。解析：后项除以前项的商依次为2,3,4,5,(6),是公差为1的等差数列,应填入240×6=(1440)。故本题选C。

12.【答案】D。解析：前两项相乘的平方减1得到第三项,(1×2)²−1=3,(2×3)²−1=35,所以(3×35)²−1=(11024)。故本题选D。

13.【答案】A。解析：将每项都拆分成两个数,则依次为1,2,3,4,5,6,7,8,9,10,11,12,(13),(14)。故本题选A。

14.【答案】B。解析：数列从第三项开始为前两项乘积的尾数,以此规律,7×3=(21),应填入1。故本题选B。

15.【答案】C。解析：b^n+m型。分析数列各项的变化过程。

	3	35	99	195	(323)
常数m	−1	−1	−1	−1	(−1)
多次方数列b^n	4	36	100	196	(324)
	↓	↓	↓	↓	↓
	2²	6²	10²	14²	(18²)

故所求项应为18²−1=324−1=323。故本题选C。

16.【答案】A。解析：各项依次可改写为$\frac{0}{2},\frac{1}{3},\frac{2}{4},\frac{3}{5},\frac{4}{6},(\frac{5}{7})$,分子、分母都是连续自然数。故本题选A。

17.【答案】D。解析：$1=\frac{1}{1}$,各项分母1,2,3,4,(5)是自然数列；分子1,3,5,7,(9)是奇数列。应填入$\frac{9}{5}$。故本题选D。

18.【答案】D。解析：数列前两项为整数,可根据后几项进行改写。观察发现,后一项的分子、分母与前一项的分子和分母均存在运算关系。$\frac{3}{2}$中,3+2=5,是后项$\frac{5}{6}$的分子；3×2=6,是后项$\frac{5}{6}$的分母。$\frac{5}{6}$中,5+6=11,5×6=30,后项为$\frac{11}{30}$。得出规律：后项分母=前一项分子×前一项分母,后项分子=前一项分子+前一项分母,应填入$\frac{11+30}{11×30}=\frac{41}{330}$。验证前两项,改写为$\frac{1}{1}$,$\frac{2}{1}$,也满足规律。故本题选D。

19.【答案】B。解析：相邻两项之商依次为2,2.5,3,3.5,(4),是公差为0.5的等差数列,应填入210×4=(840)。故本题选B。

20.【答案】C。解析：拆开看,小数部分:3,6,12,24,48,是公比为2的等比数列,下一项是96。整数部分:2,113,224,335,446,是公差为111的等差数列,下一项是557。则所填应为557.96。故本题选C。

21.【答案】A。解析：奇数项345,349,354,360,相邻两项之差依次为4,5,6；偶数项268,

264,259,(253),相邻两项之差依次为-4,-5,-6。故本题选A。

22.【答案】 B。解析:将每个数拆分成三部分:
2|00|02, 4|03|04, 6|07|08, ( ), 10|10|23|1032, 12|10|41|1064

第一部分:2,4,6,(8),10,12,是公差为2的等差数列。

第二部分:0,3,7,(13),23,41,作差寻找规律。如下:

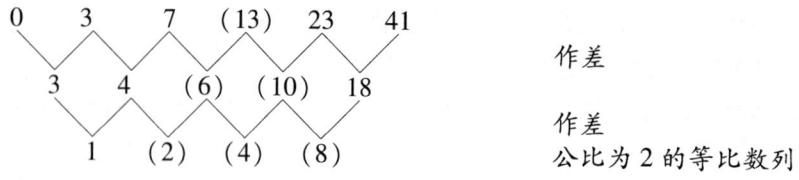

```
   0    3    7   (13)   23    41
     3    4   (6)   (10)   18        作差
       1   (2)   (4)    (8)          作差
                                      公比为2的等比数列
```

第三部分:2,4,8,(16),32,64,是公比为2的等比数列。

故所填项为8013016,故本题选B。

23.【答案】 A。解析:每项各位数字之和均为16,只有A项符合。故本题选A。

24.【答案】 B。解析:各项各位数字之和是8,符合条件的只有B。故本题选B。

25.【答案】 A。解析:每项都是由1、3、5、6、7组成的5位数,且每项分别是以1、3、5、6、7为首位的5位数中的最大数。故本题选A。

26.【答案】 A。解析:方法一,从第二项开始,分子为前项分母与分子的差,因此28-12=(16),16即所求项的分子;分母是前分子和分母的和,因此所求项的分母为12+28=(40)。故本题选A。

方法二,奇数项化简均得到 $\frac{2}{5}$;偶数项化简均得到 $\frac{3}{7}$。故本题选A。

27.【答案】 C。解析:相邻两项之商依次为-3,-1,1,3,(5),是公差为2的等差数列,应填入9×5=(45)。故本题选C。

28.【答案】 B。解析:三级等差数列变式。

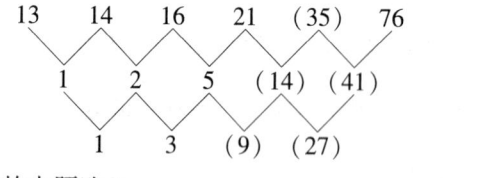

```
   13   14   16   21   (35)   76
      1    2    5   (14)   (41)           作差
         1    3   (9)   (27)              作差
                                           公比为3的等比数列
```

故本题选B。

29.【答案】 A。解析:分组组合数列,两个为一组,每组两数之和都为8,即4.5+3.5=8,2.8+5.2=8,4.4+3.6=8,5.7+(2.3)=8。故本题选A。

30.【答案】 A。解析:将每个数的百位数字和十位数字看成一个两位数,其余数字看成一个两位数,二者之差均为14。33-19=14,37-23=14,45-31=14,62-48=14,71-57=14,选项中只有A项符合这一特征,84-70=14。故本题选A。

31.【答案】 D。解析:分组组合数列。每三个数一组,(第一个数-1)×第二个数=第三个数,依此规律,(8-1)×9=(63)。故本题选D。

32.【答案】 B。解析:分组组合数列。后四项分别是前四项的3倍,所求项为6×3=(18)。故本题选B。

33.【答案】 C。解析:每行三个数字之和依次是20,(30),40,是等差数列,30-10-17=

(3)。故本题选 C。

34.【答案】C。解析:左上角+右上角=左下角-右下角,依此规律,(3)+(-3)=9-9。故本题选 C。

35.【答案】D。解析:三角形内角上数字之和减去圆圈内的数等于三角形外的数,应填 14+5-3=(16)。故本题选 D。

36.【答案】C。解析:已知投资乙股、丙股的金额相同,乙股上涨50%,丙股下跌50%,所以两只股票的盈利之和为0,获利的12万元为甲股上涨的300%,即甲×300%=12,解得甲=4,即投资了甲股4万元。乙、丙两股的投资额相同,均为(10-4)÷2=3(万元)。所求为4∶3。故本题选 C。

37.【答案】C。解析:由题意可知,在"十二五"到"十四五"期间,每年的营业额构成公差为1.5,项数为15的等差数列。设"十二五"期间第一年的营业额,即等差数列首项为 x 亿元,根据等差数列求和公式" $S_n = na_1 + \dfrac{n(n-1)}{2}d$ "可知,在"十二五"到"十四五"期间的总营业额为 $\left[15x + \dfrac{15\times(15-1)}{2}\times 1.5\right]$ 亿元,"十二五"和"十三五"期间营业额之和为 $\left[10x + \dfrac{10\times(10-1)}{2}\times 1.5\right]$ 亿元。

根据"'十四五'期间的营业额将是'十二五'和'十三五'期间营业额之和的80%"可知,所求总营业额应为"十二五"和"十三五"期间营业额之和的1.8倍。有 $\left[10x + \dfrac{10\times(10-1)}{2}\times 1.5\right]\times 1.8 = 15x + \dfrac{15\times(15-1)}{2}\times 1.5$,解得 $x=12$。所求为 $15\times 12 + \dfrac{15\times(15-1)}{2}\times 1.5 = 337.5$(亿元)。故本题选 C。

38.【答案】D。解析:小王早上8:00从甲地出发,10:00到达甲、乙两地的中点丙地,用时2小时,则小王从甲地到乙地需要4小时,甲、乙两地的距离=4×小王的速度。所以重点是求小王的速度。

从整个追及过程来看,小王先出发半小时,则追及路程=$\dfrac{1}{2}$×小王的速度;小张8:30出发,11:00追上,追及时间为2.5小时,有 $\dfrac{1}{2}$×小王的速度=2.5×速度差。

在10:00至11:00这1个小时里,小张比小王多走了5千米,则两人的速度差为5千米/时。则 $\dfrac{1}{2}$×小王的速度=2.5×5,易得小王速度为25千米/时。所求为4×25=100(千米)。故本题选 D。

39.【答案】B。解析:乙车固定为最后一位,仅对剩余5辆车进行排序即可。①当丙排在第一位时,剩余4辆车可随意排列,有 A_4^4 种情况;②当丙排在第二位时,甲不能排第一位,应先从其他3辆车中选1辆排在第一,为 C_3^1,剩余3辆车随意排列,为 A_3^3,共有($C_3^1 \times A_3^3$)种情况。

综上所述,总情况为 $A_4^4 + C_3^1 \times A_3^3 = 24 + 18 = 42$(种)。故本题选 B。

40.【答案】A。解析:对流水行船问题速度公式进行变形,水速=顺水速度-船速=船速-逆水速度;船速=$\frac{y}{x}$,顺水速度=$\frac{y}{3}$,逆水速度=$\frac{y}{4}$。代入变形公式可得$\frac{y}{3}-\frac{y}{x}=\frac{y}{x}-\frac{y}{4}$,化简可得$\frac{1}{3}-\frac{1}{x}=\frac{1}{x}-\frac{1}{4}$,故本题选A。

41.【答案】D。解析:设3人年龄分别为a、b、c。根据题意有$\begin{cases}\frac{a+b}{2}+c=39 & ① \\ \frac{a+c}{2}+b=52 & ② \\ \frac{b+c}{2}+a=53 & ③\end{cases}$,易得$c$最小,$a$最大,③-①可得$\frac{c-a}{2}+a-c=14$,则$a-c=28$。故本题选D。

42.【答案】A。解析:根据题意,花圃的周长(厘米)应是54和72的倍数。54和72的最小公倍数为216,216÷54=4,216÷72=3,即216厘米小琴走4步,爸爸走3步。含起点不含终点共有6个脚印,所以周长为216×(60÷6)=2160(厘米),即21.6米。故本题选A。

43.【答案】B。解析:小游买完香蕉还剩15元,15÷4=3……3,因此小游的钱数除以4余3;同理21÷6=3……3,小梁的钱数除以6余3;17÷7=2……3,故小志的钱数除以7余3。由于三人带的钱数相等,因此每个人的钱数除以4、6、7的余数均为3,又由于4、6、7的最小公倍数是84,且每个人带的钱数不超过100元,因此每个人带了84+3=87(元),三人一共带了87×3=261(元),261÷4=65……1,因此最多可以买65千克香蕉。故本题选B。

44.【答案】D。解析:设每个入场口每分钟的入场人数为1,每分钟来的观众人数为v,同时开7个入场口需t分钟,则原有观众人数=(4-v)×50=(6-v)×30=(7-v)×t,解得v=1,t=25。故本题选D。

45.【答案】B。解析:三角形两边之和大于第三边,周长为14,则最长边最大为6、最小为5。最长边为6时,另外两边可以是(2+6)、(3+5)、(4+4);最长边为5时,另外两边是(4+5)。总计4种三角形。故本题选B。

46.【答案】B。解析:开采使河沙变少,自然沉积使河沙变多,所以是牛吃草问题中的追及问题,则原有河沙量=(开采的速度-自然沉积的速度)×时间。假设每个人每个月开采量为1,河沙每月沉积量为v,则原有河沙量=(80-v)×6=(60-v)×10,解得v=30,所以每月沉积的河沙量为30。要保证永远开采不完,就要让每月开采的河沙量小于等于每月沉积的河沙量,要求开采人数最多,就要让每月开采的河沙量等于每月沉积的河沙量,所以最多可供30个人连续不间断的开采。故本题选B。

47.【答案】B。解析:根据容斥问题极值公式,三人都检查过的商铺至少有80+70+60-100×2=10(家)。故本题选B。

48.【答案】D。解析:设蓄水池的总容量为1,依题意可知,A口每小时进水为$\frac{1}{2}$,B口每小时出水为1÷1.5=$\frac{2}{3}$。当同时打开A、B两口,放水的相对速度为$\frac{2}{3}-\frac{1}{2}=\frac{1}{6}$。要将总容量$\frac{1}{3}$的水放干,所需时间为$\frac{1}{3}÷\frac{1}{6}$=2(小时),即120分钟。故本题选D。

49.【答案】D。解析:甲队单独修 3+6×2=15(天)可完成 2100-50×6=1800(千米),则甲队每天修 1800÷15=120(千米),乙队每天修 120+50=170(千米)。故本题选 D。

50.【答案】D。解析:几何问题,可以用画图法解决。如下图:

A　　　　B　　　　M　　　　N　　　　C

由图可知 $MC=\frac{1}{2}AC, NC=\frac{1}{2}BC$,所以 $MN=MC-NC=\frac{1}{2}AC-\frac{1}{2}BC=\frac{1}{2}(AC-BC)=\frac{1}{2}AB$。故本题选 D。

51.【答案】B。解析:参加跳远、跳高、赛跑的分别有 50 人、40 人、30 人。设参加两项的有 x 人,三项的有 y 人,则参加不止一项的有$(x+y)$人。根据容斥原理,$50+40+30-x-2y=100$,解得 $x+2y=20$。当 $x=0$ 时,$x+y$ 最小,为 10。故本题选 B。

52.【答案】D。解析:设这项任务的工作量为 24(6、8、12 的最小公倍数),则甲每小时可完成 24÷6=4,乙每小时可完成 24÷8=3,丙每小时可完成 24÷12=2,甲、乙、丙各工作一小时可完成 4+3+2=9,24÷9=2……6,甲、乙、丙各工作两小时后还剩工作量 6,丙工作一小时完成 2,甲工作 1 小时完成 4,正好全部完成。则任务完成时,甲、乙、丙分别工作了 3 小时、2 小时、3 小时。故本题选 D。

53.【答案】A。解析:设去年参加数学竞赛的学生人数为 100 人,则去年参加数学竞赛的低年级学生为 100×20%=20(人);今年参加数学竞赛的学生人数为 100×(1+40%)=140(人),低年级学生人数为 140×25%=35(人)。则今年参赛的低年级学生数和去年相比增长了 (35-20)÷20=75%。故本题选 A。

54.【答案】A。解析:如图,设礼物盒高度为 h、半径为 r,$\frac{h}{H}=\frac{R-r}{R}$,代入题中数据 $\frac{h}{60}=\frac{20-r}{20}$,$r=20-\frac{h}{3}$,侧面积=$2\pi rh=2\pi(20-\frac{h}{3})h=6\pi(20-\frac{h}{3})\frac{h}{3}$。$20-\frac{h}{3}+\frac{h}{3}=20$,根据均值不等式,当 $20-\frac{h}{3}=\frac{h}{3}$,即 $h=30$ 时,侧面积最大,为 $6\pi×10×10=600\pi$。故本题选 A。

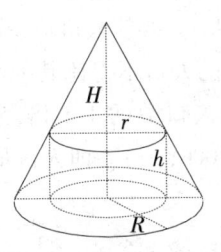

55.【答案】D。解析:设池底的长和宽分别是 x、y,底面积 $xy=16÷4=4$ 平方米,池壁的面积=底面周长×深度=$4×2×(x+y)=8(x+y)$,水池的造价为 $4×160+8(x+y)×100=640+800(x+y)$。由均值不等式结论可知,当两个数的乘积一定时,它们越接近两数和越小,当二者相等时和最小。因此,当 $x=y=2$ 时,$x+y$ 的值最小,为 4。该水池的最低造价为 $640+800×4=3840$(元)。故本题选 D。

56.【答案】D。解析:设个人全票价为 x 元,则选择甲旅行社可优惠 $(1-0.75)x=0.25x$(元),选择乙旅行社可优惠 $(1-0.9)x×3=0.3x$(元),两者相差 50 元,即 $0.3x-0.25x=50$,解

23

得 x=1000。故本题选 D。

57.【答案】B。解析：$S_{长方形ABCD}=AB\times AD=20$(平方厘米)，$S_{\triangle ABE}=\frac{1}{2}\times AB\times BE=4$(平方厘米)，$S_{\triangle AFD}=\frac{1}{2}\times AD\times DF=6$(平方厘米)。则 $BE:AD=\frac{2}{5}$，$DF:AB=\frac{3}{5}$。故 $CE:AD=\frac{3}{5}$，$CF:AB=\frac{2}{5}$。那么 $S_{\triangle CEF}=\frac{1}{2}\times CE\times CF=\frac{1}{2}\times(BC-BE)\times(CD-DF)=\frac{1}{2}\times\frac{3}{5}AD\times\frac{2}{5}AB=\frac{3}{25}\times 20=2.4$(平方厘米)，$S_{\triangle AEF}=S_{长方形ABCD}-S_{\triangle ABE}-S_{\triangle AFD}-S_{\triangle CEF}=7.6$(平方厘米)。故本题选 B。

58.【答案】C。解析：设在最低档次基础上提高 x 档，则单件利润为 $(8+2x)$ 元，日产量为 $(60-5x)$ 件。每天获得的利润满足 $y=(8+2x)\times(60-5x)$，当 x 取 -4 或 12 时，y 为 0。当 $x=(-4+12)\div 2=4$ 时，y 取得最大值，即利润取得最大值，最大值为 $(8+2\times 4)\times(60-5\times 4)=16\times 40=640$(元)。故本题选 C。

59.【答案】C。解析：棋子总数减 1 是 $(9+7)$ 和 $(7+5)$ 的倍数，48 为 16 和 12 的最小公倍数，因此设棋子总数为 $48n+1$。根据黑子数量得等式 $27n+1=28n$，解得 $n=1$。因此黑子有 28 粒，白子有 21 粒，黑子比白子多 7 粒。故本题选 C。

60.【答案】D。解析：考虑最不利的情况，即财务管理专业的 20 名学生和人力资源管理专业的 16 名学生全部找到工作，然后软件设计专业和市场营销专业的学生各 29 名找到工作，此时再有 1 名软件设计专业或市场营销专业的学生找到工作，就能保证有 30 名找到工作的人专业相同，则至少需要 $20+16+29+29+1=95$(名)学生。故本题选 D。

61.【答案】D。解析：已知每名观众可选取 2 只荧光棒，则荧光棒颜色组合的种类分两种情况：两只颜色一样，有 C_7^1 种；两只颜色不一样，有 C_7^2 种，共有 $C_7^1+C_7^2=28$(种)。最不利情况是有 28 人选取的 2 只荧光棒颜色组合都是不同种类的，此时只要再有 1 人任选一种荧光棒颜色组合，即可保证一定有两人选取的荧光棒颜色完全相同，即至少有 $28+1=29$(人)。故本题选 D。

62.【答案】D。解析：要使人口最少的地区的人口数最多，应使其他地区的人口数尽可能少，则其他地区的人口数应均等于人口最少的地区的人口数，故人口最少的地区的人口数最多有 $13.2\div 11=1.2$(万人)$=12000$(人)。要使人口最少的地区的人口数最少，应使其他地区的人口数尽可能多，由于任何一个区的人口不得比其他区人口多 10% 以上，因此其他地区的人口数应均等于人口最少的地区的人口数的 1.1 倍，故人口最少的地区的人口数最少有 $13.2\div(1+10\times 1.1)=1.1$(万人)$=11000$(人)。即人口最少的地区人口在 11000 到 12000 之间，D 项满足。故本题选 D。

63.【答案】B。解析：D 是 CB 的中点，$CD=DB=\frac{1}{2}CB$。所有线段长度之和 $=AC+AD+AB+CD+CB+DB=AC+(AC+\frac{1}{2}CB)+(AC+CB)+\frac{1}{2}CB+CB+\frac{1}{2}CB=3AC+\frac{7}{2}CB=23$，$AC$ 和 CB 都是正整数，则 CB 是 2 的倍数，只有当 $CB=4$ 时，$AC=3$ 满足题意。故本题选 B。

64.【答案】D。解析：第一个正六边形与第二个正六边形的边长之比是 $2:\sqrt{3}$，则面积之比是 $4:3$，所以第二个正六边形的面积是第一个正六边形面积的 $\frac{3}{4}$，所以第六个正六边形的面积是第一个正六边形面积的$(\frac{3}{4})^5=\frac{243}{1024}$。故本题选 D。

65.【答案】B。解析：三人效率比为$\frac{1}{10}:\frac{1}{12}:\frac{1}{25}$，即 30：25：12。工作完成时甲比丙多加工$\frac{30-12}{30+25+12}\times2010=540$（个）零件。故本题选 B。

66.【答案】C。解析：前 5 名总得分为 93×5＝465（分），要想使第三名得分最少，则应使其他四人得分尽可能多，前两名得分分别为 100 分、99 分，后三名得分依次设为 x、$x-1$、$x-2$。100＋99＋x＋$x-1$＋$x-2$＝465，解得 $x=89\frac{2}{3}$，因为所得分数是整数，所以第三名得分至少是 90 分。故本题选 C。

67.【答案】C。解析：根据题意可知，3 个空瓶＝1 份没有瓶的汽水，首先用 40 元可买 40 瓶汽水，40÷3＝13……1，即 40 个空瓶可换 13 瓶汽水，最多可以喝到 40＋13＝53（瓶）汽水。故本题选 C。

68.【答案】B。解析：方法一，10 分钟两人共跑了（3＋2）×60×10＝3000（米），共含 3000÷100＝30（个）全程。甲、乙两人同时从两端相向而行，他们总是在奇数个全程时相遇，即 1、3、5、7……29，共 15 次。故本题选 B。

方法二，第一次两人相遇需要 100÷（3＋2）＝20（秒），从第一次相遇到第二次相遇两人共走两个全程，需要 20×2＝40（秒）。10 分钟后，（10×60－20）÷40＋1＝15.5，共相遇 15 次。故本题选 B。

69.【答案】B。解析：设去年特种钢材的成本为 100，则今年的成本为 100×（1＋20%）＝120，成本较去年上升了 20，由于售价不变，所以上升的成本即去年每吨盈利的 40%，可得去年每吨盈利为 20÷40%＝50。又令去年的销售量为 10，则今年销售量为 10×（1＋80%）＝18，因此今年的盈利比去年增加了（50－20）×18－50×10＝40，增长了 40÷（50×10）＝8%。故本题选 B。

70.【答案】B。解析：根据题意，会议室地面的面积是 8.5×6＝51（平方米），长方形砖的周长是 60 厘米，宽是 10 厘米，则长是 20 厘米，其面积是 0.1×0.2＝0.02（平方米），需要 51÷0.02＝2550（块）。故本题选 B。

71.【答案】B。解析：要使所有旅客所走的总里数最少，应尽可能多地让人数少的向人数多的集散地移动，人数多的尽量少移动。把所有人集中到五号集散地，旅客所走的总里数最少，为 10×40＋25×20＝900（里）。故本题选 B。

72.【答案】A。解析：方法一，要使经济损失最少，就要使总停开时间尽可能短，按照维修时间的从短到长排序为 8 分钟、12 分钟、14 分钟、17 分钟、18 分钟、23 分钟、30 分钟，把这 7 辆车分别表示为 A、B、C、D、E、F、G。有 3 个工人需要分成三组去修车，时间最短的 3 辆车先去修理，后面接着安排另外 3 辆车，最后还剩 1 辆车，要使等待时间短，应安排在 1 号工人处，7 辆车的维修情况如下表：

1号工人			2号工人			3号工人			维修时间+等待时间
顺序	维修时间	等待时间	顺序	维修时间	等待时间	顺序	维修时间	等待时间	
A	8		B	12		C	14		8+12+14+17+8+
D	17	8	E	18	12	F	23	14	18+12+23+14+30+
G	30	8+17							8+17=181

总的停开时间是181分钟,总的经济损失为11×181=1991(元)。故本题选A。

方法二,按照方法一中的安排方式可以得到每个维修时间需要计算的次数,列出如下表的形式。

时间从小到大排序	8	12	14	17	18	23	30
计算次数	3	2	2	2	1	1	1

总的停开时间是8×3+12×2+14×2+17×2+18×1+23×1+30×1=181(分钟),总的经济损失为11×181=1991(元)。故本题选A。

73.【答案】B。解析:设乙车的速度为每小时1个单位,5:00时,甲、乙两车之间的距离为(15-5)×1=10,经过10÷(1+1.5)=4(小时)相遇,相遇时刻是5+4=9,即9:00。故本题选B。

74.【答案】B。解析:根据最少装卸工问题常用结论,码头数为6,轮船数为4,则所需装卸工的最少人数为12+10+9+8=39。故本题选B。

75.【答案】C。解析:由等差数列求和公式可知(首项+末项)×30÷2=3675,可得首项+末项=245,设该等差数列的首项为a,公差为d(a、d均为正整数),则有$2a+29d=245$,$2a$为偶数,而245为奇数,则$29d$为奇数,d为奇数。要使最大的项最大,即使d最大,245÷29=8……13,所以d最大为7,此时$a=(245-29×7)÷2=21$,最大的项为245-21=224。故本题选C。

76.【答案】B。解析:方法一,套用结论$3^{2-1}<9\leq3^2$,最少称2次。故本题选B。

方法二,9枚硬币分为三等份,每一份为3枚,任意选取两份放在天平上称重,若天平平衡,那么假币就在没有称重的那一份里面。若天平不平衡,假币在轻的那一份中。再从有假币的那一份的3枚中,任意选取2枚硬币放在天平两端,若天平平衡说明这2枚硬币重量是相等的,则剩下的为假币;若不平衡则较轻的为假币,所以至少称2次就一定找到假币。故本题选B。

77.【答案】D。解析:大正方形周长比小正方形多80,则边长多20,设小正方形边长为x,大正方形为$x+20$。$(x+20)^2-x^2=880$,解得$x=12$。大正方形面积为$880+12^2=1024$。故本题选D。

78.【答案】B。解析:设原长方形的长为$14a$,宽为$5a$,由题意可得,$(14a-13)×(5a+13)=14a×5a+182$,解得$a=3$,原长方形面积是$14×3×5×3=630$(平方厘米)。故本题选B。

79.【答案】C。解析:15张广告布,一共需印刷15×(1+1)=30(分钟)。每次可同时单面印刷2张,则需要30÷2=15(分钟)。印刷期间可将已印刷的面晾干,最后一次印刷的2面,同时晾干需要2分钟。因此,至少需要15+2=17(分钟)的印刷时间。故本题选C。

80.【答案】A。解析:甲产品的成本为$\frac{240}{1+20\%}=200$(元),乙产品的成本为$\frac{240}{1-20\%}=300$(元),则两件产品的总利润为$240×2-(200+300)=-20$,即亏了20元。故本题选A。

81.【答案】A。解析：每个阶段的价格不同,2千米以内花费8元,前5千米花费8+3×2=14(元),前8千米花费14+3×3=23(元)。此时车费超过了20元,所以该出租车的行驶距离应在5千米和8千米(不含)之间。只有A项满足。验证：超过5千米的部分花费20-14=6(元),最多可行驶6÷3=2(千米)。所以该出租车最多行驶了5+2=7(千米)。故本题选A。

82.【答案】B。解析：根据题意可知,5天为一个周期,每个周期共收到2+3+3+1+1=10(篇)学习心得。当年前12周一共有12×7=84(天),84÷5=16……4,差1天够17个周期,差的这1天少收1篇学习心得,则总共收到了10×17-1=169(篇)学习心得。故本题选B。

83.【答案】B。解析：这本书书页共用了270个数字,大于189,说明这本书的页码是三位数。已知1到99页,用去189个数字。剩余数字270-189=81(个),则三位数有81÷3=27(个)。故这本书一共有99+27=126(页)。故本题选B。

84.【答案】D。解析：个位是5,每连续10个页码中出现1次；十位是5,每连续100个页码中出现10次；百位是5,每连续1000个页码中出现100次。

按照这种方法,548页的书中,5在个位会出现540÷10+1=55(次),在十位会出现500÷100×10=50(次),在百位会出现49次,故数字5一共出现55+50+49=154(次)。

548页的书中,0在个位会出现54次(由于页码从1开始,这是和其他数字相比的差别),在十位会出现50次,不会在百位出现,故数字0一共出现54+50=104(次)。

故本题选D。

85.【答案】B。解析：测试的题量除以6、8和16后均余1,已知6、8和16的最小公倍数为48,则总题量可表示为48n+1(n为正整数,且n<7)。当n=1时,小明每小时答题(48+1-13)÷6=6(道),无选项,排除；当n=2时,小明每小时答题(48×2+1-13)÷6=14(道),无选项,排除；当n=3时,小明每小时答题(48×3+1-13)÷6=22(道),符合。此题应选择选项中符合题意的最小值,故本题选B。

86.【答案】C。解析：假设4个小分队的人数分别为a、b、c、d,则可列方程组：
$\begin{cases} b+c+d=131① \\ a+b+c=134② \\ b+c+1=a+d③ \end{cases}$,①+②可得到a+2×(b+c)+d=265④,联立③④有3×(b+c)+1=265,解得b+c=88,则a+d=88+1=89,这4个志愿小分队共有88+89=177(人)。故本题选C。

87.【答案】D。解析：甲卫生院采购的物品中有13%=$\frac{13}{100}$是输液器,因13和100互质,所以甲卫生院采购的物品应为100的倍数。已知甲、乙两家卫生院共进货260箱,则甲进货的箱数只能为100箱或200箱,相应的,乙进货的箱数为260-100=160(箱)或260-200=60(箱)。又因乙卫生院采购的物品有12.5%=$\frac{1}{8}$是输液器,所以乙进货的箱数应为8的倍数,60不能被8整除,只有160符合。故本题选D。

88.【答案】D。解析：听保洁讲座的人数是听花卉讲座人数的6倍,则听这两个讲座的总人数是1+6=7的倍数。志愿服务总人数为2+3+6+7+9+10+11+14+16+17+21+22+24=162(人),162除以7的余数为1,根据同余定理,则下社区服务的小分队人数除以7的余数也应为1,小分队人数中只有22除以7的余数为1,因此第12小分队下社区服务。故本题选D。

89.【答案】B。解析：方法一，假设1台收割机1天的效率为1，则工作总量为$3×8÷\frac{2}{5}=60$。剩余工作量为$60×(1-\frac{2}{5})=36$，提前6天完成任务需再工作20-8-6=6（天），每天共需要$36÷6÷1=6$（台）收割机，则还需增加6-3=3（台）收割机。故本题选B。

方法二，按照正常速度，剩下的麦子还需要20-8=12（天）完成。如果要提前6天完成，即剩下的麦子需要20-8-6=6（天）完成，则提速后的收割速度是提速前的12÷6=2倍。原计划有3台收割机，则提速后需要3×2=6（台）收割机，还需增加6-3=3（台）收割机。故本题选B。

90.【答案】C。解析：方法一，去年研一新生有1305÷(1+4.4%)=1250（人）。设今年男生有x人，女生有y人，根据题意有$x+y=1305$，$\frac{x}{1+10\%}+\frac{y}{1-4\%}=1250$，联立两式，解得$x=825$。故本题选C。

方法二，由题干已知今年的研一新生中女生人数同比减少4%，男生人数增加10%，总人数增加4.4%，运用十字交叉法可得：

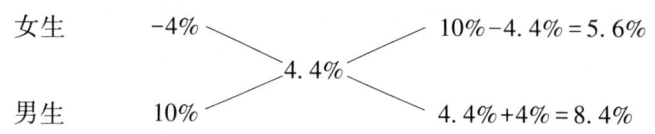

女生　　-4%　　　　　　10%-4.4%=5.6%
　　　　　　　4.4%
男生　　10%　　　　　　4.4%+4%=8.4%

则去年研一新生中男生和女生的人数比为8.4%∶5.6%=3∶2，去年研一新生有1305÷(1+4.4%)=1250（人），则去年研一新生中男生有$\frac{3}{2+3}×1250=750$（人），今年的研一新生中男生有750×(1+10%)=825（人）。故本题选C。

91.【答案】B。解析：由于物流车内可以放两层快递箱，要想车厢内尽可能多装快递箱，则应该让快递箱每层尽可能高且着地面积尽可能小，即应将快递箱的最长边（60厘米）作为高，边长为40厘米和50厘米的面作为底面进行摆放。因为车厢长400厘米，能同时被40和50整除，所以在车厢长的方向无论怎样摆放快递箱，都可以摆放整数个快递箱，此时在车厢长的方向无面积浪费；又因车厢宽为125厘米，125÷50=2……25，125÷40=3……5，则在车厢宽的方向应按宽度40厘米摆放快递箱，这样空间浪费少，此时车厢长的方向可以摆放快递箱400÷50=8（个），宽的方向摆放3个，每一层为8×3=24（个），两层共24×2=48（个）。故本题选B。

92.【答案】B。解析：如图所示，区域①、区域②、区域③、区域④均是半径为5米的圆的四分之一，故四个区域面积相等。将区域①填补到区域②，区域④填补到区域③，此时花圃面积为正方形面积的一半，即$\frac{1}{2}×10^2=50$（平方米）。故本题选B。

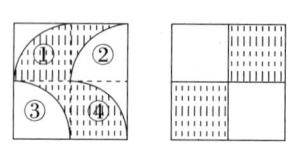

93.【答案】D。解析：扇形的弧长为$\frac{4}{3}π×3=4π$，则圆锥底面半径$r=4π÷2π=2$，圆锥的高

$h=\sqrt{3^2-2^2}=\sqrt{5}$。则圆锥的体积为 $\frac{1}{3}\pi r^2h=\frac{1}{3}\pi\times 2^2\times\sqrt{5}=\frac{4}{3}\sqrt{5}\pi$。故本题选 D。

94.【答案】C。解析：如图所示，设菱形的边长为 2，BD 的中点为 F，则 $AB=BD=AD=BC=2$，$BE=BF=EF=1$，等边三角形 ABD 的高 $AF=\sqrt{3}$。折起后三角形 AFE 是直角三角形，$AE=\sqrt{AF^2+EF^2}=\sqrt{3+1}=2$，此时三角形 ABE 为等腰三角形，其底边 BE 上的高为 $\sqrt{2^2-\left(\frac{1}{2}\right)^2}=\frac{\sqrt{15}}{2}$，三角形 ABE 的面积为 $\frac{1}{2}\times\frac{\sqrt{15}}{2}\times 1=\frac{\sqrt{15}}{4}$。三角形 ABD 的面积为 $\frac{1}{2}\times 2\times\sqrt{3}=\sqrt{3}$，所求为 $\frac{\sqrt{15}}{4}:\sqrt{3}=\sqrt{5}:4$。故本题选 C。

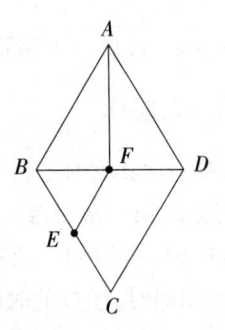

95.【答案】A。解析：圆锥形玻璃罩形状一定，当圆柱形艺术品上底面与玻璃罩内壁相接时，对应艺术品侧面积较大。设艺术品的底面半径是 r，高是 h，可画截面图如下。由三角形相似的性质可得 $\frac{h}{60}=\frac{20-r}{20}$，即 $h=60-3r$，则艺术品侧面积为 $2\pi rh=2\pi r(60-3r)=\frac{2\pi}{3}\times 3r(60-3r)\leq\frac{2\pi}{3}\times\left(\frac{60}{2}\right)^2=600\pi$（平方厘米）。故本题选 A。

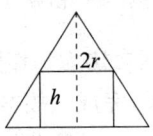

96.【答案】C。解析：连接 BF，因为重叠部分是一个正方形，则 $DF\perp AB$，故四边形 $ADBF$ 的面积为 $\frac{1}{2}AB\times DF=\frac{1}{2}AB\times BC=S_{\triangle ABC}$。同理可得，四边形 $BECF$ 的面积也为 $S_{\triangle ABC}$，那么四边形 $ADEC$ 的面积为 $2004\times 2=4008$（平方厘米）。故本题选 C。

97.【答案】B。解析：小张从早上 7:40 出发至 8:00 到达公司总共花费了 20 分钟。假设小张骑车的原速度为 x，按照原速度骑行了 6 分钟，速度提高为 $2x$ 后回家需要 $6\div 2=3$（分钟），换工作服需要 6 分钟，故再从家到公司用了 $20-6-3-6=5$（分钟），所以小张和小刘从家到公司的距离为 $5\times 2x=10x$。小张第一次追上小刘时，走过的路程为 $6x$，两人距公司 $10x-6x=4x$，小刘走剩余的这段路程用了 $20-6=14$（分钟），则小刘从家走到公司需要 $14\times\frac{10x}{4x}=35$（分钟），到达公司的时间是 8:00，则小刘从家里出发的时间是 7:25。故本题选 B。

98.【答案】C。解析：根据题意可得，爸爸出发时的速度为 $2000\div 1000=2$（米/秒），则儿子

出发时的速度为 $2\times\frac{4}{5}=1.6$(米/秒);爸爸跑完一圈后速度变为 $2\times(1-20\%)=1.6$(米/秒),儿子跑完一圈后速度变为 $1.6\times(1+50\%)=2.4$(米/秒)。根据选项可知,儿子是在跑第二圈时追上的爸爸,设儿子追上爸爸时,第二圈跑了 x 米,根据两人从出发到追及所用时间相同,可列方程 $1000+\frac{x}{1.6}=\frac{2000}{1.6}+\frac{x}{2.4}$,解得 $x=1200$,当儿子追上爸爸的时候两人都跑了 $2000+1200=3200$(米)。故本题选 C。

99.【答案】C。解析:方法一,所求平均速度=总路程÷总时间。前 300 米用时 $300\div5=60$(秒),后 300 米用时 $300\div6=50$(秒),总时间为 $60+50=110$(秒),则所求为 $600\div110=\frac{60}{11}$(米/秒)。故本题选 C。

方法二,设走前一半路程的速度为 v_1,走后一半路程的速度为 v_2,则全程的平均速度为 $\frac{2v_1v_2}{v_1+v_2}$,所求为 $\frac{2\times5\times6}{5+6}=\frac{60}{11}$(米/秒)。故本题选 C。

100.【答案】B。解析:同向跑步,第一次相遇时乙比甲多跑了一圈,两人速度差为 $7-3=4$(米/秒),则一圈为 (100×4) 米。反向跑步,第一次相遇时两人的路程和为一圈,两人速度和为 $7+3=10$(米/秒),则所求时间为 $100\times4\div10=40$(秒)。故本题选 B。

101.【答案】B。解析:两人第二次相遇时,经过的时间为第一次相遇的 $2\times2-1=3$ 倍,则小王和小赵第一次相遇经过了 $12\div3=4$(分钟)。相遇路程为两家医院之间的距离,根据"相遇路程=相遇时间×速度和",则有 $(205+225)\times4=1720$(米)。故本题选 B。

102.【答案】B。解析:设乙工程队每天掘进 x 米,则甲工程队每天掘进 $(x+2)$ 米,根据题意有 $(x+2)\times3+x=26$,解得 $x=5$,即乙工程队每天掘进 5 米,甲工程队每天掘进 7 米。按此速度,完成这项隧道贯穿工程还需 $(146-26)\div(5+7)=10$(天)。故本题选 B。

103.【答案】D。解析:相同时间内,熟练工和新工人工作效率之比为 $2:\frac{2}{3}=3:1$,则任务量相同时,熟练工和新工人花费的时间之比为工作效率的反比,即 $1:3$。所以新工人 9 天可以完成的任务,熟练工需要 $9\div3=3$(天)完成。故本题选 D。

104.【答案】C。解析:设原计划加工 x 天,总共加工 $100x$ 个零件。根据题意有 $120\times(x-3)-40=100x$,解得 $x=20$,则所求为 $100\times20=2000$(个)。故本题选 C。

105.【答案】D。解析:方法一,设甲队的工作效率为 1,则工作总量为 $30\div\frac{1}{3}=90$。甲、乙两队合作 15 天完成的工作量为 $90\times\frac{2}{3}=60$,则乙队的工作效率为 $60\div15-1=3$。为全部完成该项工程,甲队最多施工 36 天,则乙队至少要施工 $(90-36)\div3=18$(天)。故本题选 D。

方法二,甲队单独施工 30 天完成该项工程的 $\frac{1}{3}$,则完成全部工程需要 90 天,45 天可完成 $\frac{1}{2}$。所以乙队 15 天完成了该项工程的 $\frac{1}{2}$,乙队单独完成该项工程需要 30 天。现甲队最多施工 36 天,可完成该项工程的 $36\div90=\frac{4}{10}$,剩下该工程的 $\frac{6}{10}$ 需要乙队施工 $30\times\frac{6}{10}=18$(天)。故本题选 D。

106.【答案】D。解析：用甲、乙、丙分别表示甲管、乙管、丙管的灌水效率。水池的容积一定，根据"工作总量=工作效率×工作时间"，有 5（甲+乙）=4（乙+丙）=6 乙+2（甲+丙），对"4（乙+丙）=6 乙+2（甲+丙）"进行化简，可得丙=甲+乙，即丙管的灌水效率等于甲、乙两管的灌水效率之和。甲、乙两管同时开，5 小时灌满，则丙单独开也需要 5 小时灌满。故本题选 D。

107.【答案】C。解析：假设商品原来的售价为 x 元，根据现在售价为 3000 元可列式为 $x×(1+10\%)×(1-10\%)=3000$，化简为 $0.99x=3000$，解得 $x≈3030$。故本题选 C。

108.【答案】A。解析：设一件新服装的进价为 1，开始时以进价 25%的利润销售了三件，则利润为 1×25%×3=0.75。打八折销售时，售价为 1×（1+25%）×0.8=1，即售价=进价，则打折后销售出的七件新服装利润为 0，则所求利润率为 0.75÷10=7.5%。故本题选 A。

109.【答案】B。解析：设 A、B 两种商品的成本为 x，定价为 100，则销售 A 商品的利润为 20×（100-x）+40×（70-x）=4800-60x，销售 B 商品的利润为 48×（100-x）+12×（120-x）=6240-60x。根据题意，可列方程 6240-60x=3×（4800-60x），解得 x=68，则 A 商品的成本是定价的 68÷100=68%。故本题选 B。

110.【答案】A。解析：方法一，孙某购买甲、乙两只股票总的利润率为 $\frac{1350}{24000}=\frac{9}{160}$，已知两个部分的利润率和整体的利润率，可利用十字交叉法。

甲股票　　$15\%=\frac{3}{20}$　　　　　　　$\frac{9}{160}-(-\frac{1}{10})=\frac{25}{160}$
　　　　　　　　　　　　$\frac{9}{160}$
乙股票　　$-10\%=-\frac{1}{10}$　　　　　$\frac{3}{20}-\frac{9}{160}=\frac{15}{160}$

那么孙某最初购买甲、乙两只股票的投资比例是 $\frac{25}{160}:\frac{15}{160}=5:3$。故本题选 A。

方法二，设孙某最初购买了甲、乙股票各 x 元、y 元，售出时甲股票赚了 15%x 元，乙股票赔了 10%y 元。根据题意有 15%x-10%y=1350，$x+y$=24000。联立两式，解得 x=15000，y=9000。则所求为 15000：9000=5：3。故本题选 A。

111.【答案】A。解析：假设需要浓度为 7%的消毒剂 x 克，则需要浓度为 4%的消毒剂（1200-x）克，根据混合前后溶质的量相等建立等量关系：7%×x+4%×（1200-x）=6%×1200，解得 x=800，即浓度为 7%的消毒剂需要 800 克，浓度为 4%的消毒剂需要 1200-800=400（克）。故本题选 A。

112.【答案】A。解析：设原本有盐水 x 千克，则盐有 50%x 千克，根据题意有 50%x÷（x+2）=30%，解得 x=3，那么现在盐水为 3+2=5（千克），盐有 50%×3=1.5（千克）。设还需要加入 y 千克盐，根据题意有 1.5+y=60%×（5+y），解得 y=3.75。故本题选 A。

113.【答案】C。解析：方法一，设还需要加入浓度为 40%的糖水 x 克。利用十字交叉法可得：

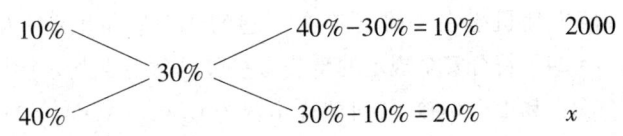

10%　　　　　　40%-30%=10%　　　　2000
　　　　30%
40%　　　　　　30%-10%=20%　　　　x

有 $\frac{10\%}{20\%}=\frac{2000}{x}$，解得 $x=4000$。故本题选 C。

方法二，设还需加入浓度为 40% 的糖水 x 克。根据题意可列方程 $\frac{10\%\times2000+40\%x}{2000+x}=30\%$，解得 $x=4000$。故本题选 C。

114.【答案】A。解析：每次加入的均是溶剂，溶质的量不变，若设溶质的量为 150，则浓度为 75% 的酒精溶液的量为 150÷75%=200，浓度为 50% 的酒精溶液的量为 150÷50%=300，每次加入的水的量为 300-200=100，则第三次加入同样多的水后酒精溶液的量为 300+100=400，浓度为 150÷400=37.5%。故本题选 A。

115.【答案】D。解析：各位密码之和为偶数，则四位数字可为四个偶数、两奇两偶、四个奇数。四个偶数可组成的密码有 $C_5^4\times A_4^4=120$（种），两奇两偶可组成 $C_5^2\times C_5^2\times A_4^4=2400$（种），四个奇数可组成 $C_5^4\times A_4^4=120$（种），共计 120+2400+120=2640（种）。故本题选 D。

116.【答案】B。解析：从 1 到 10 号白球中任取两球有 $C_{10}^2=45$（种）。从 1 号球开始考虑被涂色的 2 个球编号之差小于等于 2 的情况如下：

1 号球	(1,2)(1,3)
2 号球	(2,3)(2,4)
……	……
8 号球	(8,9)(8,10)
9 号球	(9,10)

表中的分类只讨论比该球编号大的球的情况，因为比它编号小的数已经在之前统计过。因此要排除的情况共有 2×8+1=17（种），满足题意的涂色方法有 45-17=28（种）。故本题选 B。

117.【答案】D。解析：学生一共有 5 人，高老师的位置固定，坐在一起的两位同学内部排列，并看成一个整体与其余的 3 位同学全排列，位置的安排方式共有 $A_4^4\times A_2^2=48$（种）。故本题选 D。

118.【答案】C。解析：方法一，"A、B 两人相邻"，可将 A、B 捆绑在一起看作一个整体；"A、B 两人都不与 C 相邻"，不相邻问题可用插空法将不相邻的元素插入其他元素形成的空中。7 人中除去 A、B、C 还剩 4 人，因此，可先将剩余的 4 人进行全排列，有 $A_4^4=24$（种）排列方法，A、B 两人相邻有 $A_2^2=2$（种）排列方法，然后将 A、B 捆绑在一起与 C 插入其余 4 人形成的 5 个空中，有 $A_5^2=20$（种）排列方法，因此一共有 24×2×20=960（种）不同的排列方法。故本题选 C。

方法二，将 A、B 两人捆绑，再与其他人全排列有 $A_6^6 A_2^2=1440$（种），其中 A 或 B 与 C 相邻的情况有 CAB、ABC、CBA、BAC，共 4 种，共有 $A_4^4\times C_5^1\times 4=480$（种），则所求一共有 1440-480=960（种）排列方法。故本题选 C。

119.【答案】C。解析：方法一，四人随机坐在一排且连在一起的 4 个座位上（一人一座）的等可能样本数为 $A_4^4=4\times3\times2\times1=24$。符合安全规定的坐法为左边两个座位坐 1 个大人和 1 个小孩，右边两个座位也坐 1 个大人和 1 个小孩，等可能样本数为 $C_2^1\times C_2^1\times A_2^2\times A_2^2=2\times2\times$

2×2=16,则所求概率为 $\frac{16}{24}=\frac{2}{3}$。故本题选C。

方法二,四人随机坐在一排且连在一起的4个座位上(一人一座)的等可能样本数为 $A_4^4=4×3×2×1=24$,不符合安全规定的坐法为两个大人坐在一起、两个小孩也坐在一起,两个大人和两个小孩的位置可以互换,等可能样本数为 $A_2^2 A_2^2 A_2^2=8$,则所求概率为 $1-\frac{8}{24}=\frac{2}{3}$。故本题选C。

120.【答案】A。解析:根据题意可知,陈某花4元吃早餐的方案有:①买两碗粥、一个馒头,共有 $C_3^2×C_2^1=6$(种);②买两个馒头,只有1种;③买一碗粥、一个包子,共有 $C_3^1×1=3$(种)。综上,共有6+1+3=10(种)吃早餐的方案,其中吃到包子的方案有3种,所以吃到包子的概率为 $\frac{3}{10}×100\%=30\%$。故本题选A。

121.【答案】C。解析:最多遇到1个红灯,可分为2种情况:遇到一个红灯,其他两个路口没有遇到红灯;三个路口均没有遇到红灯。(1)遇到一个红灯,其他两个路口没有遇到红灯的概率为30%×(1-40%)×(1-50%)+(1-30%)×40%×(1-50%)+(1-30%)×(1-40%)×50%=9%+14%+21%=44%。(2)三个路口均没有遇到红灯的概率为(1-30%)×(1-40%)×(1-50%)=21%。则所求为21%+44%=65%。故本题选C。

122.【答案】D。解析:通过体能测试即两项测试均合格。跳高合格的反面是三次跳高全部不及格,概率为 $(1-0.7)^3=0.027$,那么跳高合格的概率为1-0.027=0.973。跳远合格的反面是两次跳远全部不及格,概率为 $(1-0.8)^2=0.04$,那么跳远合格的概率为1-0.04=0.96。则所求为0.973×0.96≈0.934。故本题选D。

123.【答案】C。解析:根据两集合容斥原理可知,这两年参加了访惠聚的有8+5-3=10(人),则有33-10=23(人)没有参加访惠聚。故本题选C。

124.【答案】D。解析:至少做对其中一种实验的有50-4=46(人),则两种实验都做对的有40+31-46=25(人)。故本题选D。

125.【答案】B。解析:一本书的页码是首项为1,公差为1的等差数列。结合选项,如果一共有45页,那么整本论文的页码之和为45+45×(45-1)÷2=1035,则丢失了在同一张纸上的17页和18页。如果一共有46页,那么整本论文的页码之和为46+46×(46-1)÷2=1081,那么丢失的是40页和41页,又因一张纸上的页码是从奇数页开始,偶数页结束,所以40页和41页不在同一张纸上,所以排除。故本题选B。

126.【答案】C。解析:设 x 天后甲仓库的粮食比乙仓库多。甲仓库每天运入的粮食质量构成首项为3,公差为2的等差数列,则 x 天后甲仓库有粮食 $45+3x+\frac{x(x-1)}{2}×2=45+3x+x(x-1)$。乙仓库每天运出2吨,则 x 天后乙仓库有粮食 $(122-2x)$ 吨。根据题意有 $45+3x+x(x-1)>122-2x$,解得 $x>7$,又因 x 为整数,最小可取8,则至少8天后甲仓库的粮食比乙仓库多。故本题选C。

127.【答案】C。解析:要使球数最多的最后一个箱子里的球最少,那么需要前面的箱子里的球的数量尽可能多,因为每个箱子里球数都不同,因此所有箱子里的球数应为连续自然数。121÷11=11,则中间的箱子(第6个箱子)里有11个球,最后一个箱子里最少有11+5=16(个)球。故本题选C。

128.【答案】C。解析:根据题意,有3800×(1-90%)=380(名)新生未填写手机号码。手机号码后两位数字每位均有0~9共10种可能,则一共有10×10=100(种)可能。根据最不利原则,要保证能找到两个手机号码后两位数字相同的新生,工作人员至少需要从这些《新生基本信息登记表》中随机抽取出380+100+1=481(份)。故本题选C。

129.【答案】C。解析:木栏长60米,需要围成三边,设与墙垂直的边长为 x 米,与墙平行的边长为(60-2x)米。根据"长方形的面积=长×宽",可知围成的兔圈的面积 $S=(60-2x)x=-2x(x-30)$。令 $S=0$,则方程的两个根为0和30。根据一元二次函数性质可知,当 $x=\frac{0+30}{2}=15$ 时,60-2x=30<35,S 的值最大,为(60-2×15)×15=450(平方米)。故本题选C。

130.【答案】B。解析:2018年是平年,2月共有28天,即完整的4个星期,每个星期可写1×5+0.5×2=6(万字),则2018年2月他写了6×4=24(万字)。故本题选B。

131.【答案】C。解析:5月共有31天,题干已知有5个星期二,4个星期三,即最后一天即31号为星期二,星期数每7天一循环,那么31-3×7=10(号)也为星期二,再过2天即12号为星期四。故本题选C。

132.【答案】C。解析:两人的年龄差始终不变。十年前甲的年龄是乙的3倍,年龄差为乙的2倍,对应10岁,则十年前乙的年龄为10÷2=5(岁),今年为5+10=15(岁)。故本题选C。

133.【答案】D。解析:根据题目2017年张医生的年龄等于他出生年份的各个数字之和,而根据选项可以推测张医生的出生年份为一九九几年,可以设张医生出生年份为 $\overline{199x}$,可列方程1+9+9+x=2017-1990-x,解得 x=4,即张医生的出生年份为1994年,年龄是23岁。故本题选D。

134.【答案】B。解析:观察第121次时过了(121-1)×5=600(小时),600÷12=50,则第1次观察的时间为8点。每次观察都是整点数,且时针与分针在整点数成150°时,只可能是5点或7点。第1次至第121次观察的时间依次为8点、1点、6点、11点、4点、9点、2点、7点、……、8点,则第8次观察时,计时表的时针与分针是在观察试验时第1次成150°。故本题选B。

135.【答案】C。解析:下午2点时,时针与分针的夹角为60度,时针在前、分针在后。时针每分钟走0.5度,分针每分钟走6度,时针和分针正好相对3点的刻度对称,即时针和分针与3点的刻度形成的夹角相等。若设从2点开始经过 x 分钟满足题意,则有6x-90=90-(0.5x+60),解得 x=18.X。故本题选C。

136.【答案】C。解析:书籍摆放顺序的循环为2本社科、3本数学、4本哲学、5本文学,每个循环有2+3+4+5=14(本)书。"从下到上的第5层左边起第3本"是第4×8+3=35(本)书。35÷14=2……7,7=2+3+2,即从下到上的第5层左边起第3本摆放的是哲学类书。故本题选C。

137.【答案】B。解析:设共有 x 个部门,则总共有打印纸9x+6=11(x-1)+1,解得 x=8,这批打印纸的数量是9×8+6=78(包)。故本题选B。

138.【答案】B。解析:假设全部答对,应得40×3=120(分),每答错1题比答对1题少得3+

2=5(分)。则答错(120-95)÷5=5(道)题,答对 40-5=35(道)题,答对和答错的题相差 35-5=30(道)。故本题选 B。

139.【答案】D。解析:若全部完好送达,应得到运费 3000×0.3=900(元),实际得到运费 866.2 元,每破损一只瓶子,所得运费减少 1+0.3=1.3(元),所以破损了(900-866.2)÷1.3=26(只)玻璃瓶。故本题选 D。

第二章　言语理解与表达

一、选词填空

1. 阅读品位_____了国人的文化素养,阅读品位的变化体现了国人心理的变化和文化形态的变迁,更可以显示时代潮流的症候。当下,国人好"浅阅读"的风气,凸显了整个社会日益_____的荒诞化。

　　填入画横线部分最恰当的一项是(　　)。
　　A. 反映　淡漠　　　　　　　　B. 说明　轻浮
　　C. 展现　肤浅　　　　　　　　D. 折射　浮躁

2. 生活中每天都在发生的一个个"官司",都是一面面法治的镜子,也是法治建设的一级级台阶。从执法到司法、检察机关,都应悉心聆听当事人的心声,善待他们的合法_____,通过对一起起司法个案的公正审理,把法治精神、法治意识、法治观念深深_____于公众的心中。

　　填入画横线部分最恰当的一项是(　　)。
　　A. 诉求　熔铸　　　　　　　　B. 需求　蕴藏
　　C. 要求　铭刻　　　　　　　　D. 请求　内化

3. 我不禁感到20世纪最大的黑色幽默:起先,艺术家们为了"自由"对抗一切_____他们的枷锁。而今,"自由"在"观念"的保护下,却可以_____艺术家的个性,且艺术家们更愿意放弃自己的作品个性。

　　填入画横线部分最恰当的一项是(　　)。
　　A. 禁锢　戕害　　　　　　　　B. 束缚　毒害
　　C. 捆绑　抹杀　　　　　　　　D. 辖制　彰显

4. 作为地球生态圈的组成部分,南极_____地会受到人类活动和全球气候变化的影响。臭氧层空洞和冰架崩解这样的影响因为视觉冲击力而广受关注,而全球气候变化对物种生存_____的影响则常常会被人们忽视。

　　填入画横线部分最恰当的一项是(　　)。
　　A. 首当其冲　微乎其微　　　　B. 自然而然　愈演愈烈
　　C. 不出意料　日积月累　　　　D. 不可避免　潜移默化

5. 在100年的发展历程中,中国共产党带领全国各族人民完成了一个个改天换地的壮举,形成了一部_____的创业史。艰苦奋斗再创业,是中国共产党人对初心和使命的执着坚守,是中国共产党人_____的精神特质。

　　填入画横线部分最恰当的一项是(　　)。
　　A. 开天辟地　一脉相承　　　　B. 翻天覆地　源远流长

C. 惊天动地　继往开来　　　　　　D. 经天纬地　薪火相传

6. "真正的自由只能是法律下的自由。"无论是作为监管者的政府部门,还是共享单车企业或用户个人,只有多方使力、共同协作,用法律法规约束各自行为,才能使共享单车有序发展,促进绿色出行_____。

填入画横线部分最恰当的一项是( )。

A. 蔚然成风　　　　　　　　　　　B. 大行其道
C. 风靡一时　　　　　　　　　　　D. 习以为常

7. 古往今来,会讲故事的人不少,但是能将故事讲得_____的人并不多。因为讲故事也是一门学问,只有将故事讲出新意来,才能吸引听众。

填入画横线部分最恰当的一项是( )。

A. 出神入化　　　　　　　　　　　B. 妙笔生花
C. 淋漓尽致　　　　　　　　　　　D. 深入浅出

8. 当今科技飞速发展,各类科研信息_____,稍纵即逝。如果还按以前的模式_____,而不增强科研敏感,就有可能与重大科技创新机遇擦肩而过。如同新闻记者要增强新闻敏感性才能报道出重大新闻一样,科学家也应在增强科研敏感上下功夫。

填入画横线部分最恰当的一项是( )。

A. 日新月异　墨守成规　　　　　　B. 层出不穷　生搬硬套
C. 琳琅满目　一成不变　　　　　　D. 瞬息万变　按部就班

9. 死亡不可怕,最可怕的是无意识。就像叶子从痛苦的_____中要用力舒展一样,人也要从不假思索的蒙昧里_____,这才是活着。

填入画横线部分最恰当的一项是( )。

A. 收缩　逃脱　　　　　　　　　　B. 收缩　苏醒
C. 蜷缩　挣脱　　　　　　　　　　D. 蜷缩　伸展

10. 虽然近年来媒体_____的道德失范事件越来越多,但是,面对多样化的现实社会道德现状,不能_____地用"道德滑坡"这四个字来作出简单的、不科学的概括;同样,也不能因为出现了如此多的最美人物和最美道德事迹,就认为社会的道德状况已经"回归"到理想的状态。

填入画横线部分最恰当的一项是( )。

A. 追踪　草率　　　　　　　　　　B. 披露　轻率
C. 曝光　贸然　　　　　　　　　　D. 揭露　轻易

11. 托尔斯泰说:幸福的家庭都是相似的,不幸的家庭各有各的不幸。可在我看来,_____是幸福的人际关系,_____不会真正相似,_____不会一模一样。世界上所有的二人关系都不会一模一样,而是全都有自己的模样。比如说这对亲子关系母亲爱儿子多些,那对亲子关系女儿爱父亲多些;这对朋友关系他更喜欢她,那对朋友关系她更喜欢他;这对恋人是双向的爱,那对恋人是单向的爱。如此等等,_____。

填入画横线部分最恰当的一项是( )。

A. 哪怕　而　甚至　屡见不鲜　　　B. 即使　也　至少　不一而足
C. 纵然　也　更　层出不穷　　　　D. 就算　却　起码　不胜枚举

12. 如果有一本书让人觉得前半部挺好，后半部完全是_____，合起来拿在手里是个累赘，那现在读者就可以接受一种名为"按需印刷"的服务。

填入画横线部分最恰当的一项是(　　)。

A. 尾大不掉　　B. 狗尾续貂　　C. 画蛇添足　　D. 文不加点

13. 今天，我们已经进入了一个_____的"微时代"。微博、微信、微电影、微小说、微媒体、微广告……所有这些以去中心化、动态化、碎片化、零散化、即时化为特征的新兴的传播方式、文化形态乃至经济活动形态、日常生活形态，已经在_____间深刻影响了我们的时代。

填入画横线部分最恰当的一项是(　　)。

A. 名副其实　潜移默化　　　　B. 方兴未艾　白云苍狗
C. 名正言顺　弹指一挥　　　　D. 轰轰烈烈　不知不觉

14. 走好群众路线，从领导到干部，都应踏踏实实，俯下身子解民忧，实实在在办实事。目标定得再高，如果不积极努力实现，那就是_____；口号喊得再响，倘不能凭借实干落实，也会让人_____。

填入画横线部分最恰当的一项是(　　)。

A. 好高骛远　心灰意冷　　　　B. 急功近利　大失所望
C. 功亏一篑　暴跳如雷　　　　D. 好大喜功　萎靡不振

15. 信息公开不够、缺少制度规范、处罚没有威慑等，都是浪费之风形成的原因。其中，监督环节是核心。一些地方部门公开"三公经费"、晒出财政预算，无疑能从花钱的_____上管住浪费的发生。纪检、审计、财政一起给力，才能在事中_____过度消费的冲动。

填入画横线部分最恰当的一项是(　　)。

A. 源头　打消　　　　　　　　B. 方式　压抑
C. 渠道　冷静　　　　　　　　D. 平台　遏制

16. 在众多眼花缭乱的网络、电子文化产品中，纯文学刊物和图书无疑都是处于_____的，这是文化氛围改变的必然结果。严肃的作品有人看，但人数不多，这实际上是理性的回归，是现代社会的一个客观表现。从这个角度讲，其实不必_____，很多文学期刊被"大浪淘沙"，但我们并没有失去纯文学。

填入画横线部分最恰当的一项是(　　)。

A. 优势　忧虑　　　　　　　　B. 弱势　惊慌
C. 劣势　惶恐　　　　　　　　D. 上风　悲观

17. 太空经济是指太空探索和开发活动创造的产品、服务等，_____通信、金融、医疗、国防等领域，以及新兴的太空旅游等服务。太空经济与科技、社会进步和产业发展具有很强的_____性，太空活动的各项技术往往都具备向其他行业转化的潜能。

填入画横线部分最恰当的一项是(　　)。

A. 包括　对比　　　　　　　　B. 跨越　一致
C. 涵盖　关联　　　　　　　　D. 涉及　互补

18. 科学家近期的研究结果显示，虽然黑猩猩不太可能在雨林里烧烤，但是它们能够理解做饭的概念，甚至会把食物带到一定距离外进行烹制，而不是立即吃生食材。研究发现，黑猩猩具备做饭所需要的全部_____，其中包括做计划、理解因果关系和推迟满足感的_____。

填入画横线部分最恰当的一项是(　　)。

A. 智识　才能
B. 智慧　能力
C. 智能　技能
D. 智力　功能

19. 任何事物的发展都是一个螺旋上升的过程,只有坚持"一张蓝图抓到底",以夸父逐日的_____、水滴石穿的_____,才能破解转型发展中的顽瘴痼疾。

填入画横线部分最恰当的一项是(　　)。

A. 执着　坚守
B. 勇气　耐心
C. 魄力　恒心
D. 偏执　信念

20. "城市是一门科学,它像人体一样有经络、脉搏、肌理,_____你不科学地对待它,它会生病的。"也就是说,城市_____钢筋水泥的简单堆砌,_____社会资源的机械组合,_____一个有机而复杂的"生命系统",有它吐纳呼吸的韵律、脉搏起伏的节奏和机体运行的规律。

填入画横线部分最恰当的一项是(　　)。

A. 如果　也许是　也可能是　或者是
B. 既然　不是　更不是　而是
C. 如果　不是　更不是　而是
D. 既然　也许是　也可能是　或者是

21. 性格直爽,动不动就对记者_____的她,却成为中国体坛标志性的人物。她_____,似乎很难被归类,她脾气火爆,不是乖乖女。但她在球场上的坚韧以及所取得的成就,在为中国体育赢得世界_____的同时,足以传递关于力与美的正能量。

填入画横线部分最恰当的一项是(　　)。

A. 反唇相讥　特立独行　瞩目
B. 针锋相对　特立独行　瞩目
C. 反唇相讥　独断专行　注目
D. 针锋相对　独断专行　注目

22. (1)对于西方汉学家来说,若想解读《红楼梦》,不仅要了解作者的生平,还要迈过好几道难关,才能_____,领悟其独特的艺术魅力。

(2)文艺复兴时期的绝世天才达·芬奇,既是一位艺术家和哲学家,同时又是工程师、物理学家和生物学家,他在上述每个领域,都达到了他那个时代_____的成就。

填入画横线部分最恰当的一项是(　　)。

A. 登高望远　登坛拜将
B. 登堂入室　登坛拜将
C. 登堂入室　登峰造极
D. 登高望远　登峰造极

23. 中学生网上发帖呼喊"睡眠明显不足",教育主管部门也不断接到举报,反映一些学校课外作业过多,学生在校时间过长,为此,某省教育厅已经发出_____,_____八条给学生增加睡眠时间的规定。

填入画横线部分最恰当的一项是(　　)。

A. 通知　申明
B. 通告　申明
C. 通知　声明
D. 通告　声明

24. 随着社会老龄化进入第一高峰期,广大老年人精神文化生活方面的需求也进一步_____。

填入画横线部分最恰当的一项是(　　)。
A. 体现　　　　B. 呈现　　　　C. 表现　　　　D. 凸显

25. 影响成功的因素很多,但能否成功的关键还在于你是否有_____的毅力。

填入画横线部分最恰当的一项是(　　)。
A. 坚强　　　　　　　　　　B. 顽强
C. 顽固　　　　　　　　　　D. 坚持

26. 故宫建筑群规模宏大,形体_____,建筑精美,布局统一,集中_____了我国古代建筑艺术的优良传统和独特风格。

填入画横线部分最恰当的一项是(　　)。
A. 艳丽　展现　　　　　　　B. 壮丽　体现
C. 瑰丽　显示　　　　　　　D. 华丽　展示

27. 由于长期受传统家庭文化伦理的_____,更多的父亲以严肃、冷峻、坚韧、沉稳的形象出现,和母亲细腻、仁慈、温馨的形象形成了鲜明的对比。由于父亲一直扮演着一个硬汉的真男人角色,所以导致了后辈们也以极其_____的方式来对待父亲,客观上造成了很多人对父亲_____热烈的爱的表达。

填入画横线部分最恰当的一项是(　　)。
A. 熏陶　内敛　缺乏　　　　B. 影响　张扬　充满
C. 侵蚀　冷漠　匮乏　　　　D. 感染　热情　缺失

28. 访客只需站在平面画作前,再以特定的摄影角度_____画面,就能拍摄出具有逗趣立体视觉效果的照片。这是新加坡首家特丽爱3D美术馆为访客带来的独特体验。从韩国_____的特丽爱3D美术馆利用绘画艺术和光影科技,将二维的图画呈现出三维的效果,给人以身临其境的视觉体验。

填入画横线部分最恰当的一项是(　　)。
A. 构造　引用　　　　　　　B. 拍摄　借鉴
C. 设计　进口　　　　　　　D. 捕捉　引进

29. 国内知名院校的专家学者多次到陕北农村地区_____,研究这里的民风民俗。

填入画横线部分最恰当的一项是(　　)。
A. 考察　　　　　　　　　　B. 考查
C. 视察　　　　　　　　　　D. 勘察

30. 子曰:"邦有道,_____;邦无道,_____。"许多单位为了树立自己的文明形象,频频设立委屈奖。似乎"委屈奖"已经成为处理各种人际矛盾的不二良方。

填入画横线部分最恰当的一项是(　　)。
A. 千锤百炼　七零八落　　　B. 花团锦簇　民不聊生
C. 危言危行　危行言逊　　　D. 如坐春风　如坠寒冬

31. 在日常生活中,礼貌语言作用之大往往超出一般人的_____。当人与人之间发生这样那样的_____时,礼貌、谦让的语言会如熏风般暖人心扉,将龃龉化为乌有,令睚眦变成笑靥。

填入画横线部分最恰当的一项是（　　）。
A. 期望　冲突
B. 想象　摩擦
C. 估计　争端
D. 设想　磕碰

32. 正式报刊所持有的国内统一刊号,是国家赋予出版单位专有出版权的标志和_____。

填入画横线部分最恰当的一项是（　　）。
A. 特征
B. 号码
C. 代表
D. 象征

33. 中华民族一直以其强烈的责任意识享誉世界,在建立市场经济体制的新的历史时期,尤其需要_____人们的责任意识,这既是构建社会主义和谐社会的必然_____,也是时代的呼唤。

填入画横线部分最恰当的一项是（　　）。
A. 增强　要求
B. 建立　结果
C. 形成　需要
D. 树立　途径

34. 在历史的长河中,各类能工巧匠人才辈出,_____了像鲁班这样的大师级工匠,以及庖丁解牛、铁杵成针等_____的故事,逐渐_____并形成的厚德、重义、守信以及对待事业的敬业乐群、忠于职守、精益求精、追求卓越等优秀品质,是我们今天建设质量强国的重要思想宝库。

填入画横线部分最恰当的一项是（　　）。
A. 涌现　脍炙人口　积淀
B. 浮现　喜闻乐见　积聚
C. 出现　耳熟能详　积蓄
D. 呈现　家喻户晓　积累

35. 幻想是童话的艺术本质,但童话如果仅仅_____在虚幻的想象世界上,而无现实生活的_____,显然是不行的。因此,如何在童话写作中_____地介入写实、观照现实,是当代童话创作面临的重要问题。一个好的儿童文学作品,应该为孩子提供一些蕴藏人性和万事万物规律的思想资源,从而为其精神生命的健康成长提供更丰富的滋养。

填入画横线部分最恰当的一项是（　　）。
A. 架构　底色　恰如其分
B. 嫁接　积淀　润物无声
C. 设置　影子　潜移默化
D. 建构　参照　轻描淡写

36. 在现实生活中,机遇_____有准备的人。它不相信眼泪,它与怯懦、懒惰无缘。机遇_____,目光敏锐、勇敢果决者常常能获得它。机遇对任何人都是平等的,能不能抓住它,主动权在每个人手里。

填入画横线部分最恰当的一项是（　　）。
A. 青睐　稍纵即逝
B. 钟情　昙花一现
C. 酷爱　过眼烟云
D. 留意　旷世难逢

37. 人在困厄时,他的想法就会改变。这样反而给他一个成功的_____,使他更加聪明,更加有耐性和勇气_____。这就是所谓"穷则变,变则通"的道理。

填入画横线部分最恰当的一项是(　　)。

A. 转折　高歌猛进
B. 转机　勇往直前
C. 起色　义无反顾
D. 希望　挺身而出

38. 相信每个人都有自己的一份守望,就像蓝天守望着小鸟,大海守望着风帆,大地守望着小草……守望是信念、是坚守、是期盼。有些东西是需要用一辈子的时光去守望的。也许,不是每一条江流都能入海,不是每一个守望都能_____,但是有了守望,生活就变得有目标,心灵就变得_____。

填入画横线部分最恰当的一项是(　　)。

A. 完善　充沛
B. 完备　宽裕
C. 圆满　充实
D. 完整　富裕

39. 人类因权威而受益,但权威有时会成为_____在发展面前的一堵高墙。1900年,著名教授普朗克和儿子在自己的花园里散步。他神情沮丧,很遗憾地对儿子说:"孩子,十分遗憾,今天有个发现,它和牛顿的发现同样重要。"他提出了量子力学假设及普朗克公式。他沮丧这一发现破坏了被他一直_____并虔诚地信奉为权威的牛顿的完美理论。

填入画横线部分最恰当的一项是(　　)。

A. 横跨　尊敬
B. 横贯　推崇
C. 跨越　爱戴
D. 横亘　崇拜

40. "?"像科学天空的北斗七星;"?"像一把开启智慧大门的钥匙;"?"更像是人生道路上的方向盘。"?"_____千千万万的人为追求真理而奋斗不息,为获得答案而_____。

填入画横线部分最恰当的一项是(　　)。

A. 引诱　绞尽脑汁
B. 引导　冥思苦想
C. 开导　异想天开
D. 指导　浮想联翩

41. 早在人类出现之前,病毒就_____了这颗星球,历经高温、酷寒或干旱等极端条件,到现在病毒_____无处不在。千百年来,人们与病毒、流行病博弈、抗争、共存,人类的社会文明和历史_____也被这些看不见的威胁影响着。

填入画横线部分最恰当的一项是(　　)。

A. 占领　依然　过程
B. 占据　依然　过程
C. 占领　仍然　进程
D. 占据　仍然　进程

42. 昨晚,神州交响乐团首次进入国家大剧院演出,全场_____。精彩的演出_____了观众的激情。

填入画横线部分最恰当的一项是(　　)。

A. 座无虚席　引爆
B. 座无虚席　点燃
C. 万人空巷　引爆
D. 万人空巷　点燃

43. 在极其漫长的进化_____中,人类逐渐脱颖而出成为万物的灵长,但是无论如何进化,人类都不可能超脱自然而独立存在,这就要求我们必须深刻认识到,人类可以利用自然、改造自然,但_____是自然的一部分,必须呵护自然,不能凌驾于自然之上。

填入画横线部分最恰当的一项是(　　)。

A. 过程　归根结底
B. 进程　众所周知

C. 过程　显而易见　　　　　　　　D. 进程　毋庸置疑

44. 因智力因素导致语言发育出现障碍的孩子往往用词用句比较幼稚,只能用简单的词汇表达自己的意思,说长句时_____、_____逻辑,表情呆滞、动作迟缓。

填入画横线部分最恰当的一项是(　　)。
A. 颠三倒四　缺乏　　　　　　　　B. 词不达意　缺乏
C. 颠三倒四　缺少　　　　　　　　D. 词不达意　缺少

45. 起点如天色_____的绯红,微微_____点染着气象万千的苍穹;起点如大江大河的_____,涓涓细流孕育着一泻千里的波涛。起点之美,起点之力,必将激发你勇往直前的斗志,百折不挠地完成每一份人生的答卷。

填入画横线部分最恰当的一项是(　　)。
A. 破晓　夕阳　归宿
B. 迷蒙　晨曦　归宿
C. 破晓　晨曦　源头
D. 迷蒙　夕阳　源头

二、语句表达

46. ①科学研究显示,跟成人相比,少年儿童的睡眠更容易受到电子屏幕影响
②少年儿童的眼睛还在发育,晶状体更透明,因此对光更敏感
③电子产品中的短波段"蓝光"抑制褪黑素的作用较强
④研究发现,成人和学龄儿童如果暴露在同样强度的光下,儿童褪黑素水平下降的程度是成人的两倍
⑤因此,睡前几小时内暴露在屏幕光线下,会对少年儿童的睡眠和生物钟节奏产生更大影响
⑥光在夜间照射到视网膜后,会抑制褪黑素的分泌,从而"拨后"生物钟的入眠时间

将以上6个句子重新排列,语序正确的是(　　)。
A. ④⑥①②③⑤　　　　　　　　B. ④②①⑥③⑤
C. ①⑥②④③⑤　　　　　　　　D. ①②③⑥④⑤

47. 生态环境保护与人们的现实经济利益之间往往存在着矛盾。退耕还林、野生动植物保护等方面的政策或措施从长远来看是符合人类利益的,但常常需要牺牲一部分人的现实利益,_____。

填入画横线部分最恰当的一项是(　　)。
A. 因此人们应当以生态环境为重
B. 因此人们要有长远眼光
C. 因此人们要有自我牺牲精神
D. 因此矛盾不可避免

48. ①这其中有文化的原因,也有经济成本和个人习惯的原因
②分餐制和公筷制在中国已经推广了很多年,但是成效不明显
③新冠疫情的发生,为推行分餐制和公筷制提供一个新契机

④这既是文明新风的体现,也有助于保持良好的个人卫生习惯,值得在全社会推广
⑤各地也在纷纷出台相应政策,加大宣传力度,鼓励实行分餐制和公筷制
将以上5个句子重新排列,语序正确的是(   )。
A. ⑤②①③④ B. ②①③⑤④
C. ②①⑤③④ D. ⑤④②①③

49. ①有一些远虑,可以预见也可以预做筹划,不妨就预做筹划,以解除近忧
②不过,远虑是无穷尽的,必须适可而止
③有一些远虑,可以预见却无法预做筹划,那就暂且搁下吧,车到山前必有路,何必让它提前成为近忧
④总之,应该尽量少往自己心里搁忧虑,保持轻松和光明的心境
⑤还有一些远虑,完全不能预见,那就更不必总是怀着一种莫名之忧,自己折磨自己了
⑥中国人喜欢说:人无远虑,必有近忧。这固然不错
将以上6个句子重新排列,语序正确的是(   )。
A. ⑥①②⑤③④ B. ①③⑤⑥②④
C. ①③⑥②⑤④ D. ⑥②①③⑤④

50. 在中国传统绘画中,作为使笔运墨的方法,笔墨有些像文言文。文言在秦代以前就是一种书面语言,然而即便当时,文人们在日常生活中也使用"古白话",不会使用文言去说话。因此,_____。同样,笔墨也成了文人画家隔离包括画工在内的广大民众的一道绘画语言的屏障。
填入画横线部分最恰当的一项是(   )。
A. 文言文成了读书人在特定圈子特定时候的特权
B. 除了现实世界,文人们还拥有另一个更丰富的世界
C. 文言文便有了一种特殊的韵味和魅力
D. 文言文成为中国文化的重要载体

51. 一个极有想象力、经济价值极高的创意,很可能被用于道德上非常坏的目的,甚至被用来破坏人类文明乃至毁灭人类。一直以来的一个错误观念是,一个能赚钱的创意就是一个好的创意。现在必须改变观念:_____。
填入画横线部分最恰当的一项是(   )。
A. 创意的好坏是无法用金钱来衡量的
B. 人文价值应该渗透到产业和经济中
C. 想象力才是评价一个创意价值的重要标准
D. 一个好的创意应该是一个有益于人类文明的创意

52. 红杉树是地球上仅存的红木科树种之一。美国红杉树公园有一片高大挺拔的红杉,躯干通体绛红,冠上枝丫遮天蔽日,根部直径达到8米。据说世界上最高的红杉在澳大利亚,不幸其主干毁于雷电,最终定格在了75.2米。树木的生长也是竞争的过程,在成长中尽快长高、长大就能争取到更多的阳光,根部粗壮之后,从地下获得的水和养分也会增加。所以,_____。

填入画横线部分最恰当的一项是( )。

A. 大树的长成也需要天时、地利

B. 没有竞争,就没有生存,也就没有发展

C. 万物生长靠太阳

D. 能生存下来的是最能够适应变化的物种

53. 下列语句中,没有歧义的一项是( )。

A. 据统计,今年春节前两天某市高速公路总流量同比上升了八成。

B. 与恶性捕捞、发展航运、生态恶化、过度采砂等相比,饵料资源匮乏是江豚生存的最大威胁。

C. 老百姓对村主任揭发村书记带头砍伐树木的事情都很愤慨。

D. 王强老师才来学校两周,所以连同一年级的老师也不认识。

54. 下列各句中,没有语病的一句是( )。

A. 从中国人民认识到再也不能错过历史机遇之日起,就开始了新的长征。

B. 学习语文不能仅凭小聪明,一定要下苦功不可。

C. 不远处有片树林,这是我练习打太极拳的地方。

D. 在退休者中,有许多继续为四化建设贡献余热的专家学者。

55. 下列各句中,没有语病的一句是( )。

A. 对家庭盆栽植物的摆放,专家提出如下建议:五松针、文竹、吊兰之类最好摆在茶几、书桌上比较合适,而橡皮树、丁香、腊梅等最好放在阳台上。

B. 在新形势下,我们应该树立新的文化发展观,推进和挖掘文化体制创新和特色文化内涵,着力开发富有时代精神和湖南特色的文化产品。

C. 联合国设立"国际家庭日"的目的,是为了促使各国政府和民众更加关注家庭问题,提高家庭问题的警觉性,促进家庭的和睦与幸福。

D. 近年来,我省各级政府将群众生活水平是否得到提高和群众利益是否得到维护作为衡量工作得失的主要标准,干部重经济增长、轻群众生活的观念开始改变。

56. ①一位朋友说:"自己历经千辛万苦所酿造的生活之蜜,肯定比轻而易举拿来的更有滋味"

②这是一个千帆竞发、梦想起航的时代

③拿出勇气、蓄积干劲,奏响人生的凯歌,让个人的梦想旋律汇集成祖国的"最美和声",我们定能走向更加美好的未来

④现在,我们具备过去难以想象的基础条件,面临以往无法比拟的发展机遇

⑤高扬奋斗之帆,才能拥抱出彩人生,不辜负伟大时代

⑥诚哉斯言,我们之所以豪情满怀、充满自信,不正是因为一切伟大成就都是我们在接续奋斗中、用自己的双手创造的吗

将以上 6 个句子重新排列,语序正确的是( )。

A. ⑤⑥④②①③ B. ⑤②⑥①④③

C. ②⑤⑥④①③ D. ②⑤①⑥④③

57. ①打开历史,从"口与耳"到"铅与火",再到"光与电""数与网",信息技术的每一次重大进步,无不带来传播方式的重大跃升、媒体形态的重大提升

②机遇与挑战并存,压力与动力同在

③审视现实,5G、云计算、大数据、物联网、人工智能等新技术的迅猛发展,催生出全程媒体、全息媒体、全员媒体、全效媒体,重塑着媒体格局、舆论生态、传播方式,赋予了媒体新的时代内涵和发展空间

④不管是从强身健体、更好扛起使命任务来看,还是从定国安邦、做大做强主流舆论来看,媒体融合这场自我革命都回避不了,也不容回避

⑤坐而论道、踟蹰不前必然错失良机,起而行之、主动迎战方能赢得未来

⑥媒体的变革和发展,从来都是与时代大潮同行,与技术创新同进

将以上6个句子重新排列,语序正确的是(　　)。

A. ②③④⑥①⑤　　　　　　B. ⑥③②④⑤①
C. ②⑥③④①⑤　　　　　　D. ⑥①③②④⑤

58. 某些干部热衷学历造假,将一纸假文凭当作升迁路上必备的跳板,_____。一方面,可能过于看重学历与年龄等硬指标,而忽略了对能力与品德的考察,让一些急功近利者铤而走险;另一方面,对于包括虚假文凭在内的各种材料造假,审核把关并不严格,让学历"注水"的风险低于所得的好处。

填入画横线部分最恰当的一项是(　　)。

A. 折射出干部选任制度存在的漏洞
B. 原因值得各地各级党政部门深思
C. 这与相关制度没有落实到位有一定关系
D. 说明他们没把学历造假看成多么严重的问题

59. ①因此把才学比作剑,当使用的时候就拿出来,而不用的时候就藏入鞘中,不将其把玩炫耀,否则,很少有不因此而得祸的

②自古以来,才学外露的都遭到灾祸,没有一个幸免,怎么不令人为此忧心忡忡呢

③才学是君子用来进行身心的修养,而并非用来自负骄矜的工具;君子是以才学来治理社会,而并非用以自夸炫耀的

④之所以这样说,并非才能和学识本身有什么过错,而是错误应用造成的

⑤没有才能和学识,士人会感到羞耻;具备才能和学识,士人会因此而担忧

将以上5个句子重新排列,语序正确的是(　　)。

A. ⑤④③①②　　　　　　B. ②①④③⑤
C. ②④①③⑤　　　　　　D. ③⑤④②①

60. ①直到此时,人们才会相信,动物更有种为人类所不理解的无声的哀怨

②但是直到真的看到了动物的泪,我才相信动物也和人一样,它们也有悲伤,更有痛苦

③只是因为它们没有语言,或者是人类还不能破译它们的语言,所以,当人们看到动物的泪水时,才会感动惊愕

④本来,我以为泪水只为人类专有,而动物因没有情感,它们也就没有泪水

⑤第一次看到动物的泪,我几乎是被那一滴泪惊呆了

将以上5个句子重新排列,语序正确的是( )。
A. ④⑤①③② B. ⑤④③②①
C. ④①⑤②③ D. ⑤④②③①

三、阅读理解

61. 俗话说,真理越辩越明,恐怕这句话并不能适用于所有场合。缺乏科学素养的低质量争论,不仅对澄清事实真相毫无帮助,还会使公众的注意力失焦,有百害而无一利。

根据这段话,以下说法不正确的是( )。
A. 低质量争论有百害而无一利
B. 只有科学的争论才能澄清事实真相
C. 任何争论都会令真理得以升华
D. 争论往往也有高低之分

62. 反刍思维是指经历了负性事件后,个体对事件、自身消极情绪状态及其可能产生的原因和后果进行反复、被动的思考。有研究认为,人们之所以会产生这种反复的思考,是因为理想目标与现实情况之间存在差距,而反刍思维在带来痛苦的同时,也会让人们在思考中获得更多的信息。反刍能帮助人们评估与未完成目标之间的差距,加深对自我的认识,避免发生同样的错误。而这种在脑内千百次的排练也会增加自信,让处理问题更加游刃有余。

这段文字作者要阐明的道理是( )。
A. 负性事件虽然容易让人们产生消极情绪,但也没有那么可怕
B. 人们经历负性事件后,要想积极乐观起来,就要运用反刍思维
C. 多运用反刍思维是能够带来很多积极意义的
D. 用什么方式可以更好地保护自己,相比沉沦于既定的伤害,获得成长更为重要

63. 注入科学基因的文化项目,科学价值是基础,也是它的灵魂。如果这方面放松了或者做得不扎实,遗址公园就会失去生命力。正所谓"皮之不存,毛将焉附"。

文中的"皮"和"毛"分别是指( )。
A. 科学价值 文化项目
B. 科普教育 遗址公园
C. 科学研究 文化基因
D. 考古发掘 技术支持

64. 我们正在进入一个由人工智能开启的新阶段,智力资源对于新时代社会经济的发展具有核心牵引作用。人工智能横跨四大核心技术——机器学习、自然语言处理、图像识别和人机交互,涵盖多个细分领域,赋予机器以人类的视觉、听觉、触觉和智慧,使其具备记忆、认知、识别和选择等能力。在进入人工智能时代之际,作为智力资源重要节点的智库,将会面临怎样的变革与挑战?

文段接下来最可能讲的是( )。
A. 人工智能时代应如何发挥智力资源作用
B. 人工智能时代智库面临的变革与挑战
C. 面对人工智能挑战,智库将何去何从

D. 为什么说智库是智力资源的重要节点

65. 不同人有不同喜好,这本无可厚非。但若据此判别优劣高低,那就不是学术探讨了,因为个人喜好不能作为学术评判的标准。将审美喜好作为艺术品格的评判依据,本身就陷入了评价标准不统一的误区。所以,在艺术评判中,我们经常会遇到这种争论:甲因喜欢齐白石,便说齐白石最好,乙因喜欢张大千,便说张大千最好,于是甲乙双方争得不可开交,互不相让。看似学术讨论,各说皆有理,实则难以自圆其说。审美评判固与人的审美趣尚有关,但更多是一种获得共识的学术评价。

下列说法与原文不相符的是( )。

A. 艺术之美具有客观性

B. 审美取向与人的审美趣尚有关

C. 审美取向不同于艺术品格

D. 审美风格无高低之分

66. 经济增长率,代表的发展速度是相对数,不等于经济发展。不同地方GDP增长1%,基数小的比基数大的要省力得多,经济状况差的比经济状况好的要费力得多。

对这段话,理解不正确的是( )。

A. 不能过于相信增长率

B. 增长率高并不代表经济状况好

C. GDP总数越大经济增长率越高

D. 经济发展比经济增长率的内涵大

67. 毫无疑问,信息化正在广泛并深刻地影响和改变着人类社会。特别是过去的20余年,以互联网为核心的信息技术深度渗透到经济社会的方方面面,冲击着原有的社会结构,并逐渐编织起新的工业网络,建立新的基础设施,扩散先进的思维模式和行事方法。经过20余年的积累和储备,数据资源大规模聚集,其基础性、战略性地位日益凸显。当前,信息技术正从助力经济发展的辅助工具向引领经济发展的核心引擎转变,一种新的经济范式——"数字经济"正在逐渐成形,即将进入信息技术带动经济发展的爆发期和黄金期。

这段文字意在说明( )。

A. 信息技术引领着人类社会的变革

B. 数据资源具有重要的战略性意义

C. 数字经济正面临新的战略发展机遇

D. 信息技术将成为经济发展的新引擎

68. 哲学作为一门追求智慧的学问,其实只是一种"哲学原型"。所谓"哲学原型",是指哲学作为研究"事实"与"价值"的学问,它乃是所有已有的和新开创的哲学学说的"原始模型"。换言之,"哲学原型"是指"哲学"概念为普遍性的定义,每种哲学学说则为具体性的表现。尽管中西哲学存在诸多差异,但都遵循着共同的基本脉络。无论是西方哲学家,还是中国哲学家,他们的主要工作不外乎两个方面:其一,通过绝对的"形而上者"解释相对的"形而下者"。其二,通过相对的"形而下者"建构绝对的"形而上者"。前者属于"本体论",后者则属于"认识论"。

关于"哲学原型",这段文字主要介绍了它的( )。

A. 具体分类　　　　　　　　　　B. 概念定义

C. 理论核心　　　　　　　　　　D. 历史演变

69. 早在20世纪60年代,搜寻地外文明的研究就已经在美国兴起。20世纪70年代,NASA甚至召集多位天文学家出谋划策,提出颇有野心的"望远镜森林"计划:建造一个由1000架射电望远镜组成的庞大阵列,以此搜寻通信讯号,尤其是那些在无线电频段上覆盖范围很窄的信号。这其实可以算一种"技术印记"。因为天文学家们相信,就像在地球上一样,此类的窄波段信号应该是智慧生物所为,它们和宇宙中自然产生的、以宽波段为主的无线电信号不一样,因此很容易分辨。天文学家甚至希望能监听到其他文明为了吸引"宇宙邻居"们的注意而故意广播的无线电信号。

根据这段文字,下列说法正确的是(　　)。

A. 智慧生物发出的都是窄波段信号
B. 以宽波段为主的无线电信号很难分辨
C. "望远镜森林"计划旨在搜寻地外生命
D. 地外生命和我们一样也在搜寻宇宙其他生命

70. 正是对美好未来的共同期待和憧憬,让来自不同文明背景的人们相遇、相知、相亲。文明对话,具有改变人们认知的力量。这种力量,不是源于居高临下的所谓"优越感",而是基于不同文明之间平等相待、相互交融、取长补短、共同进步的包容精神。

这段话的主旨是(　　)。

A. 文明对话的重要性
B. 不同文明背景的人们相遇、相知、相亲的原因
C. 文明对话可以改变人们的认知
D. 文明对话的力量源泉

71. 在层出不穷的网络热词中,我们可以清晰地找到各种民意的身影。在某一网络热词产生之后,网民常常会模仿热词的形式,创造出一个小型的语言符号系统,如在"被就业"产生之后,网民又创造出了"被幸福"等结构相似的"被"字系列。新词的不断涌现,使得这股"被××"之风长盛不衰,也使得民众对于现实的无力、焦灼等心理状态被有效地传达到上层舆论系统。

最适合做这段文字标题的是(　　)。

A. 网络热词中的民意
B. 长盛不衰的"被"字风
C. 网民的无穷创造力
D. 层出不穷的网络热词

72. 为何中国人过年时一定要回家?据专家考证,可能与"年"是个恶兽的传说有关。传说,"年"长着四只角、四只足,力大无比,在每年的最后一天,便会出来作祟,当时生产力低下,个体对付"年"的能力不足,人多力量大,于是全家人守在一起,等着"年"的到来,合力把"年"赶走,所以不论怎么困难,有什么样的理由,在外的家庭成员都要赶回,助一臂之力。

最适合做上文标题的是(　　)。

A. "回家过年"溯源　　　　　　B. 古代中国的"春运"
C. 古代何时开始过年　　　　　D. "年"字的来源

73. 最近几年,人们对近代物理学的兴趣不断增长,对"新"物理学的报道不断涌现。现在许多人都知道有数亿的星系,每一个星系又含有数亿的星体。我们知道世界可以通过亚核粒子来理解,其中的多数只存活几亿分之一秒。是的,近代物理的世界真是千奇百怪。带有希腊字母名称的粒子随着量子的音乐狂舞,毫不遵守经典物理的决定论。但最终读者会带着失望的心情走开,虽然这些事实确实很新奇,但它们也确实枯燥烦人。

作者接下来最有可能会(　　)。

A. 强调科学工作的艰难

B. 介绍一部生动的科普著作

C. 澄清读者对物理学的误解

D. 展示新奇的物理成果

74. 实体书店生存日益困难,据说和网络书店的冲击有些关系:网上买书,一来便宜,二来方便,三来品种广泛,选择面广。面对新的竞争手段,传统书店反应越来越迟钝,应对越来越吃力。当然,有时也越来越富有创造力——据说一家全国知名书店附设的咖啡馆都开始卖炒菜了。书和茶、咖啡似乎还有点关联(虽然这关联多半也还建立在习惯之上,经不起多少理性分析),可是和炒菜放一起,就有点怪异。这不禁使人怀疑,实体书店是不是迟早会消失。

对这段文字的主旨概括最准确的是(　　)。

A. 解释实体书店生存日益困难的原因

B. 指出实体书店在新的形势下的创造力

C. 比较实体书店和网络书店的差异

D. 分析实体书店当前所面临的窘迫处境

75. 自春节开始,微博打拐如火如荼,成为一场公民行动,也得到公安机关的高度认可;另一方面,微博打拐也频现乌龙,冤枉好人。享受权利的代价是容忍他人正当行使权利时给自己带来的某些不便,这是现代公民应有的权利常识。打击拐卖儿童这种社会危害极大的犯罪行为,是每个社会成员的共同责任,公民应容忍由此带来的不便。

这段文字主要谈论的是(　　)。

A. 尊重他人的权利是享受权利的前提

B. 应鼓励公民利用网络手段打击犯罪

C. 如何对待微博打拐带来的不便

D. 公民如何利用微博行使自己的权利

76. "微阅读",是伴随手机短消息、网文、博文出现而兴起的一种阅读方式。随着智能手机、平板电脑、电子阅读器等在家庭中的普及,少年儿童的"微阅读"渐成趋势。尽管关于"微阅读"价值的认定还处于争论阶段,但碎片化的信息导致碎片化思维这一结论显然是成立的,而且已经有了不少的例证。如果过度沉溺于"微阅读",其实用性和消遣性会在无形中消解少年儿童阅读时的沉潜心态,从而影响到少年儿童对知识的吸收。

这段文字意在(　　)。

A. 揭示促使"微阅读"兴起的前提条件

B. 说明"微阅读"在少年儿童中渐成趋势

C. 提醒少年儿童不要被"微阅读"所掌控

D. 剖析"微阅读"对社会知识传承的影响

77. 如今有些"职业乞丐"通过骗取公众同情的方式,破坏了宝贵的社会信任,也让那些真正需要关怀的乞丐处境日益艰难;还有一些牵涉到利益集团的行乞行为,则涉嫌违法犯罪。因此,无论从社会角度还是法律角度,乞丐问题都是城市管理者必须面对的一道难题,探索城市乞丐群体的有效管理和规范管理之道,也是对部分公众的诉求的一种回应。

这段文字的核心观点是(　　)。

A. 如今乞丐的行乞行为呈现多元化趋势
B. 乞丐问题的改善有赖于正确的管理之道
C. 探讨乞丐问题应兼顾社会和法律双重维度
D. "职业乞丐"的出现威胁着当前的诚信体系

78. 在人人都有发言权的微博时代,一个不经意的转发和评论,既可能为真相增添力量,也可能不小心成为谣言的帮闲,甚至可能成为他人的灾难。该如何更好地行使自己的话语权,这是一个值得认真对待的问题。近日《中国青年报》有篇文章谈到,一旦被主观偏见、愤怒情绪、不假思索的责骂所左右,"顶着一个硕大脑袋,自以为是的我们,轻而易举就成了被人操控的木偶"。这描述的就是"短阅读时代"人人可能犯的毛病。

上文没有暗示的信息是(　　)。

A. 对那些消息来源不确定的微博,应谨慎转发
B. 不能让激情冲昏头脑,要对时事热点保持冷思考
C. 看到一些耸人听闻的标题,先不要急着下结论
D. 确立主体意识,让海量信息为我所用

79. 对地方权力实施监督,显然有一个"及时到达"的问题,监督必须属地化。地方权力支配地方资源,影响民众切身利益,理应受到当地纳税人和媒体的监督制约。对于权力的滥用,当地民众和媒体有着天然的敏感,在感知上也有时间与空间的便利,相应的监督制约离开他们是不可想象的。

对上述文字理解不正确的是(　　)。

A. 地方权力的属地化监督即地方权力属地政府层层监管
B. 对地方权力要实施属地化监督
C. 地方权力的监督主体包括了媒体和属地民众
D. "对地方权力实施监督"不能"山高皇帝远"

80. 有学者曾经把思维定式比作一份"地图"。我们都知道,地图不代表地域,只是对地域的某些方面进行说明。思维定式就是这样,它是关于某种事物的理论、诠释或模型,由每个人的成长背景、经验及选择打造而成,影响我们的态度和行为。符合世界本来面目的"地图",有利于我们迅速地处理日常事务,解决一般性问题。但是,我们面临新情况、新问题,或需要开拓创新时,思维定式绘制的"地图"不仅不能帮助我们解决问题,反而会变成"思维的枷锁",阻碍我们拓展新思路。

这段文字接下来最可能说的是(　　)。

A. 思维定式消极影响的具体表现
B. 个人经验的积累有助于打破思维定式

C. 人在思考过程中是如何形成思维定式的

D. 面对新情况时如何突破思维定式

81. 有时我甚至还看到螽斯非常勇敢地纵身追捕蝉,而蝉则惊慌失措地飞起逃窜,就像鹰在天空中追捕云雀一样。但是这种以劫掠为生的鸟比昆虫低劣,它是进攻比它弱的东西,而螽斯则相反,它进攻比自己大得多、强壮有力得多的庞然大物,而这种身材大小悬殊的肉搏,其结果是毫无疑问的。螽斯有着有力的大颚、锐利的钳子,不能把它的俘虏开膛破肚的情况极少出现。因为蝉没有武器,只能哀鸣踢蹬。

上文"其结果是毫无疑问的"一句中的"结果",具体是指( )。

A. 螽斯战胜了比它强壮的蝉

B. 强壮的螽斯战胜了弱小的蝉

C. 鹰追捕到了柔弱的云雀

D. 身材大的战胜身材小的

82. 从现代考古发现来看,中国至少在夏商周的"三代"时期就有城市了,但和现代功能较为接近的城市,到春秋战国时期才出现,如齐国的首都临淄,据《战国策·齐策》记载,当时有7万户,仅以一户3口的标准来算,总人口也达到了21万。城市大了,人口多了,治安、卫生、交通等一系列问题也就多了。在这种情况下,古代城管应运而生。古代城管除负责环卫、拆违章建筑、禁止占道经营外,还得"防火缉盗"。有的还有管理市场物价,维持公平交易和社会治安的义务,是真正的"综合执法",权力也比现代城管大。

下列说法与原文意思相符的是( )。

A. 中国古代城市最早出现在夏商周的"三代"时期

B. 春秋战国时期齐国的首都临淄是中国历史上首座设置城管的城市

C. 规模较小的城市即使没有专门的城管人员来管理,也不会出现治安、卫生、交通等问题

D. 古代城管的职能综合了现代城管、市场监管、公安等机关的部分职能

83. 80后的新生代家长是高等教育扩招后成长起来的一代人,他们对孩子教育的重视程度达到了空前的高度。他们有一套自己的教育理念和方法,而且希望将其付诸实践,期待学校和老师按照自己的想法教学。家长群体的日益强势使得家长和老师势均力敌,较量便成了常态,于是纠纷频发,带来许多误会和矛盾。

下列说法不符合原文意思的是( )。

A. 80后新生代家长十分重视孩子的教育

B. 80后新生代家长有自己的教育理念和方法

C. 80后新生代家长希望参与教学

D. 80后新生代家长与老师之间常发生误会和矛盾

84. 自我效能是指个体对自己能否取得成功的判断。言语说服是改变人们自我效能感的一种常用方法。然而,依靠这种方法形成的自我效能感不易持久,一旦面临令人困惑或难于处理的情境时,就会迅速消失。有研究结果表明,缺乏体验基础的言语说服,在形成自我效能感方面的效果是脆弱的,人们对说服者的意见是否接受,往往要以说服者的身份和可信度为转移。

这段文字意在强调(　　)。
A. 人们自我效能感可通过言语说服获得
B. 言语说服效果基于说服者的身份和可信度而定
C. 言语说服并不能提高人们的自我效能感
D. 言语说服形成的自我效能感易受外界因素影响而不稳定

85. 中国古人作诗,是带着身世经历、生活体验,融入自己的理想意志而写的;他们把自己内心的感动写了出来,千百年后再读其作品,我们依然能够体会到同样的感动,这就是中国古典诗词的生命。所以说,中国古典诗词绝对不会灭亡。因为,只要是有体验、有感情、有修养的人,就一定能够读出诗词中所蕴含的真诚的、能够打动人心的生命,这种生命是生生不息的。

这段文字意在说明(　　)。
A. 中国古典诗词中往往融入了作者的生活体验和理想意志
B. 有修养的人定能读出中国古典诗词中蕴含的生命力
C. 中国古典诗词具有生命力,因此绝对不会灭亡
D. 作家只有把自己真诚的情感融入作品中,其作品才能永不过时

86. "罗马城不是一日建成的。"快出科研成果的愿望固然美好,但循序渐进,日积月累,才符合成才成功的客观规律。科研成果不是"速成品",揠苗助长、急于求成有百害而无一利。特别是那些基础科研项目,更需要经年的"墩苗"。安德鲁·怀尔斯29岁就任普林斯顿大学教授,33岁时放弃所有与证明费马大定理无关的工作,耗时近十年时间论证了困扰人类300多年的世界级数学难题费马大定理。搞科研,既需要决心和信心,更要有恒心和耐心,那些看似"得来全不费工夫"的成果,其实是经历了"踏破铁鞋"的沉潜之力和积淀之功。

这段文字中,作者最想表达的观点是(　　)。
A. 快出科研成果是不可能实现的
B. 恒心和耐心是搞科研项目的制胜法宝
C. 每一个成功的科研项目的背后都凝聚着科研人员的汗水与努力
D. 搞科研项目应做到循序渐进,日积月累,不能急于求成

87. 爱因斯坦在1915年提出广义相对论,描述了重力是如何影响宇宙本身以及黑洞等质量非常大的物体。按照这一理论,质量巨大的物体能够像相扑选手压在柔软的垫子上那样让宇宙弯曲,并强迫周围的物体全部向自己靠近。而事实上,重力正是通过这种方式扭曲了空间的结构,甚至时间亦不能幸免。

这段文字主要阐述了(　　)。
A. 黑洞与宇宙的关系
B. 黑洞与时空的关系
C. 黑洞与重力的关系
D. 黑洞与质量的关系

88. 嫉妒,作为一种情感,一种欲望,属于精神范畴。但就其实质而言,却存在着一种鲜明的趋利性。一切嫉妒者瞄准的都是现实的功利。长期以来,人们习惯说"嫉贤妒能",其实,准确的表述应该是"嫉名妒利"。在嫉妒者眼中,贤、能并没有实际价值,他们所看重的是贤、能

背后的声望、地位。

这段文字的主旨是( )。

A. 嫉妒实质是由利益的冲突引起的

B. 嫉妒的目的是名、利

C. 嫉妒是人的情感的特殊表现形式

D. 嫉妒是属于精神范畴的

89. 木桶的容量由最短的那块木板决定,义务教育公平程度、群众对教育的满意程度,也由教育资源中的短板决定。推进均衡发展,不能截长以补短,应努力补短来追长。因而教育发展的思路,应该是把工作重点放在补足短板上,强化弱势学校,努力缩小地区、城乡和校际差距。

最适合做这段文字标题的是( )。

A. 取长补短,促进教育公平

B. 教育均衡,更需重视补短

C. 善于截长,平衡名校资源

D. 克服短板,缩小校际差距

90. 中国东南沿海不但拥有海洋文明的基因,也从未彻底间断过海洋文明。中国海洋事业经过秦汉魏晋南北朝及隋唐数朝发展,逐渐走向良性循环,但正当海洋事业比重在中国社会经济结构中步步加重、宋元海陆双重帝国架构渐渐成型之际,与朱元璋相伴而来的明清绝对君主专制体制在中国登场,大陆性皇权势力经常凌驾于海洋性民间社会力量之上,阻遏了中国海洋文明的进一步发展,从而使中国成为大航海时代的落伍者。

根据上述材料,下列判断有误的是( )。

A. 早在秦汉时期,中国的海洋事业便走向了良性发展之路

B. 明清的绝对君主专制体制严重阻碍了中国海洋文明发展

C. 宋元时期,陆地与海洋经济在国民经济总值中分庭抗礼

D. 自明清时起,中国的海洋文明开始逐渐落后于欧美诸国

阅读以下文字,完成91~95题。

年味越来越淡,越来越没意思——这是很多人过年的感受。甚至有人评论说,中国传统节日只是存留于父辈记忆里的尤物,已经成为国人食之无味、弃之可惜的"鸡肋"。压岁钱水涨船高,变成了负担,失去了原来祈福去灾的本意;庙会办到商场里边,实际就是商品交易;群发短信拜年,平均给每个人的情感又有多少?专家们认为,这一现象是传统节日的"异化""空洞化""物化"等原因造成的。要改变这样的现状,就要提高全民的文化自觉,让传统在现代社会得到很好的延续。

其实式微的不只是春节,元宵、端午、七夕、中秋等传统节日也在日益淡化,这是不争的事实。要究其原因,很多专家都归咎于物质的发展、城乡的转变和洋节的挤兑。在笔者看来,这都是表面的原因,真正的原因是文化在"异化"和"物化"。"节日和人一样都是有灵魂的",当灵魂越来越缺乏依附的载体,节日就会越来越淡,越来越没意思。比如,春节文化是一个典型的教育、敬神、祭祖、尊老爱幼,通过一系列仪式来完成的。而现在几乎没有人再敬神、祭祖,由于无法团聚的人越来越多,尊老爱幼也成了"隔空对话",春节还有什么文化味道啊?取而

代之的是,春节越来越物质化,越来越热闹,但越来越没有文化。

传统节日值得我们缅怀,但对传统节日的式微我们也无可奈何,因为社会在发展,原来传统节日所承载的东西,不再是人们的必需,那么传统节日就会发生变化,甚至是质的变化。中国艺术研究院副院长吕品田指出:"原来的传统节日是有大量的丰富的民俗活动的,这些节俗活动是在历史中形成的一些民俗的讲究或者说生产生活的习俗紧密关联在一起,和节气、时令、气候、水土这些东西关联在一起,和祭祀、主导、祈祷、敬仰、吟诵等民俗事项关联在一起,有着缅怀、祝愿、庆贺、祈愿、敬祭等种种内涵。"随着时代的发展和社会的进步,节日所承载的内涵和文化都在发生变化。现在的节日,几乎都没有祈祷和敬祭等内容,失去了庄严的文化氛围。而且,人们对一些不接地气的节日越来越淡化,相反对产生于国外的又接地气的节日情有独钟。当传统节日越来越没有文化味道,自然就会式微。

尽管传统节日式微是文化在"物化"的结果,但文化是需要传承的。很多传统节日属于非物质文化遗产,是需要保护的,是需要去其糟粕取其精华地予以传承的,并且,随着时代的发展,传统节日也会增加新的民俗活动和新的文化内涵。我们应该正确地看待传统节日的式微。在笔者看来,节日式微的内容多是不贴近现实生活或不被当今社会人们的价值观、审美观所认可的不合时宜的传统内容。但是,我们应该通过我们的努力,让传统节日焕发新的生机和活力,在现代社会中得以传承。我们应反思,为什么在美国华人聚居区还有年夜饭、守岁、压岁钱和拜年问候的声音,在华埠的商店里为什么还有红灯笼、红福字、红爆竹、红蜡烛、红色年糕和红色唐装?或许韩国对传统节日、文化的重视和保护的做法值得我们学习和借鉴。总之,传统节日是需要保护和传承的文化遗产,切不可在我们手中消失。

91. 根据原文提供的信息,下列不属于中国传统节日式微现象的一项是(   )。
   A. 随着人们生活走向富裕,压岁钱水涨船高,节日的经济意味越来越浓
   B. 随着通讯的现代化,过节时大家已习惯了编发短信互贺,进行"隔空对话"
   C. 传统节日现在几乎不再有丰富的民俗活动,庙会也成了商品交易的载体
   D. 国内不少人对产生于国外的、接地气的节日越来越情有独钟

92. 下面能够替换第二段加点的"式微"的词语是(   )。
   A. 风前之烛   B. 日暮途穷
   C. 每况愈下   D. 百废待兴

93. 下列选项中对文意理解不正确的一项是(   )。
   A. 当前不仅仅是春节愈发没有"年味",很多传统节日也在日益淡化
   B. 原来传统节日所承载的东西,与传统的生活习俗息息相关
   C. 传统节日的延续需要文化内涵支撑,与具体的庆祝活动没有关系
   D. 现在的人们几乎不进行敬神、祭祖等一系列传统仪式,春节逐渐失去文化味道

94. 对于传统节日的传承,我们可以采取的措施不包括(   )。
   A. 去其糟粕取其精华地传承与保护,挖掘传统节日的新文化内涵
   B. 摒弃传统节日中的传统内容,重新赋予传统节日现代含义
   C. 在传统节日开展新的民俗活动,使传统节日焕发新的活力
   D. 学习和借鉴韩国重视与保护传统节日、文化的一些做法

95. 下列最符合最后一段的主旨的是(　　)。
   A. 传统节日的式微是时代发展的结果
   B. 传承传统文化需提高全民的文化自觉
   C. 民俗活动是传统节日接地气的途径
   D. 应采取措施保护和传承我们的传统节日

阅读以下文字,完成96~100题。

基因污染是环保新概念。这个概念的形成和提出具有深远的意义,它反映了人类的预警意识,生物繁殖的本质是基因复制,而基因污染是在天然的生物物种基因中掺进了人工重组的基因。这些外来基因可随被污染生物的繁殖得到增殖,再随被污染生物的传播而发生扩散。因此基因污染是唯一一种可以不断增殖和扩散的污染,而且无法清除。

现在已推广的几十种基因工程作物在审批时都认真考虑过它们的安全性,但事实证明过去的认识有局限性,更缺乏长期的数据。为了争夺市场,各生物工程公司过早地向田间释放转基因作物,来不及充分考虑和进行对人体、特别是对环境长期影响的研究。发展中国家则寄希望于转基因食物能够解决所面临的粮荒问题。有人认为发达国家在企图利用发展中国家进行新作物的安全试验。自从掌握了对生物基因进行手术的技能,人类就学会了被一些人斥之为"任意篡改上帝作品"的本领。这些"作品"已经不只是密封在实验室的试管内,它们早已散播在几千万公顷的土地上,那就是基因工程农业作物。的确,我们现在所有的传统栽培作物和家养动物,它们与原先的生物种类都已有很大的不同,基因都有所改造。从这个意义上讲,基因改造并非什么新鲜东西。人类的远祖从几千年前掌握农业生产技术开始,就不断地对作物和家畜、家禽进行基因改造,但这并不能说明基因工程农业生物与传统农业生物没有本质区别。传统农业生物通过染色体重组发生的基因交换基本上是按生物自身许可的规律进行,而基因工程作物或动物则是"移植"了人工设计和装配的与某些特定性状有关的基因,使它们能在相对短的时间内获得预期的新性状。基因工程生物还有一点非常特别,就是"移植"的基因可以来自任何生物,完全打破物种原有屏障"职制性""移植",这个过程在自然状态下是极少可能或根本不可能发生的,在自然状态下,西红柿绝对不会有鱼类的基因,玉米也绝对不会有萤火虫的基因。因此从生物安全性这一角度分析,基因工程生物与传统杂交生物是不能画等号的,而过去对基因工程食物所得出的"实质等同性"评价原则是不全面的。

地球现在已发现和未发现的生物物种有一千多万种,其各自独特的基因是在30亿年地球生命进化过程中形成的。天然的生物基因库是人类的巨大宝藏,也【　　】着人类自身的命运。令人担忧的是,我们现在还能守住这个地球上最后一片"净土"吗?

96. 下列对"基因污染"的理解,最准确的一项是(　　)。
   A. 基因污染是人类对环境的预警意识的环保新概念
   B. 基因污染是在天然生物物种基因中掺进人工重组的基因
   C. 基因污染是唯一可不断增殖扩散且无法清除的污染
   D. 基因污染是天然物种掺进人工重组基因而不断增殖扩散的污染

97. "任意篡改上帝作品"在文中的实际含义是(　　)。
   A. 是指散播在土地上的基因工程农业作物
   B. 物种移植了人工设计和装配的某些与特定性状有关的基因而在短期内获得预期新

性状

C. 人类从远古到今天,不断对作物和家畜、家禽进行基因改造,致使所有传统栽培作物和家养动物与原先的生物种类都已有很大不同

D. 科研人员在实验室内,用科技手段改变了物种的性质和状态

98. 下列不能成为基因污染原因的一项是(　　)。

A. 各生物工程公司为了争夺市场,过早地向田间释放转基因作物

B. 发达国家利用发展中国家进行新作物的安全试验,造成了基因污染

C. 基因工程作物对生物作强制移植,完全打破了物种原有的屏障,破坏了生物原有的基因

D. 人类在发展基因工程作物时没有充分考虑对人体和环境可能产生的长期影响,此方面研究有很大的欠缺

99. 根据文章提供的信息,以下推断正确的一项是(　　)。

A. 发达国家利用发展中国家解决粮荒问题进行基因工程作物对人体和环境影响的试验,这已被广泛确认

B. 基因工程生物与传统杂交生物不能画等号,是因为基因工程食物与传统杂交食物没有实质等同性

C. 按生物自身许可的规律进行基因交换和强制性移植任何生物基因,是传统农业生物与基因工程农业生物的本质区别

D. 地球上的环境净土正在遭到污染,这种情况是令人担忧的

100. 填入文中【　】中最恰当的一项是(　　)。

A. 维系　　　　B. 维护　　　　C. 维持　　　　D. 改变

101. 制造业智能化是通过新一代信息技术和先进制造技术的高度融合,实现传统制造和信息物理系统集合的生产过程。由此引致分散化、个性化、专业化的生产模式要求技术技能人员具有新的技术技能体系和认知能力,倒逼职业教育进行育人模式改革,在教育教学过程中重点培养学生的创新能力、信息获取和整合能力以及终身学习能力。

这段文字意在强调(　　)。

A. 岗位快速更迭要求专业动态调整

B. 职业教育人才培养目标应与时俱进

C. 制造业智能化衍生出全新职业方向

D. 职业教育为制造业智能化升级助力

102. 实施乡村振兴战略作为新时代三农工作的总抓手,必须坚持农民的主体地位,依靠农民来推动。另外村支书和下派的第一书记是乡村最新的基层领头人,地方政府人员是乡村振兴的组织者和服务者。城市下乡企业、专业合作社、家庭农场、个体经济、庭院经济等乡村生产经营主体是乡村振兴的主力军。返乡创业青年和新乡贤等乡村精英在某种程度上扮演了乡村振兴的示范者和引导者的角色。

这段文字意在(　　)。

A. 说明乡村振兴需要人才队伍

B. 解释乡村振兴不仅仅是农民的事

C. 强调推进乡村振兴必须坚持以农民为主体

D. 明确乡村振兴参与主体的角色和作用

103. 白开水最容易解渴,有调节体温、输送养分及清洁身体内部的功能。而且,白开水具有较强的生物活性,对于促进细胞新陈代谢、能量转换、血液循环和维持电解质平衡,都大有益处。白开水不含卡路里,在进入人体后,很容易透过细胞膜,增加血液中血红蛋白含量,增强人体自身免疫功能,提高机体抗病能力。因此,白开水实在是人体最需要的天然"饮料"。

这段文字意在说明（　　）。

A. 白开水无法被其他饮料取代的原因

B. 白开水具有较强的营养价值

C. 水是维持人体正常生理活动所必须的物质

D. 什么样的水对人体最适宜

104. 4G来临后,原来平面的互联网渠道被可互动式的互联网渠道所替代了,速度加快后使原本无法时时双向交互的场景得以实现,如主播行业就是在4G时代出现的。流量人口的改变,将催生出很多新兴行业和新兴巨头。4G其实是重新分配流量的过程,5G的到来也是一样。但5G在技术上是颠覆性的,它对金融洗牌的力度将比4G更大。如果说4G开启了移动互联网时代,5G则是加速了万物互联的智能时代。5G具有高速率、泛在性、低延迟、低功耗、高安全标准等特性,这对金融机构的获客、风控、运营、智能科技应用等领域将产生深刻的影响。

这段文字主要强调的是（　　）。

A. 5G取代4G是不可阻挡的历史趋势

B. 5G推动了互联网渠道的升级换代

C. 5G将催生出很多新兴行业和新兴巨头

D. 5G将对金融行业产生深刻的影响

105. 语言文字规范化标准化工作在促进经济、文化和人的全面发展、构建和谐社会等方面将起到重要的纽带作用。我们正面临着一个价值取向多元化的转型期社会,社会语文生活也不断涌现许多新问题、新挑战。语言文字工作部门要审时度势,对社会语文生活进行及时有效的监督和管理,积极做好宣传和引导工作,不断提高全民族的人文素质。

对这段文字概括最准确的是（　　）。

A. 社会语文生活涌现出许多新问题、新挑战

B. 语言文字规范化标准化工作至关重要

C. 要有效监管社会语文生活,提高全民族人文素养

D. 我们正面临着一个价值取向多元化的转型期社会

106. 生育水平持续下降会使低年龄人口在总人口中的比重相对减少,使60岁（或65岁）及以上老年人口在总人口中的比重相对增加,从而使人口老龄化水平不断提高。这种在低生育率下,由儿童占比减少、老人占比上升而引发的人口老龄化现象,称为"底部老龄化"。

这段文字意在说明（　　）。

A. 人口老龄化现象产生的原因

B. 人口老龄化会受到人口生育水平的影响

C. "底部老龄化"是指老人数量超过儿童数量这一现象

D. 人口老龄化给社会经济发展带来了沉重的压力

107. 在疾病焦虑障碍患者的脑成像研究中,科学家们发现相较于正常个体,患者对于自身生理感觉或躯体不适的感受性比较高。这主要是因为他们的前脑岛和前扣带回脑区被激活,从而导致他们能更敏锐地感受到身体的细微变化,并对此产生过度关注。除了生理层面的敏感性外,在认知层面,疾病焦虑障碍患者对于躯体信号的灾难化解释也是促使症状产生的直接因素。例如,大量运动后我们会心跳加速、呼吸急促,一般人可能将这种体验解释为"有点儿累了",不会产生强烈的情绪反应,但作为疾病焦虑障碍的患者,可能会觉得"自己身体素质变差了""心脏病要发作了",进而引发强烈的焦虑和恐惧情绪,促使血压升高,甚至使本来微弱的疼痛感变强。

关于疾病焦虑障碍,这段文字意在说明(　　)。

A. 人们对自身体验的解释会影响认知

B. 症状的产生由多种因素造成

C. 患者更易引发焦虑、恐惧等负面情绪

D. 生理层面的敏感性会加重疑心病

108. "莫道桑榆晚,为霞尚满天。"不少已经退休或将要退休的60后并不服老,保持对新事物的关注和探索。特别是一些拥有各类专业技术优势和商务、行政管理背景的成功人士,不忍舍弃毕生所学所悟,愿意发挥余热,继续为社会做出力所能及的贡献。相比于休闲娱乐、颐养天年,"新老人"继续投身公共服务和社会建设的热情更高。他们或进入市场再就业,为日后入住养老机构积蓄更多资本;或积极投身老年志愿组织,为基层治理贡献力量;或受兴趣爱好驱动,扬经验和专业之长,在企业、社会组织中兼职,被聘为顾问、理事等;或作为新乡贤归故园,将技术、资金、人脉等资源带回农村,担当乡村振兴的重要推手。

这段文字主要强调的是(　　)。

A. 大部分退休老人选择再就业

B. 老年人投身公共服务的热情高涨

C. 老年人力资源是社会潜在优势

D. 退休老年人是乡村振兴的重要推手

109. 我们的工作、生活节奏不断加快,有些人做事往往追求立竿见影,生活不自觉地迈入加急时代。"效率就是生命"演变为公认的价值观,外出是飞机、高铁,上网要急速体验,吃饭需争分夺秒,就连咿呀学语的孩子,都不能输在起跑线上。这份急夹杂着对过程的忽略,衍生出对规则的漠视,同时催生出各种问题。

这段文字的主旨是(　　)。

A. 节奏提速导致人们做事追求立竿见影

B. 效率就是生命成为公认的价值观

C. 人们必须争分夺秒以免输在起跑线上

D. 加急时代生活催生出各种各样的问题

110. 有人反映:磨洋工的人一个任务总干不完,而高效工作的人领导会再次加派任务,于是导致忙的越来越忙,闲的越来越闲,但收入还差不多。如何让员工各显其能,如何最大限度激发员工的工作积极性?关键要形成周密的考核方法、合理的激励制度。与其盯着过程,不如兼顾结果;与其要求大家"钉在工位上",不如使用更弹性的工作机制。保证多劳者多得,拒绝让"伪装多劳者"多得,方能从根子上扫除形式主义加班的土壤。

这段话意在说明(　　)。

A. 高效率工作的人越来越忙的原因
B. 员工收入水平相差不大的主要原因
C. 要健全考核方法,完善激励机制
D. 要兼顾工作结果,建立更具弹性的工作机制

111. 事实上,"夹竹桃致癌"只是因为其有毒、并且在气温较高时有异味而被讹传出的"莫须有"罪名。夹竹桃的毒性,主要源于其茎叶中含有的多种强心苷类物质。这类物质在被摄入人体后可以导致心肌收缩显著加强,过量摄入则会导致心律失常,严重的导致死亡。不过,夹竹桃中含有的强心苷类物质与促癌物质一样,平时都安静地存在于植物体内,并不会挥发到空气中。只有在误食其枝叶,或是其分泌物接触黏膜时,这些强心苷类物质才会被机体吸收,从而显示其毒性。

这段文字意在说明(　　)。

A. 夹竹桃的毒性会在特定情况下发作
B. 夹竹桃虽然有毒但并不一定会致癌
C. 夹竹桃的毒性并不一定会致人死亡
D. "夹竹桃致癌"的说法无科学依据

112. 对开车玩手机入刑的讨论,相比观念上的争论,当下更需要讨论的是操作层面的实现。酒驾可以通过抽血化验血液中的酒精含量判断。相比之下,开车时发短信、刷微信的行为比较隐蔽,取证存在一定的难度。这一点倒可以借鉴日本,只要司机手里拿着手机,就会被视为使用手机。

这段话意在说明(　　)。

A. 开车玩手机入刑的必要性
B. 开车玩手机入刑的可行性
C. 开车玩手机的隐蔽性
D. 开车玩手机是否入刑要向日本学习

113. 夏天少数人为贪图凉快,早餐以冷饮代替豆浆和牛奶,这种做法在短时间内不会对身体产生影响,但长期如此会伤害"胃气"。在早晨,身体各系统器官还未走出睡眠状态,过多食用冰冷食物,会使体内各个系统出现挛缩及血流不顺的现象。所以早饭时应首先食用热稀饭、热豆浆等热食,然后再吃蔬菜、面包、水果和点心等。

这段文字主要谈的是(　　)。

A. 夏天吃早餐的重要性
B. 夏天早餐喝冷饮的危害
C. 夏天早餐应吃什么食物
D. 夏天不能食用冰冷的食物

114. 保护文化遗产的同时,如何让它们"活"起来是值得思考的话题。几千年来熠熠生辉的中国传统文化精华,完全可以从严肃、古老等人们固有的印象中跳出,依托更生活化的载

体、借助灵动的设计"活"在当下。这几年,火得一塌糊涂的故宫文创产品就是最好的印证,一直被视为庄严肃穆之地的故宫从建筑、文物等着手,开发出既有内涵又实用的文创产品,不仅创造出产品一年卖出十亿元的成绩,更受到广泛好评。

这段文字旨在说明( )。
A. 要让文化遗产"活"在当下
B. 中国传统文化要与时代相结合
C. 故宫的文创产品使传统文化有了生命力
D. 依托传统文化开发的文创周边既有内涵又实用

115. 人的记忆力有相当的局限性,人的理解力亦需要多重辅助。动手记下要点,动手写下感受,动手转发给师友,便多了一种理解的可能性。应当既读万卷书,又行万里路;既从书中汲取营养,又将知识应用于现实;既以书为友,又以实践为师……在一个崇尚奋斗的时代,青年人既不能做"书呆子",也不能做"清谈客",知识中的相当一部分必须与现实对接,书本中的文字需要在纸张外落地生根。

这段文字主要讲述了( )。
A. 好记性不如烂笔头　　　　　　　B. 对于书籍,要亦师亦友
C. 读书要"手脚并用"　　　　　　D. 读书要注重理解力

116. 所谓"空心村",说到底是一些人走了,去城里打工、定居了。单单看"空心村""逐步消亡""人口流失"这些字眼,不禁让人泛起愁绪。但从城市化视角看,这并非坏事。农民当然有权利离开农村,成为城里人,凭能力在城里过上更便利的生活,他们的子女也有权成为城里人,去接受更好的教育。最终理想的情形是,农民想当城里人可以,城里人想当农民也可以,这才是生产要素的自由流动,这才是让市场在资源配置中起决定性作用。

这段文字主要说明的是( )。
A. "空心村"其实未必是坏事
B. 农民应离开农村去城里生活
C. "空心村"等字眼令人忧愁
D. 生产要素自由流动至关重要

117. 把"奶糖的香"涂在手上,将"故宫的美"抹在脸上,让"报纸的墨"秀在身上,使"花露水的味"掺进酒里……这股跨界融合的消费新潮流,不仅让传统文化和潮流文化产生了奇妙的"化学反应",在消费领域也掀起了一场关于经典和流行的"头脑风暴"。但是也要看到,消费新潮流中的相关品牌,有的与世界一流品牌还存在不小差距。无论对消费者还是对生产者来说,消费潮流能否经久不衰,很大程度上取决于市场能否良性发展。消费潮流既要立足本土,也要接轨世界。就此而言,优胜劣汰的市场机制必不可少,行之有效的行业规范也不可或缺,这些理应成为推动中国品牌健康成长的基础性要素。

这段文字意在强调( )。
A. 市场机制和行业规范对于打造中国品牌不可或缺
B. 消费潮流既要立足本土,也要接轨世界
C. 消费新潮流中的相关品牌还有很大的进步空间
D. 消费领域的新品牌受到了社会大众的热烈欢迎

118. 近年来,我国公共文化服务建设投入稳步增长,覆盖城乡的公共文化服务设施网络基本建立,公共图书馆、文化馆、农家书屋、电子阅报栏等来到群众身边,正在满足广大群众的文化需求。当公共文化服务场所和设施建起来之后,提升使用效率的问题便摆在了人们面前。有群众反映,一些基层公共文化服务设施利用率不高,农家书屋"只见房子不见读者"等现象在一定范围存在。究其原因,是随着人们生活水平的提高,对公共文化的需求日渐呈现出差异化、多样化趋势,当前的公共文化服务供给存在一定程度的"供需错位"。改变公共文化服务设施利用率不高等现象,关键要在供给侧发力,找准群众的文化需求,提高公共文化服务供需的匹配程度。

这段文字旨在强调( )。

A. 我国大力推进公共文化服务建设

B. 公共文化服务建设意义重大

C. 公共文化服务供给存在"供需错位"

D. 公共文化服务需要"精准供给"

119. 在上海,垃圾分类工作成为新时尚,垃圾综合处理吸引越来越多的人参与其中。人们相互交流垃圾分类的做法,使垃圾分类"金点子"频出。今天,绿色发展方式和生活方式正成为新风尚,这是应该予以肯定和赞扬的。我们也应看到,"变成法易,变世风难"。难就难在移风易俗最忌一曝十寒、三心二意,因此更要强调锲而不舍、久久为功。我们全方位发力建设生态文明,提倡低碳环保、绿色消费、节约资源等理念,时时处处推广这种新风尚,就是为了让生态文明成为社会共识、绿色生活成为每个人的生活方式。

这段文字主要说明了( )。

A. 文明风尚的养成要锲而不舍、久久为功

B. 在上海,垃圾分类工作成为新时尚

C. 越来越多的人参与垃圾综合处理

D. 绿色发展生活方式正在成为新风尚

120. 新中国成立之初,面对封锁禁运、强敌压境、核武讹诈,中国人民正是以决不服软、决不退让的硬气,以敢于斗争、敢于胜利的精神,赢得了国家生存发展的空间。以斗争求安全则安全存,以退让求安全则安全亡,这是中国人民在斗争实践中得出的结论。回望历史,我们正是在一次次敢于斗争、善于斗争中,取得了新胜利,开创了新局面,也赢得了包括对手在内的世人的尊重。在具有许多新的历史特点的伟大斗争中,我们更要靠发扬斗争精神去赢得民族尊严、创造发展空间。

这段文字意在说明( )。

A. 敢于斗争就是决不服软 B. 敢于斗争才能赢得尊严

C. 敢于斗争应该忍让为上 D. 敢于斗争不应妄自尊大

121. "革命坚决、斗争勇敢,是每一个共产党员必须具备的宝贵品质。"要做勇于斗争的"战士",不做爱惜羽毛的"绅士",斗争精神历来是共产党人的精神财富。只有敢于同忽视政治、淡化政治、不讲政治的现象做斗争,一个共产党员才能经风雨、见世面、长才干、壮筋骨。我们必须擦亮气节的底色,以"踏平坎坷成大道,斗罢艰险又出发"的顽强意志,时刻进行具有许多新的历史特点的伟大斗争。

这段文字意在说明( )。

A. 政治气节体现在勤俭自律
B. 政治气节体现在敢于斗争
C. 政治气节体现在对党忠诚
D. 政治气节体现在顽强意志

122. 中国传统文化中的内容,体现了当今全人类的普遍价值观念,极富现代意蕴。这些内容既是民族的,又是全人类的;既是传统的,又是现代的。我们把这些内容用国际社会容易理解的形式对外传播,比较容易得到认同,从而有助于提升中华文化的国际影响力和亲和力,提升我们国家在国际社会中的软实力。同时,这也有助于在全世界塑造我们国家文明、友好、开放、包容的形象。

这段话主要谈论的是( )。

A. 中国文化的国际影响力
B. 提升我国软实力的途径
C. 中国传统文化的现代价值
D. 弘扬中国传统文化的意义

123. 加快发展现代职业教育既有利于缓解当前就业压力,也是解决高技能人才短缺的战略之举。这几年,就业市场一头是工厂感叹招工难,另一头却是就业者诉苦就业难。其实,就业问题不仅是总量问题,还有一个结构性问题。化解这一问题,急需解决劳动者技能与市场需求的错位,补上职业教育短板。今天,城市产业转型升级呼唤懂智能制造的技术工人,乡村振兴同样渴求懂现代农业的新型农民,发展社区养老最缺的正是专业护理人才……发挥职业教育的人才蓄水池功能,有助于培养国家发展急需的各类技术技能人才,也将更好助推产业转型升级,更将推动我国的人口红利向人才红利转化。

这段文字意在说明( )。

A. 当前我国的就业形势
B. 产业转型升级的前景
C. 市场上最紧缺的人才类型
D. 发展现代职业教育的现实意义和功能

124. 近年来,手机App大量开发和应用,在促进经济社会发展、服务民生等方面发挥了重要作用,给人们带来诸多便利。不过,也有不少App存在过度收集用户信息等问题。一些App收集使用个人信息,在内容和范围上过于宽泛,一些信息并不是开展安全、高效、便利的服务所必需的。实际上,只有那些对开展相关服务而言非收集不可、不收集就无法满足用户服务需要的信息,才应被收集。那些为了积累大数据以精准分发广告、推广产品而收集的个人信息,与用户当前需要无关,就超出了收集的必要限度。

这段文字意在强调( )。

A. 手机App大量收集用户信息并无必要
B. 手机App不应收集与用户需求无关的信息
C. 手机App运营者应限制信息收集范围
D. 手机App给人们日常生活带来诸多便利

125. 在5000多年文明发展进程中,中华民族创造了博大精深的灿烂文化。在当下,如何"让收藏在禁宫里的文物、陈列在广阔大地上的遗产、书写在古籍里的文字都活起来",已成为我们必须面对的现实问题。试想,如果传统文化失去了与时代的连接、缺少了现代人的情感沟通和心灵默契,"仅止于几个人在书房中相互叹赏",那和一堆零散的符号、呆板的素材又有什么区别? 只有从"沉睡"中再出发,从"馆舍天地"走向"大千世界",才能涵养出更具时代特色的、富有创新力的文化自信。

这段文字旨在强调(　　)。

A. 中华民族拥有博大精深的传统文化

B. 如何让文物"活起来"是我们必须面对的问题

C. 文物应走出封闭状态,向公众开放

D. 传统文化应加强与时代的连接

126. 砚铭作为艺术品,兴于宋元,盛于明清。宋末元初,我国篆刻艺术空前兴盛,砚铭在它的影响下,开始向艺术方向发展。在刻制技艺上,砚铭广泛地吸收了篆刻艺术的全面构图、章法布局和刀法技巧,大大地提高了砚铭的艺术欣赏品位。同时砚铭亦趋于完备,年款也较之前代更为普遍,并出现了在铭后加钤(盖图章)的新内容。从此,款记便成了砚铭不可分割的组成部分,更增加了砚铭的装饰美。

下列选项中,对上文的理解错误的是(　　)。

A. 砚铭吸收了篆刻艺术的相关手法

B. 赏砚之风兴盛于宋元

C. 砚铭并非从来都是艺术品

D. 款记增加了砚铭的装饰美

127. 次声波和超声波都是人类的听觉器官无法接收的声音范围。与声波相比,次声波比普通声音振动慢,具有很强的穿透力,超声波具有更好的指向性,在传播中的能量损耗小。随着现代科技的发展,人类正在不断发现和掌握它们的规律和特性,并用来为社会服务。

根据这段文字,下列说法正确的是(　　)。

A. 超声波和次声波都可以用来为社会服务

B. 超声波比次声波能量损耗大

C. 次声波比超声波价值大

D. 超声波比次声波价值大

128. 目前工业上使用的电解水产氢催化剂多采用以铂为代表的贵金属材料,价格昂贵且资源匮乏。利用非贵金属材料制备电解水产氢催化剂成为研究热点,但目前的电解水产氢催化剂大多需要在强酸性或者强碱性电解液中使用,这可能带来一些环境和安全问题。因此,发展可以在中性电解液中工作的高性能电解水产氢催化剂具有重要的应用价值。

下列不符合原文意思的是(　　)。

A. 研发在中性电解液中工作的高性能电解水产氢催化剂具有重要价值

B. 强碱性电解液中的电解水产氢催化剂存在环境和安全问题

C. 以铂为代表的贵金属材料做电解水产氢催化剂成本较高

D. 将来的研究趋势是利用非贵金属材料制备电解水产氢催化剂

129. 与新鲜水果相比,果汁在制作的过程中会损失水果中原有的膳食纤维,原因是在榨汁过程中,水果中的不溶性膳食纤维会保留在榨掉的残渣中,水果中的部分维生素C和抗氧化物质也会被氧化。在榨汁的过程中,高速旋转的刀片会把大部分果蔬细胞破坏,其中的营养素,如钾、花青素等物质会溶解到果汁中。但是,与此同时,具有生物活性的酶也会溢出来,从而破坏部分营养素。其中,维生素C的损失率有时候会高达80%。其次,人们在市场上购买的果汁基本上都被添加了糖分,含糖量相对较高,不利于人体健康,会增加人们患心血管疾病的概率,同时还会引起人体免疫力下降。

根据这段文字,下列表述正确的是(　　)。
A. 榨汁使可溶性膳食纤维保留在水果残渣中
B. 生物酶会破坏溶解到果汁中的营养素
C. 喝果汁并不能替代食用新鲜的水果
D. 榨汁将导致水果中的维生素被大量氧化

130. "外部性"是经济学上的一个重要概念,分享经济作为一种新形式的经济活动,至少存在两种"外部性"。一种是基于技术创新的"科技外部性",目前主要是增强就业灵活性、盘活闲散资源等能使社会或他人获益的正外部性。另一种是产权变化所带来的"制度外部性",分享经济主要是以"分享使用权"为特征,弱化了所有权,导致盗窃、破坏等"控制权"缺失所带来的问题也是难免的。分享经济的制度外部性,无法简单地靠经济激励或惩戒等市场化行为来加以矫正,必须借助于法律和制度的力量。

下列说法与原文相符的是(　　)。
A. 外部性特征是分享经济最显著的特征
B. 分享经济中的乱象源于国民素质问题
C. 解决外部性带来的困境需法律制度的保障
D. 科技外部性和制度外部性都存在产权变化

131. 一个政府想要掌握人心的时候,就需要在教育上下手,从小熏陶。如果政府压着国民,让大家没有培养独立思考的途径,接触不到自由发展的信息,大家也就不会去想独立思考。

对于上述文段,下列理解正确的是(　　)。
A. 自由发展的信息有助于国民的独立思考
B. 重视教育是政府治国的唯一出路
C. 国民不善独立思考的罪魁祸首是政府的压制
D. 政府想要掌握人心,就应给国民绝对自由

132. 语言不仅是从历史继承而来的财富,而且保持着与时代最紧密的互动。来自国家语委的最新数据显示,我国专门从事语言服务的行业年产值超过2800亿元人民币,而且在网络时代,语言成为社会发展的忠实记录仪和显微镜。无论是打好脱贫攻坚战,还是推动一带一路建设,都需要用语言说出来。

关于语言,文中没有提及的是(　　)。
A. 文化作用　　　　　　　　B. 政治话语
C. 时代窗口　　　　　　　　D. 经济价值

133. 过去的50年,人们主要依靠化学除草剂以更便捷地控制杂草,其中被用得最为普遍的是草甘膦。然而,专家早已预警,抛弃传统生态农业的耕作方式,能力超强的化学除草剂很快就会让自然环境陷入困境;杂草将不可避免地进化出能应付各种化学物质的抗性。研究显示,大概每年都会有一种杂草进化出抗性。若大量引入抗除草剂转基因作物,并增加除草剂使用量,抗性问题只会越来越严重。

对这段文字理解正确的一项是(　　　)。

A. 抗性的产生使草甘膦除草剂失去了清除杂草的功效

B. 杂草的抗性问题启发人们回归传统农业的耕作方式

C. 抗除草剂转基因作物的引入将加重杂草的抗性问题

D. 要解决杂草抗性问题,须加快新化学除草剂的研发

134. 老年性黄斑变性是一种年龄相关性眼底黄斑部疾病,可分为湿性和干性两类,其中90%的视力丧失都是由湿性黄斑变性造成的。湿性黄斑变性主要由异常生长的新生血管所致,可造成不可逆的中心视力下降及丧失、对比敏感度下降、暗点、视物变形、阅读能力下降,但早期症状不明显,极易延误治疗,甚至会被误诊为白内障。

下列说法不符合文意的是(　　　)。

A. 患湿性黄斑变性会出现视物存在暗点、变形等视力下降症状

B. 湿性黄斑变性可能造成老年人的视力永久性丧失

C. 90%的老年人丧失视力主要由异常生长的新生血管所致

D. 老年人阅读能力下降要警惕患老年性黄斑变性的风险

135. 在农业越来越依靠现代科学知识和农耕技术的当下,在越来越多的年轻人被卷入城镇化大潮而失去种地技能之后,农民职业化可以有效促进家庭小农经济变革为家庭农场或庄园经济,从而解放农村的落后生产力,也能够促进农业生产的现代化。然而农民职业化,不是农民证书化,更不是相关部门设立几个条条框框,外加做一些培训工作,就能让农民实现职业化。

关于这段文字所表达的内容,下列说法正确的是(　　　)。

A. 农民职业化不应当给农民颁发证书或组织农民进行培训

B. 农民职业化意味着农业生产力的现代化,对农民适当培训也是需要的

C. 当下农业面临着由于现代科学技术的发展而越来越丧失传统种地技能的问题

D. 农民职业化意味着吸引更多年轻人回到农村务农,形成家庭农场

136. 文学、艺术的著作和自然科学不一样,自然科学往往是最新的东西才最有价值,但人文学科的新成果,要经得起时间的检验。这几年比较热门的,再过几年可能就销声匿迹了。如果老是跟着潮流走,往往会流于肤浅,真正的文学修养也难以提高。在古代中国,如果有人夸你达到了古人的境界了,那是对你最高的表彰。

与这段文字的文意相符的是(　　　)。

A. 名著要经历历史筛选和淘汰

B. 新潮作品往往都是肤浅的

C. 眼下热门的作品很快会过时

D. 人文学科的名著都是古代的

137. 民生立法要以问题为导向,还要以高质量为方向。习近平总书记指出,"人民群众对立法的期盼,已经不是有没有,而是好不好、管用不管用、能不能解决实际问题,越是强调法治,越是要提高立法质量"。落实这一要求,就要坚持科学规划、立改废并举,完善立法工作机制和程序,扩大公众有序参与,充分听取各方面意见,使法律准确反映经济社会发展要求,更好协调利益关系,发挥立法的引领和推动作用,不断提高立法科学化、民主化水平,才能提高法律的针对性、及时性、系统性,为全面深化改革保驾护航。

下列说法与这段文字不符的是( )。

A. 高质量立法才能更有效地解决民生问题

B. 公众有序参与有利于提高立法质量

C. 高质量立法必须坚持以人民为中心

D. 提高民主化水平是高质量立法的唯一手段

138. 与欧洲大陆对咖啡的狂热相对应,红茶则征服了英国。究其原因,主要是在咖啡的流行浪潮袭来之前,红茶的一大产地印度就被殖民化了。红茶在英国各个阶级都博得了好评,在上流阶级眼中,它是表现优雅社交术的工具,而在劳动阶级这里,它则被作为是工作余暇之间防止犯困的饮料。红茶虽然价格昂贵,但其中也有着粗制滥造的产品,甚至有人为了增加茶的重量而在其中混入动物的粪便。据说,在茶中加入柠檬、牛奶和砂糖来饮用的习惯,最初就是为了掩盖劣质茶的味道。

下列说法符合原文意思的是( )。

A. 欧洲大陆没有国家拥有红茶产区的殖民地

B. 红茶深受英国上流阶级的喜爱

C. 对英国劳动阶级来说,红茶提神效果优于咖啡

D. 英国比欧洲大陆更早接触红茶

139. "大洋传送带"是一种全球性的温度、盐度循环系统,它的循环依赖于海水中温度和盐度的差异,而全球变暖将会威胁到它的运转。因为全球变暖会直接导致北半球中高纬度地区冰川融水和降水的大量增加,并使得北大西洋海水暖化,这就削弱了北大西洋与赤道海水之间的温度和盐度差别,进而使得"大洋传送带"衰减,甚至可能停滞。这种情况一旦发生,庞大的洋流循环系统就会崩溃,北半球中高纬度地区将急剧变冷,并导致整个地球气候发生紊乱。

下列说法与文段意思相符的是( )。

A. 北半球中高纬度地区的冰川融化和大幅降水使得全球变暖

B. "大洋传送带"的循环运转主要依赖于海水中的温度差异

C. 全球变暖将影响海水的温度和盐度,进而破坏洋流循环系统

D. 洋流循环系统一旦崩溃,全球中高纬度地区都将急剧变冷

140. 行书的产生也是很早的,某种程度上可以说是与楷书、草书同时产生,因为所谓"行楷""行草",只是很模糊的概念,没有绝对的界限。但是到了这三大书体各自成熟之后,彼此的风格与特点还是判然可分的。无论如何,大概在魏晋时代,行书就开始在民间流行了。20世纪初,我国新疆地区古楼兰国遗址出土了大量的魏晋文书残纸,里头有不少已经是相当成熟的行书了。被称为"书圣"的东晋大书法家王羲之创作了大量的行书作品,长期以来备受

后人的珍爱。

下列说法与原文意思相符的是(　　)。

A. "行楷""行草"没有绝对的界限,所以两者是同时产生的

B. 成熟的行书、楷书和草书都具有独特的风格与鲜明的特点

C. 古楼兰国遗址出土的文书残纸说明在魏晋时行书已经普及

D. 王羲之创作的行书属于相当成熟的行书作品,因此备受后人喜爱

141. 地球南极的冰盖厚度达4.8千米,冰层的压力可以降低水的冰点,冰盖底部的温度可以允许液态水体存在。利用雷达波可以探测到南极冰盖下面的液态水体。雷达主动发射电磁波、并接收反射的回波。不同频率的电磁波具有不同的穿透能力,频率越低,穿透的深度越大。当电磁波通过冰层向下传输时,它们会在不同物质之间的界面反射回波,如冰层与基岩、含水的泥沙、液态水体之间的界面,都会反射回波。雷达沿着飞行轨道前进,不断地进行测量,获得地下的图像。

下列说法与原文相符的是(　　)。

A. 雷达是探测地下物体的最基本手段

B. 电磁波的频率与穿透深度成反比

C. 南极冰盖底部一定存在生命

D. 电磁波在不同物质之间的反射回波相同

142. 美声是一种高雅艺术,对普通观众来说有较高的鉴赏门槛,而《声入人心》的出现,让美声艺术的小众内容进入流行文化的大众传播平台。《声入人心》聚焦音乐剧与歌剧的欣赏,邀请来自世界级名校和活跃在中国音乐剧和歌剧一线的36位青年演唱者,通过独唱、重唱等声乐专业表演方式,让观众在领略美声艺术的同时,喜欢上音乐剧与歌剧表演,愿意走进剧场,观看音乐剧和歌剧演出。

下列说法与文段相符的是(　　)。

A.《声入人心》的出现把美声从高雅艺术变成了大众艺术

B.《声入人心》出现之前音乐剧和歌剧不受大众欢迎

C.《声入人心》的走红让不少90后深深爱上了美声

D.《声入人心》打破了专业艺术欣赏与大众审美之间的边界

143. 来自德国的研究人员发现,地球早期生命体系中就有蓝藻的身影。他们认为,如果能够将蓝藻成功引入火星,火星就有望成为第二个地球,其中一个途径是将蓝藻发送到火星上。通过光合作用产生氧气,进而改造火星大气。科学家判断,27亿年以来,这些蓝藻将早期地球上的二氧化碳转化为富氮和氧的大气,并且促进了臭氧层的形成,为地球生命的诞生创造了有利条件。当然,科学家目前还不知道需要多少蓝藻才能改造火星大气,美国宇航局和其他空间机构也在研究生物改造火星大气的可能性。国际空间站上已经开展了蓝藻的实验,有望为未来火星移民计划提供必要的支持。

对上文理解不正确的是(　　)。

A. 研究人员尚未在火星上发现蓝藻的存在

B. 蓝藻曾有效改造了地球大气

C. 蓝藻在地球上已存在了数十亿年

D. 生物改造火星大气的实验将为未来火星移民提供支持

144. 巩固基础,就要坚持发展是硬道理的战略思想,新常态下,发展仍然是解决一切问题的关键:化解各种矛盾和风险,归根到底要靠发展。要紧紧抓住发展这个第一要务,做到发展意识不淡化、发展干劲不懈怠、发展势头不减弱。我们不是不要GDP,而是要有质量、有效益、可持续的GDP,这是"发展是硬道理"战略思想的内在要求。目前经济运行中出现的一些矛盾和问题,根源恰恰在于盲目追求速度的旧思维、老路径,只有顺应新常态的趋势性特征,以提高经济发展质量和效益为中心,把握好稳增长与调结构的平衡,让改革提供持续发展的内驱力,让创新成为点燃发展的新引擎,努力走出一条质量更高、效益更好、结构更优、后劲更足的发展新路,才能有效破解经济工作中的深层次矛盾和问题。

"'发展是硬道理'战略思想的内在要求"一句中"内在要求"是指(　　)。

A. 有质量、有效益、可持续的GDP
B. 发展意识不淡化、发展干劲不懈怠、发展势头不减弱
C. 有效破解经济工作中的深层次矛盾和问题
D. 把握好稳增长与调结构的平衡

145. 有人感慨,"熟悉的地方没有风景"。或许,这只是缘于感觉钝化、视线虚化、内心沙化,想象、灵感、激情便随之渐渐枯萎。如此一来,"熟视无睹"便在意料之中了。而自觉将对象陌生化,往往是自我超越、自我突破的开始。

这段文字中的"这只是缘于感觉钝化"中的"这"指的是(　　)。

A. 视线虚化　　　　　　　　B. 想象枯萎
C. 将对象陌生化　　　　　　D. "熟悉的地方没有风景"

146. 解决城市交通可以尝试一种新机制:公交因为承担着为低收入者、环保人士等提供社会公益性服务的职能,由政府购买公交服务低价提供给公众;个体自行车出行或纳入政府购买体系,或推行自行车优先措施;出租车因为价格的高低并不会影响需求者对出租车这种出行方式的选择,所以自然由开放的竞争市场来提供相应服务;对小汽车的使用者可以征收道路使用费,是交通拥堵的外部性内化。这种机制的实施,还要求有配套措施:比如完善公交优先基础设施,鼓励拼车行为、恢复或建设自行车道、制定针对绿色出行的政策法规,引导和鼓励绿色出行方式等。

对文中的"新机制"最恰当的概括是(　　)。

A. "主体—配套"机制　　　　B. "多元—环保"机制
C. "保障—市场"机制　　　　D. "公平—高效"机制

147. 猩猩峡外的沙漠,如果在中午阳光直射的时候,那单纯而强烈的反光会使你的眼睛不舒服。四顾只是茫茫一片,那样的纯然一色,即使偶尔有些驼马枯骨,它那微小的白光,也早融入了周围的苍茫,又是那样的寂静,似乎只有热空气在作哄哄的火响。

对"融入"一词正确的解释是(　　)。

A. 驼马枯骨在沙漠强烈的阳光下消融了
B. 茫茫的沙漠中难以发现微小的驼马枯骨
C. 驼马枯骨微小的光消融在茫茫的沙漠中
D. 驼马枯骨微小的白光与沙漠强烈的阳光形成巨大反差

148. 网络时代独有的文化,可以说是一种"新集体文化"。知识之海、观念之海,在每个"集体人"的参与中更显无涯。网站"豆瓣"上,无数网友的标记、评论和打分,形成了影片、书籍、音乐的"豆瓣标准";网站"知乎"中,许多专业人士分享的知识、经验、见解,形成了对一个问题的多角度考察。而如博客、微博、朋友圈,离开了成千上万用户的参与则会毫无意义。互联网,网聚人的力量;新集体文化,就是网聚每个人的文化。

上述材料中"新集体文化"指的是( )。

A. 互联网把来自各行各业的人凝聚起来

B. 网友在网络上对问题的回答实现了标准化和多样化

C. 互联网上来自网友群体的各类信息的文化价值

D. 网友利用网络这个平台自由发表见解的文化现象

149. 明清时期,随着理学正统地位的确立和专制集权的加强,社会文化领域对于明清女性的道德约束和思想压迫到达了巅峰。有学者在其著作《中国妇女生活史》中对此现象有段精辟的论述:"取前此二千余年的妇女生活,倒卷而缫演之,如登刀山,愈登而刀愈尖,如扫落叶,愈扫而堆愈厚。"与此伴随,明清女性内心的痛苦也与日俱增。在日常生活中无法得到有效慰藉的她们,就向具有文化治愈和心灵净化功能的宗教空间,祭拜祈福,寻求心理的帮助。

文中"此现象"指代的是( )。

A. 理学正统地位的确立

B. 专制集权的加强

C. 社会文化领域对女性的道德约束和思想压迫

D. 女性的宗教信仰愈加强烈

150. "乡土社会"是农民与乡村、土地、家庭、亲邻等形成的关系总和。在乡土社会中,由于地方性的限制,乡村和土地成为农民生产生活的场所和生存的依托,于是,自古以来中国人对"乡土"就一直怀有深厚的情感。乡土情结也已经内化为中华民族的一种文化心理或集体无意识,并蕴含着丰富审美理想和价值追求。进入现代社会以来,乡村环境发生了巨大改变,人们的乡土情结逐渐淡漠,难以成为推动乡村振兴的纽带和动力。

这段文字接下来最可能讲述的是( )。

A. 年轻人失去乡土情结的原因

B. 乡村环境发生的具体改变

C. 如何唤醒人们对乡村的情感

D. 乡土情结的成因及其意义

151. 粉丝力量的崛起,是一个无论你喜不喜欢都需要正视的现象。业内人士认为,粉丝的力量是把双刃剑。近年来部分叫好又叫座的影视剧产生,粉丝力量起到很大的作用。但粉丝改变了文化产业的生态,以往由文化产业精英人员决定文化产品,现在逐步转向自带粉丝流量的 IP。这个趋势本身已泥沙俱下,危机频现。当下,如果我们希望今天的粉丝文化现象被历史看见,粉丝就应正视和善用自己的权力。

接下来最可能讲的是( )。

A. 粉丝力量的作用

B. 粉丝力量的反思

C. 粉丝力量的重要性

D. 粉丝力量的危险性

152. 不管是老百姓,还是报刊广播电视,甚至是各级领导的讲话,一谈到形式主义,几乎都是口伐笔诛。按理说,形式主义在我们的社会生活中已经衰亡了。至少在官场上是"过时"了,可现实却让我们看到了另外一种景象:形式主义似乎方兴未艾,其发展速度之快,简直让老百姓的那点想象力捉襟见肘。如果我们把包装观念也引进官场来,就会有一个惊人的发现:形式主义原来是一种"实际需要"。

这段文字接下来最有可能要叙述的是( )。

A. 形式主义在社会生活中的应用

B. 形式主义的具体表现

C. 形式主义在官场中的应用

D. 包装观念在官场中的表现

153. 几十年来,史学研究最大的变化之一,就是研究越做越细,课题越做越小,也越做越深。当然,这种越做越细、越做越小、越做越深的现象本身确实很好,历史学是应该做细、做小、做深——不细、不小、不深、大而不当,不接地气,从空到空,这样的历史学是没有出路的,也看不到发展的前景。

文段接下来最有可能讲述的是( )。

A. 历史学要做细、做小、做深的原因

B. 历史学做细、做小、做深创造的价值

C. 历史学做细、做小、做深带来的问题

D. 历史学做细、做小、做深开创的前景

154. 2019年4月23日,作为全国第三批启动高考综合改革试点的8个省市,河北、辽宁、江苏、福建、湖北、湖南、广东、重庆发布本省市实施方案。而考生与家长最关注的,依旧离不开"考试怎么考""成绩怎么算""高校怎么招"等关键问题。对此,记者在梳理政策的同时,采访了多位考试招生专家。

作者接下来最有可能阐述的是( )。

A. 关于"高校怎么招"的新政策和专家看法

B. 关于"成绩怎么算"的新政策和专家看法

C. 关于"考试怎么考"的新政策和专家看法

D. 关于高考综合改革的新政策方案和专家看法

155. 西汉治国理念正如汉宣帝所言,"汉家自有制度,本以霸王道杂之"。尽管汉武帝"罢黜百家、独尊儒术"后,儒家注重教化、以民为本的理念逐渐成为主流,但法家特别是秦代以来严刑重法的影响仍然存在,从而出现了循吏与酷吏并存的独特现象。

接下来最有可能说的是( )。

A. 儒、法两家各自的治国理念

B. 循吏与酷吏截然不同的施政风格

C. 西汉的主流治国理念是如何形成的

D. 汉宣帝如何发展汉武帝的治国方针

156. 由于两次世界大战,欧洲的学术事业遭到巨大冲击,社会学的中心逐渐移向了大西洋彼岸的美国。当然,在欧洲仍然有不少杰出的学者于两次世界大战之间,继续着社会学的探索,比如曼海姆有关知识社会学的研究,埃利亚斯有关文明化进程的考察。但总体说来,他们要么承接着世纪之交的理论余绪,要么孤军奋战而未能形成气候。

这段文字接下来最有可能讲的是(　　)。

A. 欧洲社会学为什么受到了巨大冲击

B. 亚洲的社会学发展概况

C. 美国的社会学发展概况

D. 社会学未来发展的中心可能在哪里

157. 中国油画画了一百多年,前面几代的油画家给我们探明了很多可能与不可能。一百多年来,中国油画家走进了几个误区。比如,用油画来画中国画。像郎世宁一样,完全画得像中国的工笔重彩一样,把油画的特性完全失去了。再比如,用油画来画中国题材:像是少数民族题材、中国风景等。其实,这些做法都没有真正解决问题。

文段接下来最可能讲述的是(　　)。

A. 介绍西方油画与中国绘画的特性

B. 如何真正地结合西方油画与中国绘画

C. 中国绘画未来的发展方向

D. 中国应当坚持国有绘画艺术

158. 满足全民健身需求,培育体育产业,离不开体育设施的有效供给。7月印发的《国务院关于实施健康中国行动的意见》要求:"努力打造百姓身边健身组织和'15分钟健身圈'推进公共体育设施免费或低收费开放。"目前,公共体育设施的有效供给尚显不足。不时见诸新闻的"广场舞大妈与篮球少年争夺场地"就是一例。一些社区的公共健身器材存在老化损坏等现象,而传统体育场馆往往不对公众开放。有数据显示,仅27%的体育场馆完全向公众开放,14%的场馆部分对外开放。突破瓶颈,需要探索更加有效的体育设施供给方案。

作者接下来最有可能讲述的是(　　)。

A. 完善体育设施有效供给的思路

B. 体育设施有效供给不足的原因

C. 体育设施有效供给的重要意义

D. 提高传统体育场馆开放力度的措施

159. 近年来,随着人工智能技术的快速发展,机器人已经从影视科幻片走进人类的现实生活。很多大型企业引进机器人,代替人类从事某些特殊岗位的工作,把人们从繁重机械的劳动中解放出来。从这个角度来说,机器人是有利于人类社会进步和发展的。有些国家开始将机器人应用到军事领域,用以提升作战效率,降低战士死亡率。然而,令人担忧的是,机器人代替士兵作战就会赋予机器人杀人的权利。这并不符合人类发展科学技术的基本遵循。

文段接下来最有可能讲的是(　　)。

A. 科技发展对人类生活的负效应

B. 机器人普遍使用对就业的影响

C. "杀人机器人"所带来的风险

D. 机器人在军事领域的广泛应用

160. 中国音乐剧近些年确实很热闹,世界经典作品纷纷引进,原创音乐剧不时上演,中国排演外国名作的消息也不断传来,可以说,音乐剧这种艺术形式已经在中国生根,而且培育出了数量可观的固定观众。但是,当我们仔细回味中国音乐剧的现状后,不难发现,本土音乐剧的各类问题依旧存在。

这段文字接下来最有可能论述的是( )。

A. 何谓音乐剧

B. 中国音乐剧的繁荣状况

C. 音乐剧在中国的发展历史

D. 中国音乐剧存在的问题

161. 老字号是沿袭和继承了中华民族优秀文化传统,具有鲜明中华地域文化特征和历史痕迹、独特工艺和经营特色,取得了社会广泛认同和良好商业信誉的企业名称和产品品牌。在漫长的历史长河中,我国留下了众多独具民族特色的老字号,既是一种商贸景观,也是民族传统文化的瑰宝。在新的历史条件下,如何让老字号在激烈的市场竞争中再次焕发生机,考验着老字号企业的经营智慧。

上述文字接下来最可能讲述的是( )。

A. 老字号所面临的经营困境

B. 老字号如何有效对接新需求

C. 老字号成功转型的典型案例

D. 老字号的发展历史与现状

162. 数字技术最广泛的使用方式是通过从无数个数据主体那里获取数据,来得出适用于一定范围人口的行为模式。数据处理者从甲乙丙丁那里获取数据,并不是为了针对他们做些什么,而是为了找出他们的行为规律,从而针对与他们属于同一群体的一群人提供服务。在自动驾驶语境中,甲乙丙丁在多数情况下不是人而是车,数据处理者从特定车辆获得数据,训练算法,优化程序,从而使自动驾驶系统能够安全高效地行驶。这种横向关系是一种无法被吸收进现有法律关系的外部性,需要公权力介入来加以规制,以避免有损公共利益、个人权利等社会基础价值的事情发生。

这段文字摘自某篇文章,文章标题应该是( )。

A. 汽车道路模拟算法研究

B. 自动驾驶中的数据法治

C. 数据安全保护的中国方案

D. 智能汽车驾驶的控制方法分析

163. 冕洞是太阳磁场的开放区域,这里的磁力线向宇宙空间扩散,大量的等离子体顺着磁力线跑出去,形成高速运动的粒子流。粒子流在冕洞底部速度为每秒 16 km 左右,当到达地球轨道附近时,速度可达每秒 300 至 400 km 以上,这种高速运动的等离子体流就是太阳风,当它从冕洞喷发而出后,夹带着被裹挟在其中的太阳磁场向四周迅速吹散,至少可以吹遍整个太阳系。

最适合做这段文字标题的是（　　）。
A. 冕洞的原理　　　　　　　　　　B. 粒子流的形成
C. 太阳风的形成　　　　　　　　　D. 太阳磁场的形成

164. 手机成为现实生活中的"第三者"，横亘在人与人之间的小小手机，却隔出了心理上最遥远的距离。沉迷于手机世界的"低头族"是该抬起头来，望望被他们遗忘的生活、学习，想想被他们忽视的亲朋好友了。在任何时代，人都应该是技术的主人，而不应该沦为技术的奴隶，毕竟，每个人都不是埋头生活在虚拟彼岸，而是扎根于现实生活，去触摸那种最有滋有味、真实可感的生活的。

最适合做本段文字标题的是（　　）。
A. 不要让手机成为生活的"第三者"　　B. 要做技术的主人
C. 现实咫尺，心理天涯　　　　　　　D. "低头族"请抬起头看看生活

165. 近年来的舌尖安全问题不得不让人们反思，究其原因有多方面：企业大打"价格战"，为降低成本非法使用劣质、有毒原料，为求利润丧失道德良心，而违法成本过低使企业以身试法；法律不健全，监管不到位，各监管部门职能交叠，监管边界模糊，易出现监管盲区；消费者维权意识薄弱，某些错误观念反而间接引导制假售假行为，间接助长企业违法生产经营。当务之急是如何从根源上改善食品安全环境，这不仅需要政府的监管、法律的规定、企业的良心，更需要的是我们每一个消费者意识的觉醒、行动的捍卫。

最适合做这段文字标题的是（　　）。
A. 舌尖安全道德至上　　　　　　　　B. 舌尖安全企业良心
C. 舌尖安全人人有责　　　　　　　　D. 舌尖安全隐患频发

166. 生活中处处有美学，而居室犹如一小片天地，最能反映一个人的品位情趣，体现一个人的审美水平。"质胜文则野，文胜质则史，文质彬彬，然后君子。"其居室的情调，正是与人的性格本色、审美情趣分不开的。

下列最适合作为这段文字标题的是（　　）。
A. 居室的审美　　　　　　　　　　　B. 美学无处不在
C. 居室与人格　　　　　　　　　　　D. 小天地的美学

167. 如果要顺利地解读一种失传已久的古代文字，过去认为必须预先掌握这种文字和其他已知古文字的对译文献，以及知道这种文字的所属民族和分布地域，以便找出相关的现代语言作为必不可少的研究参照。人们很难设想有哪一种文字在被错认了所属民族和地域的情况下，也能获得解读。然而有趣的是，西夏文字的早期研究恰巧为我们提供了一个这样的例子——这种文字最初被当作女真文来解读，但是竟然取得了成功。

最适合做这段文字标题的是（　　）。
A. 被"误解"出来的西夏文字
B. 女真文字与西夏文字的渊源
C. 解读古文字的钥匙
D. 西夏文字的历史与分布地域

168. 大男子主义是拉美传统文化的一个显著特征，"女性应该受男性控制"的思想在拉美大陆根深蒂固。这种观念的影响在今天依然很强大。在这种文化生态下，近年来女政治家

群体崛起的现象在拉美政坛发出耀眼的光芒,更具有重要意义。

最适合做这段文字标题的是(　　)。
A. 拉美政坛的文化生态
B. 拉美大陆的大男子主义
C. 拉美政坛女性群体的崛起
D. 拉美女政治家的思想

169. 法国一个偏僻的小镇,据传有一眼特别灵验的水泉,常会出现神迹,可以医治各种疾病。有一天,一个拄着拐杖、少了一条腿的退伍军人,一跛一跛地走过镇上的马路,旁边的镇民带着同情的口吻说:"可怜的家伙,难道他要向上帝祈求再有一条腿吗?"这句话被退伍军人听到了,他转过身对他们说:"我不是要向上帝祈求有一条新的腿,而是要祈求他帮助我,叫我没有一条腿后,也知道如何过日子。"

最适合做这段文字标题的是(　　)。
A. 军人的选择
B. 接纳失去,直面未来
C. 人生的得与失
D. 成功者善于放弃

参考答案及解析

1.【答案】D。 解析:先看第二空,所填词语应与"浅阅读"构成呼应,排除没有相关性的"淡漠",即A项。"轻浮"常用来形容人,不适合形容社会,排除B。再看第一空,句意为阅读品位在一定层面上能反映国人的文化素养。"展现"意为呈现,展示,明显地表现出来。其填入句中,把阅读品位与国人文化素养之间的关系进行了绝对化,排除C。"折射"有把事物的表象或实质表现出来之意,填入恰当。故本题选D。

2.【答案】A。 解析:第一空,"法律诉求"为常见表述,根据横线前的"合法"可知,此处填入"诉求"最符合语境,锁定答案A;第二空,与"深深"对应,"熔铸"填入恰当地表达了把法治思维渗透到公众心中的强烈愿望。故本题选A。

3.【答案】A。 解析:第一空,"束缚"和"捆绑"都是以绳子等为工具发出的动作,"辖制"的主体一般是管理制度,"禁锢"与"枷锁"搭配最为恰当,由此排除B、C、D。验证第二空,"戕害"填入符合句意。故本题选A。

4.【答案】D。 解析:第一空,句意为作为地球生态圈的组成部分,南极也会受到人类活动和全球气候变化的影响。"首当其冲"指最受到攻击或遭遇灾难。依据常识可知,南极是人类活动较少的区域,不应最先受到影响,排除A。"不出意料"表示事情的发生早在预料之中。文段并未表达事先预料了南极会受到影响之意,排除C。第二空,由"被人们忽视"可知,全球气候变化对物种生存的影响是不明显的,"潜移默化"填入恰当。"愈演愈烈"指(事情、情况)变得越来越严重,填入与句意不符,排除B。故本题选D。

5.【答案】A。 解析:第一空,"翻天覆地"形容变化巨大而彻底。"经天纬地"形容人才能极大。二者均不能形容"创业史",排除B、D。第二空,此处强调的是"艰苦奋斗再创业"是中国共产党人一直以来坚守的美好品质,强调的是继承先辈的精神特质。"继往开来"指继承前人的事业,并为将来开辟道路。此处用来形容"精神特质"不恰当,排除C。"一脉相承"泛指思想、文化、学术等的继承关系,填入符合句意。故本题选A。

6.【答案】A。解析:"大行其道"指某种观点或某种事物盛行(多含贬义)。其感情色彩不符合语境,排除B。"风靡一时"形容某事物在一个时期很盛行。句中强调的是促进绿色出行新风尚的形成,侧重长期性,而不仅是一时,排除C。"蔚然成风"形容一种事物逐渐发展、盛行,形成风气;"习以为常"指常做某件事或常见某种现象,成了习惯,就觉得很正常了。用于描述绿色出行新风尚的形成,用"蔚然成风"更恰当。故本题选A。

7.【答案】A。解析:根据文段可知,空缺处所填词语应表达将故事讲得好之意。"淋漓尽致"形容文章或讲话等表达得透彻。"深入浅出"指文章或言论内容很深刻而表达得浅显易懂。两者均侧重指将文章或言论讲得透彻明白,而句意强调的是将故事讲出新意,吸引听众,排除C、D。"妙笔生花"形容所写的文章非常美妙,与"讲故事"的语境无关,排除B。"出神入化"形容技艺极其高超,达到了绝妙的境界。其用来形容讲故事的水平极高恰当。故本题选A。

8.【答案】D。解析:第一空,分析可知,此处所填词语应与"稍纵即逝"构成并举关系,表达科研信息变化之快。"层出不穷"指接连不断地出现,没有穷尽。"琳琅满目"形容各种美好的东西很多(多指书籍或工艺品)。二者均没有变化快的意思,排除B、C。第二空,"墨守成规"指思想保守,守着老规矩不肯改变。其含有的"成规"的意思和前文"以前的模式"语义重复,排除A。D项"瞬息万变"与"稍纵即逝"构成并举关系;"按部就班"指拘泥陈规,缺乏创新精神,填入符合句意。故本题选D。

9.【答案】C。解析:第一空,分析可知,所填词语应与"舒展"构成相反相对关系,"蜷缩"填入符合句意,排除A、B。第二空,与前句的"用力舒展"相对应,"挣脱"填入符合句意。故本题选C。

10.【答案】B。解析:第一空,媒体对道德失范事件的报道用"披露"或"曝光"恰当,"追踪""揭露"填入此处不恰当,排除A、D。第二空,"贸然"指轻率地,不加考虑地;"轻率"指随随便便,言行不慎重,不严肃。此处特指言行不慎重,所以"轻率"更合适。故本题选B。

11.【答案】B。解析:前两空,"哪怕""就算"均表假设关系,应与"也"搭配,与"而""却"搭配不当,排除A、D。第四空,此处意为二人关系有差异的例子很多,无法一一列举。"不一而足"指同类的事物不止一个而是很多,无法列举齐全;"层出不穷"指接连不断地出现,没有穷尽。"不一而足"填入恰当。故本题选B。

12.【答案】B。解析:由后文"合起来拿在手里是个累赘"可知,句意为后半部分写得不好。"尾大不掉"比喻机构庞大,指挥不灵;"文不加点"形容文章写得很快,不用涂改就写成。这两个成语均不合句意,由此排除A、D。"狗尾续貂"比喻拿不好的东西补接在好的东西后面,前后两部分非常不相称(多指文学作品);"画蛇添足"比喻做了多余的事,反而有害无益,徒劳无功。对应句中的"前半部挺好""后半部完全""按需印刷"可知,"狗尾续貂"填入最符合句意,排除C。故本题选B。

13.【答案】A。解析:第二空,"白云苍狗"比喻事物变化不定。虽然符合文意,但是"白云苍狗"与"间"不搭配,排除B。第一空,"名正言顺"指名分正当,说话顺理成章,后多指说话做事理由正当而充分,用来形容"微时代"不恰当,排除C。"名副其实"强调名声或名义和实际相符,"轰轰烈烈"强调声势浩大。由后文"所有这些以去中心化……深刻影响了我们的时代"可知,文段强调的是我们已经确确实实地进入了"微时代",选"名副其实"更恰当,排除

D。故本题选 A。

14.【答案】A。解析:第二空,分析句子可知,此处所填词语应该是由"口号喊得再响,倘不能凭借实干落实"而产生的一种失望的心情。"萎靡不振"表示精神颓废,用在此处不合适,排除 D。"暴跳如雷"形容又急又怒,大发脾气的样子,用在此处程度过重,排除 C。第一空,分析可知,此处所填词语是对"目标定得再高,如果不积极努力实现"的一种概括,A 项"好高骛远"的"高"与此契合。"急功近利"没有"目标定得高"之意,排除 B。故本题选 A。

15.【答案】A。解析:第二空,"冷静"与"冲动"搭配不当,排除 C。第一空,对应后文的"在事中……过度消费","公开'三公经费'、晒出财政预算"应是在事前或事情刚开始时管住浪费的发生。因此填"源头"最恰当,排除 B、D。故本题选 A。

16.【答案】B。解析:第一空,由"但人数不多"可知,此处应填"弱势"或"劣势",排除 A、D。第二空,"惶恐"指惊恐、害怕,语义程度过重,不如"惊慌"符合句意,排除 C。故本题选 B。

17.【答案】C。解析:第一空,"跨越"与"新兴的太空旅游等服务"不搭配,排除 B。第二空,由"太空活动的各项技术往往都具备向其他行业转化的潜能"可知,句子说的是太空经济与科技、社会进步和产业发展之间有着很强的联系,"对比"不符合句意,排除 A。"互补"意为互相补充,句中并未体现此意,排除 D。故本题选 C。

18.【答案】B。解析:第二空,"技能"指技术、能力,多为后天习得;"功能"指作用,效能。"做计划、理解因果关系和推迟满足感"为黑猩猩本身具备的一种素质,排除 C、D。第一空,"智识"指智力和识见,"智慧"是高等生物所具有的一种高级的综合能力。"智慧"填入句中与后文的"包括……"所强调的多种能力的语境更相符,排除 A。故本题选 B。

19.【答案】A。解析:分析可知,第一空所填词语应为褒义词,"偏执"含贬义,排除 D。由"只有坚持'一张蓝图抓到底'""夸父逐日""水滴石穿"可知,句子强调的重点是"坚持",A 项的"执着""坚守"填入句中最恰当,排除 B、C。故本题选 A。

20.【答案】C。解析:第一空,"你不科学地对待它"是假设的情形,"如果"填入恰当,排除 B、D。由最后一句话"有它吐纳呼吸的韵律、脉搏起伏的节奏和机体运行的规律"可知,文段肯定的是城市是有机而复杂的"生命系统",对"简单堆砌""机械组合"的说法是否定的,排除 A。故本题选 C。

21.【答案】A。解析:第一空,"反唇相讥"指受到指责不服气而反过来讥讽对方,"针锋相对"指双方策略、观点等尖锐对立。所填词语应形容"她"对记者的态度,不涉及双方态度的对立,且"反唇相讥"与前文"性格直爽"、后文"脾气火爆"对应恰当,排除 B、D。第二空,由后文"很难被归类"可知,所填词语应表示文段中的"她"行事独特,与众不同。"特立独行"指有操守、有见识,不随波逐流。"独断专行"指行事专断,不考虑别人的意见。"独断专行"含贬义,与后文"传递……正能量"相悖,排除 C。验证第三空,"瞩目"填入也符合句意。故本题选 A。

22.【答案】C。解析:(1)句,由前文"不仅要了解作者的生平,还要迈过好几道难关"可知,想要解读《红楼梦》需要循序渐进,一步一步领悟其艺术魅力。"登高望远"指登上高处望远方,形容眼界开阔,目光远大。"登堂入室"指学问由浅入深、循序渐进、达到更高的水平。"登堂入室"更符合句意,排除 A、D。(2)句,由句意可知,绝世天才达·芬奇在他所涉及的多个领域所取得的成就都达到了那个时代的巅峰。"登坛拜将"指被任命为将帅或委以重任,明显不符合句意,排除B。"登峰造极"比喻学问、技艺等达到最高境界,符合句意。故本题选C。

23.【答案】A。解析:第一空,"通知"适用于发布、传达要求下级机关执行和有关单位周知或者执行的事项,批转、转发公文;"通告"适用于在一定范围内公布应当遵守或周知的事项。此处的教育厅和学校之间为上下级关系,选"通知"恰当,排除B、D。第二空,"申明"侧重郑重说明,"声明"侧重公开表态或说明真相。句中强调的是教育厅对学生睡眠问题的重视,选"申明"更恰当,排除C。故本题选A。

24.【答案】D。解析:"体现""呈现""表现"都有表现、显露的意思。"凸显"的意思是清楚地显露,有"突出"之意。由"第一高峰期""进一步"可知,老年人对精神文化生活的需求比之前更突出。因此,横线处应填语义程度较重的词语。"凸显"有"突出"之意,与其他三项相比语义程度更重,填入更符合句意。故本题选D。

25.【答案】B。解析:"毅力"多和"顽强"搭配。"顽固"含有贬义意味,不符合语境。"坚强""坚持"与"毅力"搭配不当。故本题选B。

26.【答案】B。解析:第一空,"艳丽"指色泽上鲜明美丽,多用于形容颜色;"华丽"指美丽而有光彩,多用于形容服饰。两者均与建筑形体搭配不当,排除A、D。"壮丽"指雄壮而美丽,"瑰丽"指异常美丽。与"建筑群规模宏大"对应,"壮丽"填入更符合句意,排除C。验证第二空,"体现"指某种性质或现象在某一事物上具体表现出来,用来形容故宫建筑群表现出了我国古代的建筑风格恰当。故本题选B。

27.【答案】A。解析:第二空,根据前文的"父亲以严肃、冷峻、坚韧、沉稳的形象出现"可知,所填的词语应和此形象相近,表示深沉的含义。"张扬""热情"明显与此相悖,"冷漠"语义程度过重,排除B、C、D。验证A项,第一空填入"熏陶"符合父亲和母亲的形象长期受到传统家庭文化伦理影响的语境,第三空填入"缺乏"也恰当。故本题选A。

28.【答案】D。解析:第二空,"引用"指用别人说过的话或做过的事作为根据;"借鉴"指跟别的人或事相对照,以便取长补短或吸取教训;"进口"指将外国或外地区的货物运进来;"引进"指从外地或外国引入。新加坡的特丽爱3D美术馆是从韩国引入的,应选"引进",排除A、B、C。验证第一空,"捕捉画面"为摄影习惯用语。故本题选D。

29.【答案】A。解析:"视察"主要指上级人员到下级机构检查工作;"勘察"特指在采矿或工程施工以前,对地形、地质构造、地下资源蕴藏情况等进行实地调查。用在专家学者对陕北农村地区民风民俗研究的语境中,二者均不恰当,排除C、D。"考察"指实地观察调查,"考查"指用一定的标准来检查衡量(行为、活动)。句中并未含有"用标准来研究"之意,排除B。到陕北农村地区实地调查民风民俗,选"考察"更恰当。故本题选A。

30.【答案】C。解析:由"邦有道""邦无道"两种相反的情形可知,所填的两个词语应构成相反相对关系,由此可排除A、B。对应后文的"处理各种人际矛盾"可知,空缺处所填词语应表达处理人际矛盾的两种方式。C项的"危言"与"言逊"与此相符,排除D。"邦有道,危言危行;邦无道,危行言逊"出自《论语》,意思是国家有道,要正言正行;国家无道,还要正直,但说话要随和谨慎。故本题选C。

31.【答案】B。解析:第一空,"设想"指设计与想象,考虑与着想;突出目的性。此处并不包含某种目的,排除D。"期望"指对某人或某事所抱的希望,填入不合句意,排除A。第二空,"争端"多指矛盾较大的冲突,用来形容"人与人之间"的冲突不恰当,排除C。与前面的"日常生活"相对应,"摩擦"填入更恰当。故本题选B。

32.【答案】D。解析:分析可知,空缺处要求填入一个与"标志"语义相近的词语,D项填入最符合句意,且与"标志"并列恰当。故本题选D。

33.【答案】A。解析:第一空,"建立""形成"均与"意识"搭配不当,排除B、C。第二空,根据"既……也……"引导的并列句可知,所填词语应与"呼唤"相对应,"要求"填入更恰当。故本题选A。

34.【答案】A。解析:第一空,"浮现"指(过去经历的事情)在脑海中显现。"呈现"指显出,露出,多用于具体的事物。两者用于形容大师级工匠的出现均不恰当,排除B、D。与"出现"相比,"涌现"所表示的(人或事物)大量出现的意思与前文的"人才辈出"对应更恰当,排除C。验证:第二空填入"脍炙人口",第三空填入"积淀"均符合句意。故本题选A。

35.【答案】A。解析:第一空,"嫁接"是常用的改良品种的方法,是把要繁殖的植物的枝或芽接到另一种植物上,使它们结合在一起,成为一个独立生长的植株。此处表达的是童话建立在想象世界之上,而非把童话"嫁接"在想象世界之上,排除B。"设置"的对象多为机构、障碍等,与"想象世界"搭配不当,排除C。第三空,"轻描淡写"指叙述或处理事情时着力不多,轻轻带过或不加重视。其与文段强调现实对于童话的重要性的含义相悖,排除D。"恰如其分"指办事或说话正合分寸。文段说的是幻想是童话的艺术本质,但童话也要介入写实、观照现实。因此如何介入现实需要把握尺度和方法,"恰如其分"填入句中形容这种尺度恰当。故本题选A。

36.【答案】A。解析:第一空,"钟情"指感情专注(多指爱情),用于此处不符合语境,排除B。"酷爱"指非常爱好,修饰对象常为具体事物,如音乐、书法等,用在此处适用对象不符,排除C。第二空,由后文"目光敏锐、勇敢果决者常常能获得它"可知,题干意为机遇短暂易逝,容易错过。横线处所填词语应该表达短暂易逝、容易错失的意思。"旷世难逢"指当代很难遇到的,填入与后文的"常常获得"不符,排除D。"稍纵即逝"形容时间或机会等很容易过去,填入符合语境。故本题选A。

37.【答案】B。解析:第一空,句意是人在困厄时的想法会改变,从而会带来走出困难、走向成功的可能或机会。"转折"指(事物)在发展过程中改变原来的方向、形势等。其带来的改变可能是有利的,也可能是不利的,与句意表达的带来成功的机会不对应,排除A。"起色"指好转的样子(多指沉重的疾病或做得不好的工作),与"成功"搭配不当,排除C。第二空,"挺身而出"指面对着艰难或危险的事情,勇敢地站出来。其强调勇敢地站出来。"勇往直前"指不怕艰险,奋勇地一直往前进。其强调勇敢向前。句意是想法改变带来的转机使人更有勇气坚持向前,"勇往直前"更符合句意。故本题选B。

38.【答案】C。解析:第一空,由"不是……都能……"可知,所填词语与"入海"构成并举关系,含象征义,表示实现和如愿之意。"完善"指完备美好;使完善。"完备"指应该有的全都有了。"完整"指具有或保持着应有的各部分;没有损坏或残缺。"圆满"指没有欠缺、漏洞,使人满意。四个词语中只有"圆满"含有如愿、使人满意之意,排除A、B、D。验证第二空,"心灵充实"符合语境。故本题选C。

39.【答案】D。解析:第一空,句意是权威有时候是挡在发展面前的高墙,所填词语应该表示阻挡、阻碍的意思。"横跨"多指桥梁等建筑物横向跨越。"跨越"指越过地区或时期的界限。两者都是指跨过、越过,没有阻挡、阻碍的意思,排除A、C。"横贯"指(山脉、河流、道路等)横着通过去,也没有阻挡、阻碍的意思,排除B。"横亘"指延绵横陈;横卧,填入符合语境。验证第二空,"崇拜"填入与后文的"信奉"并举恰当,符合句意。故本题选D。

40.【答案】B。解析:第一空,"引诱"指诱导,诱惑,多引人做坏事。"为追求真理而奋斗"是正面事物,其填入与文段感情色彩不符,排除A。"开导"指以道理启发、劝导,多用于他人有困惑、苦恼时帮人引出困境,填入与句意不符,排除C。第二空,"冥思苦想"指绞尽脑汁,深入地思索。"浮想联翩"指很多想象或感想接连不断地涌出,形容思绪活跃。题干意在强调"?"让千千万万的人为了获得答案而不断思考,"冥思苦想"填入更符合句意,排除D。故本题选B。

41.【答案】C。解析:先看第三空,"历史进程"是习惯搭配,排除A、B。再看第一空,"占领"指用武装力量取得;占有。"占据"指用强力取得或保持(地域、场所等)。与后文"人们与病毒、流行病博弈、抗争"对应,强调"武装力量"的"占领"更符合文意,排除D。故本题选C。

42.【答案】B。解析:第一空,"座无虚席"指座位没有空着的,形容观众、听众或出席的人很多。"万人空巷"指家家户户的人都从巷里出来了,形容庆祝、欢迎等盛况。句意是演出时观众席坐满了人,"万人空巷"填入不符合语境,排除C、D。第二空,"引爆"的对象一般为炸弹、装置,或某种气氛、情态。与"激情"搭配,用"点燃"更恰当,排除A。故本题选B。

43.【答案】A。解析:第一空,"进化过程"是习惯搭配。"进程"搭配"历史""革命"等,与"进化"不能搭配,排除B、D。第二空,文意是人类可以利用自然、改造自然,但最终仍然是自然的一部分。"归根结底"指归结到根本上,能够表达出最终、仍然、到底的意思,填入恰当。"显而易见"指事情或道理等非常明显,与文意不符,排除C。故本题选A。

44.【答案】A。解析:第一空,"颠三倒四"形容说话做事错杂紊乱,没有次序。"词不达意"指(说话、写文章)语句不能确切地表达意思。文段已经提到有语言障碍的孩子能用简单的词汇表达自己的意思,只是逻辑欠缺,"词不达意"与文意相悖,排除B、D。"颠三倒四"符合缺乏逻辑的表现。第二空,"缺乏"指没有或不够(指一般应有的、必需的或需要的事物),修饰对象既可以是具体事物,如缺乏场地;也可以是抽象事物,如缺乏经验。"缺少"指缺乏(多指人或物数量不够),修饰对象多是具体事物。与"逻辑"搭配,用"缺乏"更合适,排除C。故本题选A。

45.【答案】C。解析:第一空,"破晓"指天刚亮。"迷蒙"指模糊不清。对应文段中的"起点"(开始的时间或地方),"破晓"填入更符合文意。且文段提到的"绯红""微微""点染"等也与"破晓"时天空的景色对应,排除B、D。第二空,与"起点"对应,应是"晨曦"而非"夕阳",排除A。验证第三空,由"涓涓细流孕育着一泻千里的波涛"可知,所填词语说的是"大江大河"的发源地,"源头"恰当。故本题选C。

46.【答案】C。解析:通读6句话可知,文段围绕"电子产品对少年儿童睡眠的影响"展开论述,与④相比,①作为首句引出下文更恰当,排除A、B。④的"成人和学龄儿童如果暴露在同样强度的光下,儿童褪黑素水平下降的程度是成人的两倍"是对②的"对光更敏感"的进一步论述,②④应紧密相连,排除D。故本题选C。

47.【答案】D。解析:文段首句指出了生态环境保护与经济利益之间存在矛盾,第二句是对此的进一步说明。结合选项可知,横线部分为总结句。横线前的两个分句分别讲了退耕还林、野生动植物保护等方面的政策或措施的利与弊,这是一对矛盾关系。D项与此意最相符。故本题选D。

48.【答案】B。解析:通读5句话可知,⑤中"也在"是在③中"新冠疫情的发生,为推行分餐制和公筷制提供一个新契机"背景下所采取的措施,因此⑤在③之后,排除A、C、D。验证B项,②①讲的是分餐制和公筷制在中国推广已久但是成效不明显,并分析其原因;③讲的是新冠疫情的发生为推行分餐制和公筷制提供一个新契机;⑤④讲的是各地纷纷出台相应政策,鼓励实行分餐制和公筷制,并对此政策作出评价。逻辑无误。故本题选B。

49.【答案】D。解析:①、③、⑤中的"有一些""有一些""还有一些"构成并列,这三句应紧密相连且顺序为①③⑤。另外,分析内容可知,②为①③⑤的总述句,应在这三句前面。故本题选D。

50.【答案】A。解析:由"同样"可知,"笔墨也成了文人画家隔离包括画工在内的广大民众的一道绘画语言的屏障"与前一句是类比,句式句意相近,只有A项与此相符,当选。故本题选A。

51.【答案】D。解析:由"现在必须改变观念"可知,横线处表达的含义应与前文意思相反。前文说的是经济价值高的创意也可能破坏人类文明,而人们却认为能赚钱的创意就是好创意。那么横线处应该是对此的否定,即重视创意对于人类文明的积极作用,只有D项与此相符,当选。故本题选D。

52.【答案】B。解析:文段由红杉树的高大引出观点"树木的生长也是竞争的过程",即文段围绕"竞争"展开论述,只有B项与此相关,当选。故本题选B。

53.【答案】B。解析:A项"春节前两天"表述不明,可以理解为"春节前的两天"或"春节假期的第一天和第二天"。C项"愤慨"的对象不明确,可以理解为对"揭发事件"愤慨,也可以理解为对"砍伐树木"愤慨。D项,可以理解为"同一年级的老师不认识王强",也可以理解为"王强不认识同一年级的老师"。B项没有歧义。故本题选B。

54.【答案】D。解析:A项"就开始了新的长征"前缺少主语,可将句首的"从"移到"中国人民"之后。B项"一定要下苦功不可"句式杂糅,可改为"非要下苦功不可"。C项指代词使用不准确,前半句讲的是"不远处有片树林",指代词"这"应改为"那"。故本题选D。

55.【答案】D。解析:A项"最好"与"比较合适"杂糅,可删除"比较合适"。B项动宾搭配不当,应改为"推进文化体制创新,挖掘特色文化内涵"。C项成分残缺,可在"家庭问题的警觉性"前加"对"。另外,此句还犯了句式杂糅的毛病,"目的是……"与"是为了……"的句式应择一使用。故本题选D。

56.【答案】D。解析:通读6句话,⑥中"诚哉斯言"的"斯言"指代的是①中引用的话,①应在⑥之前,排除A、B、C。验证D项,②⑤两句说这是一个千帆竞发、梦想起航的时代,并肯定奋斗的价值;①⑥两句援引朋友的话进一步说明靠自己奋斗出的成就才更美好;④③两句继续阐述当前有比以往更好的发展机遇,号召大家应当努力奋斗。逻辑无误。故本题选D。

57.【答案】D。解析:通读6句话,①以"打开历史"开头,③以"审视现实"开头,列举的都是技术创新促使媒体变革的例子,是对⑥的具体举例,两句应在⑥之后,且根据时间顺序,①在前,③在后,顺序为⑥①③,排除A、B、C。验证D项,⑥①③说明媒体的变革和发展总是与时代大潮、技术创新同行,并举例论证;②④⑤三句呼吁媒体抓住机遇,紧跟时代进行媒体融合的自我革命。逻辑无误。故本题选D。

58.【答案】A。解析:文段为总分结构,首句为观点句,后文通过两方面内容分析了一些干部热衷学历造假的原因:一是过于看重学历与年龄等硬指标,而忽略了对能力与品德的考察;二是对各种材料造假,审核把关不严格。由此可知,后文分析的是干部选拔存在的制度漏洞,只有A项与之相符。B项未指出原因所在,无法与后文衔接,排除。C项,后文说的不是制度没有落实,而是落实过程中存在的问题,排除。D项,后文说的不是干部本身原因,而是干部选任制度存在的问题,排除。故本题选A。

59.【答案】A。解析:由④"之所以这样说,并非才能和学识本身有什么过错"可知,前面必然有相关内容提及了"才能与学识",只有⑤符合,因此⑤④相连,排除B、C。由④末尾的"是错误应用造成的"可知,接下来会提及"才学"的应用,只有③符合。故本题选A。

60.【答案】D。解析:根据事理的逻辑性来分析,本题主要是表达"我"对动物眼泪与情感的关系的认识。通读五个句子,我们可以按照逻辑关系判断出首句应该是⑤,①应排在最后,中间三句抓住"本来""但是""所以"这三个词,就可以确定顺序是⑤④②③①。故本题选D。

61.【答案】C。解析:A项说法正确,由"缺乏科学素养的低质量争论……有百害而无一利"可推知。

B项说法正确,C项说法不正确,由"缺乏科学素养的低质量争论……对澄清事实真相毫无帮助"可推知。

D项说法正确,由"缺乏科学素养的低质量争论"可推知。

故本题选C。

62.【答案】C。解析:文段首先介绍了反刍思维的内涵,然后介绍了反刍思维产生的原因,最后强调反刍思维能给人们带来许多积极意义。由此可知,文段旨在强调反刍思维的积极意义,C项表述与此一致。

A、D两项,没有涉及关键词"反刍思维",排除。

B项,"积极乐观"无中生有,排除。

故本题选C。

63.【答案】A。解析:由"注入科学基因的文化项目,科学价值是基础,也是它的灵魂"可知,科学价值是文化项目的基础和灵魂,故"皮"指作为基础的"科学价值"、"毛"指"文化项目"。故本题选A。

64.【答案】B。解析:文段尾句提出了一个问题——在进入人工智能时代之际,作为智力资源重要节点的智库,将会面临怎样的变革与挑战?根据话题一致原则,下文将围绕这个问题继续论述,即B。

A项未提到"智库",D项脱离了"变革与挑战"的话题,均排除。

C项未提到"变革",且"何去何从"与尾句话题不一致,排除。

故本题选B。

65.【答案】A。解析:A项,由文段首句和"审美评判固与人的审美趣尚有关"可知,艺术之美不是客观的,它与个人的审美趣尚有关,A项说法错误。

B项,由"审美评判固与人的审美趣尚有关"可知,B项说法正确。

C项,由"将审美喜好作为艺术品格的评判依据,本身就陷入了评价标准不统一的误区"可知,C项说法正确。

D项,由文段前两句可知,审美风格没有高低之分,D项说法正确。

故本题选A。

66.【答案】C。解析:A、B、D三项理解正确,由"经济增长率,代表的发展速度是相对数,不等于经济发展"可推知,排除。

C项理解不正确,由"基数小的比基数大的要省力得多,经济状况差的比经济状况好的要费力得多"可知,GDP总数越大经济增长率不一定越高,当选。

故本题选C。

67.【答案】D。解析:文段首先指出信息化正在深刻影响和改变着人类社会,接着具体介绍了20余年来信息化对社会生活方方面面的影响,最后指出文段重点:当前,信息技术正向引领经济发展的核心引擎转变,即将进入信息技术带动经济发展的爆发期和黄金期。D项是对文段重点的正确表述。

文段说的是信息技术深刻影响和改变着人类社会,A项"引领着人类社会的变革"表述错误。

B、C两项未体现主题词"信息技术"。

故本题选D。

68.【答案】B。解析:文段首先指出"哲学原型"是哲学作为研究"事实"与"价值"的学问,接着以"换言之"对"哲学原型"的定义再次进行了具体说明。文段主要介绍了"哲学原型"的定义,对应B。

A、C、D三项文段均未涉及。故本题选B。

69.【答案】C。解析:A项,文段提到窄波段信号应该是智慧生物所为,但是并不能得出智慧生物发出的都是窄波段信号,错误。

文段提到的是智慧生物发出的窄波段信号与宇宙中自然产生的、以宽波段为主的无线电信号不一样,因此很容易分辨,由此不能得出以宽波段为主的无线电信号难分辨,排除B。

由"提出颇有野心的'望远镜森林'计划:建造一个由1000架射电望远镜组成的庞大阵列,以此搜寻通信讯号……智慧生物所为"可知,C项正确。

D项,由文段最后一句可知,地外生命也在搜寻其他生命是天文学家们希望的,并不一定是事实,排除D。

故本题选C。

70.【答案】D。解析:文段先说文明对话具有改变人们认知的力量,然后指出这种力量的来源。文段没有直接说这种力量的来源,而是使用了"不是……而是……"的句式来转折说明,转折后的内容是重点,说明了文明对话的力量源泉,对应D。

A、C两项对应前文提到的"文明对话,具有改变人们认知的力量",非文段重点,排除。

B项对应文段开头,非文段重点。

故本题选D。

71.【答案】A。解析:文段首句提出观点——"在层出不穷的网络热词中,我们可以清晰地找到各种民意的身影",后文以"被"字系列热词表现了民众对于现实的无力、焦灼等心理状态为例进行具体说明。"网络热词"和"民意"为文段的主题词,只有A项与此相符。故本题选A。

72.【答案】A。解析:文段以"为何中国人过年时一定要回家"为发起句,后面具体讲了回家过年习俗的来源,因此文段的标题也要点明这个问题。故本题选A。

73.【答案】B。解析:文段首先指出近几年对"新"物理学的报道很多,人们也由此了解了很多物理学中的知识,然后举例说明近代物理的世界确实千奇百怪,但也枯燥烦人,读者最终会失望地走开。文段尾句提出了一个问题——现在科普读物枯燥不能吸引读者,针对这一问题,文段接下来最有可能给出对策,即介绍生动有趣的科普读物。其他选项均与末句提出的"枯燥烦人"的问题无关,排除。故本题选B。

74.【答案】D。解析:文段首先指出实体书店生存日益困难,和网络书店的冲击有关系;接着说明面对新的竞争手段,实体书店窘境尽显,并以其所谓的创造力从反面论述其窘境;最后又以人们的怀疑——实体书店是不是迟早会消失,再次说明实体书店所面临的窘境。A、B两项均是为了说明实体书店的窘境,属于论据,排除;C项中的"差异"并非文段的重点所在,排除。故本题选D。

75.【答案】C。解析:文段指出微博打拐具有两面性:一方面能解救被拐儿童,得到公安机关认可;另一方面也频现乌龙,冤枉好人。而对于微博打拐带来的不便,公众应采取容忍的态度。整个文段都是围绕"微博打拐"来说的,A、B、D三项均偏离文段主题。四个选项中只有C项提到了"微博打拐",契合文意。故本题选C。

76.【答案】C。解析:分析可知,A、B两项都是侧面反映,文段中虽然提到了"微阅读"的兴起条件以及渐成趋势的背景,但只是为文段的中心做铺垫,排除。文段只提到"微阅读"对少年儿童吸收知识的影响,D项"对社会知识传承的影响"范围太大,排除。文段最后一句是关键句,"如果"后接的假设是重点所在,意在强调少年儿童不能过度沉溺于"微阅读"。故本题选C。

77.【答案】B。解析:"因此"之后是文段所强调的核心内容,即"乞丐问题"这一城市难题的解决需要城市管理者探寻有效管理和规范管理之道。A项属论据部分,排除;C项"应兼顾社会和法律双重维度"无法从文段中得出,文段只说从社会和法律角度来看,必须解决乞丐问题,排除;D项"诚信体系"非文段主旨,排除。故本题选B。

78.【答案】D。解析:由"一个不经意的转发和评论,既可能为真相增添力量,也可能不小心成为谣言的帮闲"可知,对不辨真伪的微博信息需谨慎转发,A项表述正确。由"一旦被主观偏见、愤怒情绪、不假思索的责骂所左右,'顶着一个硕大脑袋,自以为是的我们,轻而易举就成了被人操控的木偶'",可推出B、C两项表述正确。D项在文段中找不到依据。故本题选D。

79.【答案】A。解析:由文段可知,地方权力属地化监督,是指地方权力受到当地纳税人和媒体的监督制约,而非属地政府层层监管,A项说法错误。故本题选A。

80.【答案】A。解析:文段先介绍了什么是思维定式,思维定式是如何形成的,思维定式的作用。接着,由"但是"进一步说明,在我们面对新情况、新问题时,思维定式并不能起到积极作用,甚至还会起阻碍作用。故接下来的文字必定围绕思维定式的阻碍作用、消极影响来讲。选项中只有 A 项提及了"思维定式消极影响"。故本题选 A。

81.【答案】A。解析:文段由鹰捕云雀的例子,说明螳螂的情况相反,进攻的是比自己强大的庞然大物。最后通过"其结果是毫无疑问的"引出这场进攻的结果——螳螂用它锋利的武器将蝉开膛破肚。因此"结果"指的是螳螂战胜了蝉。A 项表述正确。这个"结果"与螳螂和蝉紧密相关,因此排除与螳螂和蝉无关的 C、D。由文意知,蝉比螳螂强壮,排除 B。故本题选 A。

82.【答案】D。解析:文段提到"中国至少在夏商周的'三代'时期就有城市了",并非最早的古代城市出现在夏商周的"三代"时期,A 项表述错误。B 项无中生有,文段没有说明首座设置城管的城市是临淄。C 项,文段未涉及且表述绝对。D 项为文段最后两句话的同义转述。故本题选 D。

83.【答案】C。解析:由"他们对孩子教育的重视程度达到了空前的高度"可知 A 项说法正确。由"他们有一套自己的教育理念和方法"可知 B 项说法正确。由"于是纠纷频发,带来许多误会和矛盾"可知 D 项说法正确。文段表述家长希望学校和老师按照自己的想法教学,并非要亲自参与教学,C 项说法错误。故本题选 C。

84.【答案】D。解析:文段首先指出言语说服可以改变自我效能感,接着说明通过言语说服形成的自我效能感不易持久,末句进一步用具体的研究结果论证了言语说服形成的自我效能感的脆弱性。C 项的"并不能"表述错误;文段重点强调的是通过言语说服形成的自我效能感的不持久和脆弱性,A 项非文段重点;B 项表述不准确,未提到"自我效能感"这一主题词。故本题选 D。

85.【答案】C。解析:文段首先说明中国古人作诗的特点从而引出中国古典诗词是有生命的,因此是绝对不会灭亡的;然后以有修养的人定能读出中国古典诗词中蕴含的生命进一步验证了中国古典诗词不会灭亡的结论。A、B 两项非文段主旨,D 项脱离了"中国古典诗词"这一主题。故本题选 C。

86.【答案】D。解析:文段以谚语开头,引出作者的观点,即搞科研要循序渐进,日积月累,不能急于求成,接着以安德鲁·怀尔斯的例子进行论证,最后再次强调搞科研要有恒心和耐心,要注重沉潜和积淀。D 项的"搞科研项目……不能急于求成"是作者最想表达的观点。故本题选 D。

87.【答案】C。解析:阅读可知,"重力"为文段主题词,只有 C 项涉及"重力"。故本题选 C。

88.【答案】B。解析:文段强调"嫉妒者瞄准的都是现实的功利","名""利"是嫉妒者所看重的,这反映出嫉妒是计较功利、争夺名位的一种心理活动,名、利是嫉妒的出发点和落脚点,B 项对文段主旨概括准确。C、D 两项未体现出嫉妒"趋利"的本质,A 项嫉妒由利益冲突引起从文段中无法推出。故本题选 B。

89.【答案】B。解析:文段首先指出义务教育公平程度、群众对教育的满意程度由教育资源中的短板决定,故而推进均衡发展,应努力补短,最后由"因而"进一步强调:发展教育应把工作重点放在补足短板上。A 项的"取长"、C 项的"截长"与文段的"不能截长以补短"的表述不符,排除。D 项的"校际差距"表述不全面,文段说的是"缩小地区、城乡和校际差距"。

故本题选B。

90.【答案】A。解析：A项，文段说"经过秦汉魏晋南北朝及隋唐数朝发展，逐渐走向良性循环"，而不是从秦汉起就已走向良性循环。B、D两项，由"明清绝对君主专制体制在中国登场……阻遏了中国海洋文明的进一步发展，从使中国成为大航海时代的落伍者"可判断正确。C项，由"海洋事业比重在中国社会经济结构中步步加重、宋元海陆双重帝国架构渐渐成型之际"可判断正确。故本题选A。

91.【答案】D。解析：题干问的是"中国传统节日式微现象"，由第2段中"要究其原因，很多专家都归咎于物质的发展、城乡的转变和洋节的挤兑"可知，D项是中国传统节日式微的原因，而不是现象。故本题选D。

92.【答案】C。解析："式微"原指天将黄昏，现指事物由兴盛而衰落。"风前之烛"比喻随时可能死亡的老年人，也比喻随时可能消灭的事物。"日暮途穷"比喻到了末日或衰亡的境地，也比喻到了无路可走的地步。根据文意，传统节日并没有到随时消灭或衰亡的程度，"风前之烛""日暮途穷"均程度过重，排除A、B。"百废待兴"形容事情都有待重新做起，与文意不符，排除D。"每况愈下"形容走下坡路，填入符合语境，当选。故本题选C。

93.【答案】C。解析：由第2段"其实式微的不只是春节，元宵、端午、七夕、中秋等传统节日也在日益淡化，这是不争的事实"可知，A项理解正确。由第3段中的"这些节俗活动是在历史中形成的一些民俗的讲究或者说生产生活的习俗紧密关联在一起"可知，B项理解正确。由第2段"当灵魂越来越缺乏依附的载体，节日就会越来越淡，越来越没意思""春节文化……通过一系列仪式来完成的"可知，C项"与具体的庆祝活动没有关系"表述错误。由第2段"春节文化是一个典型的教育、敬神、祭祖、尊老爱幼……春节还有什么文化味道啊"可知，D项理解正确。故本题选C。

94.【答案】B。解析：由最后一段"是需要去其糟粕取其精华地予以传承……传统节日也会增加新的民俗活动和新的文化内涵"可知，A、C两项包括，B项"摒弃"错误。由最后一段"或许韩国对传统节日、文化的重视和保护的做法值得我们学习和借鉴"可知，D项包括。故本题选B。

95.【答案】D。解析：根据最后一段中的"我们应该通过我们的努力，让传统节日焕发新的生机和活力""总之，传统节日是需要保护和传承的文化遗产，切不可在我们手中消失"，可知最后一段重在强调要保护和传承好我们的传统节日，故本题选D。

96.【答案】D。解析：文章第一段是对基因污染概念的阐述，A项未说出基因污染的内涵，B项缺少"不断增殖扩散"这一特性，C项未阐明"天然的生物物种基因中掺进了人工重组的基因"这一基因污染的实质，D项表述准确。故本题选D。

97.【答案】B。解析：A项只是篡改的农业作物。C项是自然状态下生物自身许可的进化变异，而非基因工程篡改。D项没有说明篡改的手段和目的。只有B项是对"任意篡改上帝作品"的实际含义的正确理解，当选。

98.【答案】B。解析：B项中的描述不属于基因污染的原因。因为即便发达国家利用发展中国家进行新作物安全试验，也只能说明是在试验基因工程作物的安全性，与基因污染原因没有关系。故本题选B。

99.【答案】C。解析：由文章第二段"有人认为发达国家在企图利用发展中国家进行新作物的安全试验"可知,只是"有人认为"而没有被广泛确认,排除 A。由文章第三段的最后一句可知,B 项的前后两个分句不存在因果关系,排除。由文章最后一段可知,作者所说的"净土"是指"天然的生物基因库"而并非指"环境净土",排除 D。故本题选 C。

100.【答案】A。解析:由基因所具有的控制生物性状的性质可知,"天然的生物基因库"所起的作用应是保持不使涣散或受到污染,首先排除不含保持义的"改变"。"维护"常与"利益""权益""设施""环境"等搭配,"维持"常与"生命""秩序""关系"等搭配。与"命运"搭配,用"维系"最恰当,且更能突出"天然的生物基因库"对人类的重要意义。故本题选 A。

101.【答案】B。解析:文段首先介绍制造业智能化的含义,然后指出制造业智能化要求技术技能人员具有新的技术技能体系和认知能力,这倒逼职业教育进行育人模式改革,重点培养学生的创新能力、信息获取和整合能力以及终身学习能力。由此可知,文段主要阐述的是制造业智能化对职业教育培养模式的影响,即职业教育人才培养目标应与时俱进,B 项正确。

A 项,"岗位更迭""专业动态调整"无中生有,排除。

C 项,"全新职业方向"文段未涉及,排除。

D 项,文段只提到制造业智能化对职业教育的影响,未涉及职业教育对制造业智能化的影响,排除。

故本题选 B。

102.【答案】D。解析:文段首先指出实施乡村振兴战略必须坚持农民的主体地位,然后分别介绍了村支书和下派的第一书记、地方政府人员、乡村生产经营主体、返乡创业青年和新乡贤等参与主体在乡村振兴中的角色和作用。D 项概括恰当。

A 项强调人才的作用,B 项强调乡村振兴不能仅仅依靠农民,C 项强调农民在乡村振兴中的主体地位,均未体现其他参与主体的角色和作用,排除。

故本题选 D。

103.【答案】A。解析:文段为分总结构,首先介绍了白开水的诸多功能,末句以"因此"总结,说明白开水是人体最需要的天然"饮料"。"白开水"是文段一以贯之的主题词,首先排除未提到"白开水"的 C、D。B 项的"营养价值"表述不准确,文段着重强调的是白开水对维持生理健康的作用,排除。A 项的"无法被其他饮料取代"是末句"人体最需要的天然'饮料'"的同义转换。故本题选 A。

104.【答案】D。解析:文段首先介绍了 4G 的巨大影响,并说明 4G 是重新分配流量的过程,5G 也一样;然后以"但"转折指出 5G 在技术上是颠覆性的,对金融洗牌的力度将比 4G 更大,并对此进行具体论述,阐述 5G 将对金融机构产生的深刻影响。文段为转折结构,转折后的内容才是文段论述的主旨,即 5G 将对金融产生非常深刻的影响,D 项概括正确。

A 项,"5G 取代 4G"文段未提及,无中生有,排除。

B 项,文段强调的是 5G 对金融行业的影响,5G 对于互联网渠道的影响表述不准确,排除。

C 项对应文段转折前的内容,非文段重点,排除。

故本题选 D。

105.【答案】C。解析:文段首先阐述语言文字规范化标准化工作的重要作用和意义;然后指出当前社会语文生活不断涌现许多新问题、新挑战;最后以强调词"要"引出语言文字工作部门要对社会语文生活进行及时有效的监督和管理,不断提高全民族的人文素质。强调词引出的对策是文段主旨,即呼吁相关部门面对新情况对社会语文生活进行监督管理,提高全民族人文素质。C项表述与此一致。

A、B、D三项都是提出对策前的铺垫性内容,非文段重点,排除。

故本题选C。

106.【答案】B。解析:文段主要说明生育水平持续下降会使人口老龄化水平不断提高,这种人口老龄化现象被称为"底部老龄化"。故文段意在说明老龄化受到人口生育水平的影响,B项当选。

A项,"原因"表述不明确,排除。

C项,文段说"底部老龄化"是指在总人口中,儿童占比减少,老人占比增加,不是说老人数量超过儿童的数量,排除。

D项,文段没有谈到老龄化的影响,无中生有,排除。

故本题选B。

107.【答案】B。解析:文段为并列结构,首先指出疾病焦虑障碍患者相较于正常个体,对于自身生理感觉或躯体不适的感受性比较高;然后说明除了生理层面的敏感性外,在认知层面,疾病焦虑障碍患者对于躯体信号的灾难化解释也是促使症状产生的直接因素。由此可知,文段主旨在于分析疾病焦虑障碍症状产生的两方面因素。B项正确。

A项对应"在认知层面,疾病焦虑障碍患者对于躯体信号的灾难化解释也是促使症状产生的直接因素";D项对应"科学家们发现相较于正常个体,患者对于自身生理感觉或躯体不适的感受性比较高"。两项均属于因素之一,概括不全面,排除。

C项是疾病焦虑障碍的表现,非文段重点,排除。

故本题选B。

108.【答案】C。解析:文段首先以"莫道桑榆晚,为霞尚满天"引出不少已经退休或将要退休的60后不服老,愿意继续为社会做贡献的现象,然后列举了这些"新老人"在多个领域继续发挥余热,老有所为的表现。由此可知,文段为总分结构,强调的是老年人退休后也能为社会做贡献,C项的"社会潜在优势"概括恰当。

A项,文段说的是"不少"退休的老人,而非"大部分"退休老人,排除。

B、D两项均是文段部分内容,不具概括性,排除。

故本题选C。

109.【答案】D。解析:文段为分总结构,首先指出我们的生活迈入了加急时代,然后具体说明生活中的方方面面都讲求效率,最后指出这种急切会产生不良后果,催生出各种问题。尾句为文段重点,表达的是过于注重效率,对过程的忽视会催生出各种问题。D项是对文段重点的正确表述。A、B、C三项为文段部分内容,非文段重点。故本题选D。

110.【答案】C。解析:文段首先描述了职场中"忙的越来越忙,闲的越来越闲,但收入还差不多"这一现象,然后提出问题——如何最大限度激发员工的工作积极性,最后给出解决对策——要形成周密的考核方法、合理的激励制度,并具体说明应该怎样改革考核方法和激励制度。C项是关于对策的正确表述。A、B两项偏离文段话题,D项只是改革考核方法和激励制度的一部分内容。故本题选 C。

111.【答案】D。解析:文段首先指出"夹竹桃致癌"的说法没有依据,然后具体介绍夹竹桃的毒性发作的条件和后果,进一步说明夹竹桃只有在一定条件下才会显示出毒性,而不会致癌。故文段为总分结构,首句即文段主旨,意在说明"夹竹桃致癌"的说法无科学依据。D项与之相符,当选。A项未对"致癌"的说法进行否定,排除。B项"不一定会致癌"表述有误,文段强调的是夹竹桃不会致癌,排除。文段说的是夹竹桃致癌没有依据,C项强调夹竹桃的毒性不一定会致死,与文段观点不符,排除。故本题选 D。

112.【答案】B。解析:文段先提出,对于开车玩手机入刑的讨论,相比观念上的争论,更需要讨论的是其在操作层面的可行性;接着以"这一点可以借鉴"给出建议,即在这方面可以学习日本,对应 B。A 项没有体现"更需要讨论的是"之后的重点。C 项是对比论证的举例内容,非重点。D 项概念变化,文段说的是在如何操作方面可学习日本,而不是是否入刑要学习日本。故本题选 B。

113.【答案】C。解析:文段先说夏天以冷饮等冰冷食物作为早餐的危害,最后一句用"所以"总结前文并提出观点——夏天早饭时应首先食用热稀饭、热豆浆等热食,然后再吃蔬菜、面包、水果和点心等。最后一句话是文段主旨——夏天早餐应该吃温热的食物。能概括这一意思的是 C。A 项,"重要性"文段未提及,排除。B 项是"所以"之前的内容,不是文段主旨,排除。D 项,脱离了"早餐"这一范围,排除。故本题选 C。

114.【答案】A。解析:文段首句说如何让文化遗产"活"起来是值得思考的话题,然后说传统文化的精华——文化遗产可以灵动、生活化地"活"在当下,并列举故宫文创产品成功的例子作为证明。首句是文段主旨句,即应该让文化遗产"活"起来,符合这一意思的是 A。B 项,文段说的是"文化遗产","中国传统文化"与文段话题不对应,排除。C、D 两项,故宫文创产品的成功只是举例,非文段主旨,排除。故本题选 A。

115.【答案】C。解析:文段首先说明人的理解力需要多重辅助;然后具体介绍需要动手记要点、写感受、转发师友,从而多了理解的可能性;接着指出在读书的过程中还要行万里路,要应用于现实、以实践为师,最后以强调词"必须"进一步说明知识要与现实对接。故文段是在强调读书必须动手和实践,使知识应用于现实。符合这一意思的只有 C。A 项,记忆力是文段的引入内容,非重点,排除。B 项"亦师亦友"表述错误,文段说的是以书为友,以实践为师,排除。D 项,"理解力"只对应前半部分的内容,未指出要实践,排除。故本题选 C。

116.【答案】A。解析:文段首先指出"空心村""逐步消亡""人口流失"这些字眼让人泛起愁绪,接着以"但"转折指出,从城市化的视角看,"空心村"其实未必是坏事,并对其原因进行了具体阐释。转折后的内容为文段主旨,A 项与此相符。

B 项表述错误,文段说的是农民有权利离开农村去城里生活,而不是"应",排除。

C 项为转折前内容,不是文段重点所在,排除。

D 项脱离了"空心村"的话题,排除。

故本题选 A。

117.【答案】A。解析:文段首先介绍了传统文化和潮流文化的融合引发了新的消费潮流,然后指出这股消费新潮流能否经久不衰,取决于市场能否良性发展,需要立足本土的同时接轨世界,最后由"就此而言"引出对策,中国品牌要想健康成长,市场机制和行业规范不可或缺。

A项是对末句对策的准确概括,正确。

B项为要达到的结果,非对策的表述,排除。

C项仅指出不足,未涉及对策,排除。

D项为引出话题的内容,非文段重点,排除。

故本题选A。

118.【答案】D。解析:文段首先肯定了我国公共文化服务建设取得的成就,然后引出一些基层公共文化服务设施利用率不高的问题,并指出其原因在于"供需错位",最后以强调词"关键"提出解决这一问题需要精准匹配群众的文化需求。D项是对末句解决措施的同义转述,正确。

A项只是文段引论的内容,非文段主旨,排除。

B项,意义只在文段被简单提及,非重点,排除。

C项仅提出问题,文段主旨是解决对策,排除。

故本题选D。

119.【答案】A。解析:文段首先举上海垃圾分类工作的例子,说明绿色发展方式和生活方式正成为新风尚;接着指出如果三心二意,将垃圾分类变成新的世风则不容易实现;然后由"因此"得出结论,移风易俗需要锲而不舍、久久为功;最后对此结论做进一步补充说明,即我们全力倡导低碳环保等理念,就是为了让生态文明成为社会共识。文段论述的重点为"因此"之后的结论,即养成绿色生活的新风尚,需要长期坚持、久久为功。A项表述与此一致。

B、C、D三项都是话题引入和背景介绍的内容,不是论述重点,排除。

故本题选A。

120.【答案】B。解析:文段首先说明新中国成立之初中国人民以决不退让、敢于斗争的精神赢得了国家生存发展空间;然后指出"以斗争求安全则安全存"是中国人民在实践中得出的结论,并对此做了论证;最后以强调词"更要"呼吁在具有新的历史特点的伟大斗争中,我们要靠发扬斗争精神去赢得民族尊严、创造发展空间。由此可知,文段意在强调斗争精神的作用,呼吁用斗争赢得民族尊严。B项表述与此一致。

A项,文段旨在强调在新时代更要发扬斗争精神,决不服软只是敢于斗争的具体表现,不是文段论述重点,排除。

C项,文段说的是"以退让求安全则安全亡",该项的"忍让为上"与文段表述不符,排除。

D项,"不应妄自尊大"无中生有,排除。

故本题选B。

121.【答案】B。解析:文段首先说明革命坚决、斗争勇敢是共产党员必须具备的品质;然后指出要勇于斗争,只有敢于同不良现象做斗争,共产党员才能成长;最后以强调词"必须"呼吁要擦亮气节的底色,时刻进行伟大斗争。由此可知,文段是在强调共产党员要敢于斗争。B项表述与此一致。A、C、D三项错误,无中生有,排除。故本题选B。

122.【答案】C。解析:文段为总分结构,首句亮明观点——中国传统文化具有现代价值。后文从中国传统文化的性质、国际影响力、软实力、国家形象等方面进一步阐释其价值。因此首句的观点是文段主要说明的内容。A项"国际影响力"、B项"软实力"均是价值体现的某一个方面,概括不全面,排除。与D项相比,C项更契合文段观点,排除D。故本题选C。

123.【答案】D。解析:文段为总分结构,首句点明观点——指出发展现代职业教育的意义,既有利于缓解当前就业压力,也是解决高技能人才短缺的战略之举。接着具体介绍了职业教育如何缓解就业压力及解决人才短缺问题。D项是对文段主旨的正确表述。其他三项均未提及主题词"加快发展现代职业教育",排除。故本题选D。

124.【答案】B。解析:文段首先肯定了手机App的开发和应用给人们带来诸多便利;然后以"不过"转折引出不少App存在过度收集用户信息的问题;最后用"实际上"进一步强调应该只收集对开展相关服务而言不得不收集的信息,不应该收集与用户当前需求无关的信息。D项为转折前内容,与App过度收集用户信息的话题无关,排除。A项讨论收集用户信息对手机App的必要性,而文段强调的是收集用户信息不应超过必要限度,排除。与B项相比,C项"限制信息收集范围"表述不明确,未体现收集信息不能脱离用户需求这一核心观点,排除。故本题选B。

125.【答案】D。解析:文段首先指出中华民族文化博大精深,而如何让传统文化"活起来"是我们现在面对的现实问题;接着采用反问的形式说明如果传统文化失去与时代的连接,那么与符号、素材别无二致;最后对传统文化的发展方向给出具体建议,即传统文化应从"馆舍天地"走向"大千世界",这样才能涵养出更具时代特色的、富有创新力的文化自信。也就是说传统文化应与时代连接,D项正确。A项是文段论述的背景,排除。B、C两项均只提到"文物",而文段论述话题为"传统文化",排除。故本题选D。

126.【答案】B。解析:A项理解正确,由"在刻制技艺上,砚铭广泛地吸收了篆刻艺术的全面构图、章法布局和刀法技巧"可推知。B项理解错误,由"砚铭作为艺术品,兴于宋元,盛于明清"可知,"兴盛于宋元"表述有误,且"赏砚之风"概念变化。C项理解正确,由"砚铭作为艺术品,兴于宋元,盛于明清"可知,在宋元以前,砚铭还不是艺术品。D项理解正确,由"从此,款记便成了砚铭不可分割的组成部分,更增加了砚铭的装饰美"可推知。故本题选B。

127.【答案】A。解析:A项说法正确,由"人类正在不断发现和掌握它们的规律和特性,并用来为社会服务"可知,超声波和次声波都可以用来为社会服务。B项说法错误,由"超声波具有更好的指向性,在传播中的能量损耗小"可知,该项颠倒黑白。C、D两项均说法错误,文段没有对比超声波和次声波谁的价值更大,两项强加比较。故本题选A。

128.【答案】B。解析:A项,由尾句"发展可以在中性电解液中工作的高性能电解水产氢催化剂具有重要的应用价值"可知,该项符合文意。B项,由"目前的电解水产氢催化剂大多需要在强酸性或者强碱性电解液中使用,这可能带来一些环境和安全问题"可知,"存在环境和安全问题"属于绝对表述,与文意不符。C项,由"目前工业上使用的电解水产氢催化剂多采用以铂为代表的贵金属材料,价格昂贵且资源匮乏"可知,以铂为代表的贵金属材料做电解水产氢催化剂成本较高,该项符合文意。D项,由"利用非贵金属材料制备电解水产氢催化剂成为研究热点"可知,该项符合文意。故本题选B。

129.【答案】C。解析:A项,文段说的是"在榨汁的过程中,水果中的不溶性膳食纤维会保留在榨掉的残渣中",而非"可溶性膳食纤维",概念变化,排除。

B项,由"其中的营养素,如钾、花青素等物质会溶解到果汁中。但是,与此同时,具有生物活性的酶也会溢出来,从而破坏部分营养素"可知,文段说的是破坏"部分营养素",该项

"破坏……营养素"扩大了范围。排除。

C项,由"与新鲜水果相比,果汁在制作的过程中会损失水果中原有的膳食纤维""水果中的部分维生素C和抗氧化物质也会被氧化""人们在市场上购买的果汁基本上都被添加了糖分,含糖量相对较高,不利于人体健康"可知,喝果汁并不能替代食用新鲜的水果,说法正确。

D项,文段说的是"水果中的部分维生素C和抗氧化物质也会被氧化",而非"维生素被大量氧化",排除。

故本题选C。

130.【答案】C。解析:A项,"最显著的特征"文段未提及,无中生有。B项,文段未涉及分享经济中的乱象产生的原因,该项无中生有。D项,科技外部性是否存在产权变化,文段未涉及,无中生有。由"分享经济的制度外部性……必须借助于法律和制度的力量"可知C项正确。故本题选C。

131.【答案】A。解析:由"接触不到自由发展的信息,大家也就不会去想独立思考"可判断A项正确。B项,文段只是说政府应重视教育,"唯一出路"绝对表述。C项,文段是说如果政府压制国民,会导致国民不善于独立思考,"罪魁祸首"的说法绝对表述。D项,"绝对自由"说法显然错误,过度推断,也不符合常识。故本题选A。

132.【答案】A。解析:由"无论是打好脱贫攻坚战,还是推动一带一路建设,都需要用语言说出来"可推出B。由"保持着与时代最紧密的互动""语言成为社会发展的忠实记录仪和显微镜"可推出C。由"产值超过2800亿元人民币"可推出D。A项的"文化作用"在文段中未提及,无中生有。故本题选A。

133.【答案】C。解析:A项,"失去了清除杂草的功效"过度推断,文段仅提及有些杂草对草甘膦产生了抗性,排除。B项,"回归传统农业的耕作方式"无中生有且不合事理,文段重点是引起人们对杂草抗性问题的重视,而非耕作方式的改变,排除。D项阐述的是解决杂草抗性问题的办法,"加快新化学除草剂的研发"在文中未被提及,排除。C项可由末句得出。故本题选C。

134.【答案】C。解析:A、B、D三项均可从文段直接推出,排除。由"其中90%的视力丧失都是由湿性黄斑变性造成的,湿性黄斑变性主要由异常生长的新生血管所致"可知,C项将"90%的视力丧失"偷换成了"90%的老年人丧失视力",不符合文意。故本题选C。

135.【答案】B。解析:A项表述错误,末句说的是农民职业化,不是靠证书化、做些培训就可以实现的,而非不应当颁证书、组织培训。C项强加因果,文中说的是"越来越多的年轻人被卷入城镇化大潮而失去种地技能",而非由于科学技术的发展。D项"吸引更多年轻人回到农村务农"无中生有。B项,由"农民职业化……能够促进农业生产的现代化……就能让农民实现职业化"可得。故本题选B。

136.【答案】A。解析:由文段中的"如果老是跟着潮流走,往往会流于肤浅""再过几年可能就销声匿迹了"可知,B、C两项"都是肤浅的""很快会过时"绝对表述,排除。D项的"都是古代的"绝对表述,且与文段内容不符,亦与常理不符,排除。A项是对文段首句"人文学科的新成果,要经得起时间的检验"的正确理解。故本题选A。

137.【答案】D。解析:A项,由"而是好不好、管用不管用、能不能解决实际问题,越是强调法治,越是要提高立法质量"可知该项说法正确。

B项,由"越是强调法治,越是要提高立法质量。落实这一要求,就要坚持科学规划、立改废并举,完善立法工作机制和程序,扩大公众有序参与"可知该项说法正确。

C项,由文段中习近平总书记所说的话及"扩大公众有序参与"可知该项说法正确。

D项,由"不断提高立法科学化、民主化水平,才能提高法律的针对性、及时性、系统性,为全面深化改革保驾护航"可知科学化和民主化都很重要,"唯一手段"绝对表述,错误。

故本题选D。

138.【答案】B。解析:A项说法错误,文段只提到英国将红茶产地印度殖民化,未提及欧洲大陆国家是否拥有红茶产区的殖民地,无中生有。

B项说法正确,可由"红茶在英国各个阶级都博得了好评,在上流阶级眼中,它是表现优雅社交术的工具"推知。

C项说法错误,文段只提到"在劳动阶级这里,它则被作为是工作余暇之间防止犯困的饮料",未将咖啡与红茶做对比。

D项说法错误,文段未提及欧洲大陆与英国谁更早接触红茶,无中生有。

故本题选B。

139.【答案】C。解析:文段说的是"全球变暖会直接导致北半球中高纬度地区冰川融水和降水的大量增加",A项因果倒置,错误;除了温度差异,还有盐度差异,B项说法不准确;文段说的是"北半球中高纬度地区"将急剧变冷,D项偷换为"全球中高纬度地区",错误。C项与文意相符,为正确答案。故本题选C。

140.【答案】B。解析:A项错误,文段第一句话是说行书与楷书、草书在某种程度上可以说是同时产生,而不是"行楷""行草"同时产生。B项正确,文段第二句话说"到了这三大书体各自成熟之后,彼此的风格与特点还是判然可分的",表明行书、楷书、草书成熟之后各有自己的鲜明特点。C项错误,"大概在魏晋时代,行书就开始在民间流行了……我国新疆地区古楼兰国遗址出土了大量的魏晋文书残纸,里头有不少已经是相当成熟的行书了"是说魏晋时代,行书开始在民间流行,而不是普及。D项错误,文段尾句没有说王羲之的行书作品受欢迎是因为成熟,强加因果。故本题选B。

141.【答案】B。解析:雷达可以探测地下物体,但无法从文段得出雷达是探测地下物体的"最基本手段",过度推断,排除A。由"频率越低,穿透的深度越大"可知,电磁波的频率与穿透深度成反比,B项正确。C项无中生有,文段没有提及南极冰盖底部是否存在生命,排除。无法从原文推出电磁波在不同物质之间的反射回波相同,排除D。故本题选B。

142.【答案】D。解析:A项错误。由"美声是一种高雅艺术,对普通观众来说有较高的鉴赏门槛,而《声入人心》的出现,让美声艺术的小众内容进入流行文化的大众传播平台"可知,《声入人心》只是让美声艺术的小众内容进入了大众传播平台,使得普通听众也能欣赏高雅的美声艺术了,由此并不能推出该节目使美声从高雅艺术变成了大众艺术,该项过度推断,排除。

B项无中生有。文段只说《声入人心》的出现让观众喜欢上音乐剧与歌剧表演,并未说明《声入人心》出现之前音乐剧和歌剧的情况。

C项无中生有。文中未提及"90后"。

D项正确。由文段首句可知,正是因为该节目打破了专业艺术欣赏与大众审美之间的边界,才使得高雅的美声艺术进入了大众传播平台,该项表述与文段相符。

故本题选 D。

143.【答案】D。解析:A 项,由"如果能够将蓝藻成功引入火星,火星就有望成为第二个地球"可知,目前在火星上是没有发现蓝藻的,因此才需要将蓝藻引入火星,A 项说法正确。

B 项,由"科学家判断,27 亿年以来,这些蓝藻将早期地球上的二氧化碳转化为富氮和氧的大气,并且促进了臭氧层的形成"可知 B 项说法正确。

C 项,由"27 亿年以来,这些蓝藻将早期地球上的二氧化碳转化为富氮和氧的大气"可知 C 项说法正确。

D 项,文段说的是"有望为未来火星移民计划提供必要的支持",该项"将为"为肯定的说法,变未然为已然,时态错误。

故本题选 D。

144.【答案】A。解析:文段说"我们不是不要 GDP,而是要有质量、有效益、可持续的 GDP,这是'发展是硬道理'战略思想的内在要求",根据就近原则,"内在要求"是指"有质量、有效益、可持续的 GDP",即 A。B、D 两项是做法,C 项是作用,均不是"发展是硬道理"战略思想的内在要求。故本题选 A。

145.【答案】D。解析:"这只是缘于感觉钝化"出现在第二句,根据就近原则,"这"指代的应是前一句内容,因此"这"指代的便是"熟悉的地方没有风景"。A、B、C 三项说法错误,均出现在"这"的后面,不属于"这"指代的内容。故本题选 D。

146.【答案】C。解析:由":"可知,"公交因为承担着为低收入者……是交通拥堵的外部性内化"是对新机制的具体说明。冒号后的内容提到了四种解决城市交通的新机制。其中在关于"公交""个体自行车"的机制中,提到由"政府购买公交服务低价提供给公众""个体自行车出行或纳入政府购买体系"反映的是政府的保障机制。而在关于"出租车""小汽车"的机制中提到的"由开放的竞争市场来提供相应服务""征收道路使用费"等体现的是"市场机制",对应 C。其他三项文段均未涉及。故本题选 C。

147.【答案】C。解析:根据"融入"对应到文段"四顾只是茫茫一片,那样的纯然一色,即使偶尔有些驼马枯骨,它那微小的白光,也早融入了周围的苍茫",分析可知,此句描述的是沙漠中四周都是茫茫一片,驼马枯骨微小的白光与沙漠的颜色融为一体,难以分辨,C 项正确。文段所表达的并不是驼马枯骨真的消融了,只是阳光直射下驼马枯骨发出的白光与沙漠融为一体,A 项错误。B 项强调难以发现,但文段强调颜色融为一体,B 项错误。D 项的"巨大反差"与文段相悖。故本题选 C。

148.【答案】D。解析:文段首先介绍"新集体文化"是网络时代独有的文化,然后具体说明"新集体文化"是网友在豆瓣、知乎等网络平台参与分享、发表见解的一种文化现象。分析文段内容可知,文段意在表达的是"新集体文化"在于网友积极参与并从自己的角度发表看法,A 项与此无关,排除;B 项的"标准化"与文段相悖,排除;文段并没有从文化价值的角度进行说明,排除 C;D 项与文段表述相符。故本题选 D。

149.【答案】C。解析:由指代词"此"可知,其所指代的对象为前文所述内容。根据就近原则,"此现象"指的应是前文说的"社会文化领域对于明清女性的道德约束和思想压迫到达了巅峰",C 项正确。

A、B两项错误,"理学正统地位的确立"是出现"社会文化领域对于明清女性的道德约束和思想压迫到达了巅峰"现象的原因,并不是此现象具体指代的内容。

D项为"此现象"之后的内容,是此现象导致的结果,非其指代的内容,且文段最后提到的是受道德约束和思想压迫的女性通过宗教空间寻求心灵的帮助,"宗教信仰愈加强烈"表述不准确,排除。

故本题选C。

150.【答案】C。解析:文段首先介绍了"乡土社会"的概念和一直以来中国人强烈的"乡土情结"及其意义,然后引出进入现代社会人们的乡土情结逐渐淡漠,难以成为推动乡村振兴的纽带和动力的现实。依照"提出问题+解决问题"的行文思路,下文最有可能就如何解决乡土情结淡漠问题给出对策,C项正确。A项,"年轻人"的表述缩小范围,文段末句说的是"人们的乡土情结逐渐淡漠",排除。B项与"乡土情结"的话题无关,排除。D项,乡土情结的成因及其意义文段已有论述,属于本文话题,不会出现在下文,排除。故本题选C。

151.【答案】B。解析:文段首先介绍粉丝力量的崛起是一个需要正视的现象,然后指出粉丝力量目前存在的问题,最后针对问题提出对策——粉丝应正视和善用自己的权力。按照话题一致原则,下文应围绕粉丝如何正视和善用自己的权力,即粉丝要反思自己的行为,对应B。粉丝的"作用""重要性""危险性"均为文段论述过的内容,属于本文信息,不可能在下文再提及,排除A、C、D。故本题选B。

152.【答案】D。解析:文段最后一句话提出一个新的概念"包装观念",并提到将该观念引进官场会发现形式主义有其"实际需要",即形式主义实际未亡,只是通过包装将其改头换面后以另一种面貌呈现。因此后文最有可能叙述包装观念在官场中的表现,对应D。A、B、C三项均未提到"包装观念",排除。故本题选D。

153.【答案】C。解析:文段说"当然,这种越做越细、越做越小、越做越深的现象本身确实很好",从"当然""本身确实很好"可以看出,文段有转折意味,先是肯定其本身很好,下文转折提出其带来的问题、负面影响等,即C。A、B两项文段已经论述,属于本文信息,下文不会再继续论述。D项,"开创的前景"属于对这种研究的肯定表述,不应在下文论述。故本题选C。

154.【答案】C。解析:文段尾句提出"考生与家长最关注的,依旧离不开'考试怎么考''成绩怎么算''高校怎么招'等关键问题",然后说"对此,记者在梳理政策的同时,采访了多位考试招生专家",所以接下来应该介绍记者针对考生和家长关心的问题对专家的采访内容,且应与所列出的考生和家长关心的问题的顺序相对应,即首先论述C。故本题选C。

155.【答案】B。解析:文段先介绍了西汉"霸王道杂之"的治国理念,然后分析了这种治国理念的由来——在儒家思想主流下,法家思想的影响仍然存在,出现了循吏与酷吏并存的现象。根据行文逻辑,段末提到一种现象,下文会对该现象进行详细说明,只有B项提到了循吏与酷吏的话题,其他三项均未提及循吏与酷吏,属于无关信息,排除。故本题选B。

156.【答案】C。解析:文段首先指出由于两次世界大战,欧洲学术受到冲击,社会学中心转移到美国,然后指出虽然欧洲部分学者一直在进行社会学的探索,但这些学者并未取得太大的研究成果。根据一般的行文逻辑,上文介绍了欧洲学者的研究没有结果,同时介绍了研究中心转移到美国,故下文应介绍美国的社会学发展的结果,C项与之一致,当选。A项,文段开头已提及欧洲社会学受到两次世界大战的冲击,排除。B项,文段未提及与亚洲有关的话题,属于无关信息,填入过于突兀,排除。D项,应当先介绍美国目前的研究状况,然后再介绍未来发展的中心,排除。故本题选C。

157.【答案】B。解析:文段首先指出一百多年来,中国油画家进入了几个误区。然后对这些误区进行举例说明——用油画画中国画或者中国题材。最后说,这些将油画与中国画相结合的做法都没有真正解决中国油画的问题。根据行文逻辑,尾句指出了问题,下文就应该讲述怎么解决问题,即怎样正确地将中国画与西方油画结合,即B。

A、C、D三项都与文段尾句话题衔接不当,均可排除。

故本题选B。

158.【答案】A。解析:文段首先介绍了当前公共体育设施的有效供给不足,并举例进行说明,然后提出要想解决体育设施供给不足的问题,需要探索更加有效的体育设施供给方案。根据一般的行文逻辑,文段末尾得出"突破瓶颈需要新的供给方案"这一结论,下文应对这个方案进行详细说明,A项讲述完善体育设施有效供给的思路,与上文承接恰当,正确。

B项,文段最后已经提到如何解决问题,因此下文不会再介绍前文问题的原因,排除。

C项,体育设施供给的重要意义与上文末尾话题脱节,排除。

D项,"提高传统体育场馆开放力度"只是"体育设施有效供给"中的一种途径,排除。

故本题选A。

159.【答案】C。解析:文段为转折结构,"然而"之前讲的是机器人所带来的好处,"然而"之后引出作者对机器人在军事领域应用的担忧。根据话题统一原则,下文应延续"担忧"这一话题,论述作者担忧的原因。A项未提到"机器人",B项脱离了"军事领域"这一特定语境,D项与"担忧"无关,均可排除。故本题选C。

160.【答案】D。解析:文段首先介绍了中国音乐剧近些年取得的成就,接着转折指出中国本土音乐剧的问题依旧存在。按照话题一致原则,下文应继续文末的话题"中国音乐剧的现存问题"展开论述,对应D。"何谓音乐剧"应属于前文信息,排除A。B项"中国音乐剧的繁荣状况"在文段中已经提及,属于本文信息,排除。C项"音乐剧在中国的发展历史"属于无关项。故本题选D。

161.【答案】C。解析:文段首先介绍了老字号的概念,然后介绍了老字号存在的意义,最后指出老字号如何在激烈的市场竞争中再次焕发生机考验着企业的经营智慧。文段末尾提到了老字号的发展问题,根据行文逻辑,下文应针对这一问题提出解决对策,只有C项的"成功转型"与之相符,当选。

A项的"经营困境"、D项的"历史与现状"均与文段末尾话题无直接关系,为无关信息。

B项,文段强调的是老字号自身要适应新的历史条件,重新焕发生机,未具体论述顾客有了"新需求"。

故本题选C。

162.【答案】B。解析:文段首先介绍了数字技术的使用方式;接着具体说明数据处理者如何使用数字技术——获取数据、找出规律、提供服务;然后将话题引入自动驾驶语境,说明数据处理者从特定车辆获取数据,来优化自动驾驶系统;最后指出这种关系没有被纳入法律监管范围,需要公权力进行规制。文段主要强调了要对自动驾驶的数据使用进行公权力的规制,标题应紧扣主旨,B项与之相符。A项,未提及公权力的规制,排除。C项,"中国方案"说法笼统,且未提及"自动驾驶",排除。D项,"驾驶的控制方法"与文段提到的"数据使用"无关,排除。故本题选B。

163.【答案】C。解析:文段首先介绍粒子流的形成;然后介绍粒子流到达地球轨道附近时,速度大幅提升,形成了太阳风;最后简单说明太阳风能吹遍整个太阳系。归纳可知,文段重点是讲太阳风的形成,对应C。A、D两项的内容文段未提及。B项是太阳风形成的一个阶段,排除。故本题选C。

164.【答案】D。解析:文段第一句指出沉迷手机的危害之处——"第三者"隔出了人们的心理距离,第二句具体说明该怎么做——"抬起头来",第三句是进一步的解释说明———人应该做"技术的主人""扎根现实生活"。由此可以看出,"怎么做"是重点,也是这段话的主旨所在,而标题应该突出重点、主旨。B、C两项均与手机无关,A项内容非文段重点,均可排除。故本题选D。

165.【答案】C。解析:文段首先指出近年来舌尖安全问题的出现有企业、法律、消费者等多方面原因,然后由"当务之急是"引出文段主旨,即改善食品安全环境,不仅需要政府的监管、法律的规定、企业的良心,更需要每一个消费者意识的觉醒。即C项的"人人有责",其作为文段标题最恰当。其他三项均未体现每个人的责任,排除。故本题选C。

166.【答案】A。解析:文段主题词为"居室",据此可首先排除B、D。结合文段多次出现的"美学"和"审美"可知,A项的"居室的审美"作为标题更恰当,排除C。故本题选A。

167.【答案】A。解析:文段先说,过去认为要顺利解读一种失传的古文字,需要知道这种文字的所属民族和分布地域,人们很难设想一种文字在被错认了所属民族和地域的情况下获得解读;然后以"然而"转折提出西夏文字的实例——最初被误作女真文来解读,竟然获得成功。转折后的内容,即西夏文最初被误作女真文而解读成功是文段重点。标题应该体现这一重点。

A项概括了转折后的内容,且生动、有趣、吸引人,适合作为标题。

B项,文段没有说女真文字与西夏文字的渊源,排除。

C项没有涉及西夏文字解读这一重点内容,排除。

D项,文段没有说西夏文字的历史与地域分布,排除。

故本题选A。

168.【答案】C。解析:文段主要说的是在大男子主义观念影响强大的拉美,女性政治家群体的崛起更具有重要意义。标题应体现"拉美女政治家群体崛起"这一主题,只有C项符合。A、B两项均为背景铺垫,D项在文段中没有被提及。故本题选C。

169.【答案】B。解析:文段讲述的是一个少了一条腿的退伍军人走到一个拥有神奇水泉的小镇,当这个军人听到人们议论他是否要祈求上帝再赐予他一条腿时,他告诉人们,他要祈求的是让上帝帮助他,即使少了一条腿,他也能知道如何生活。这位军人告诉人们的话是文段意在说明的,即接受已经发生的事情,勇敢地面对未来,作为文段标题应体现这一寓意。A项过于笼统,没有体现文段的内容,排除。文段中的"退伍军人"并非"成功者",D项表述与文意不符。与C项相比,B项更准确地体现了文段的主旨,"接纳失去"指的是军人不祈求上帝给他一条新的腿,"直面未来"即"没有一条腿后,也知道如何过日子"。故本题选B。

第三章　判断推理

一、图形推理

1. 从所给的四个选项中,选择最合适的一个填入问号处,使之呈现一定的规律性。

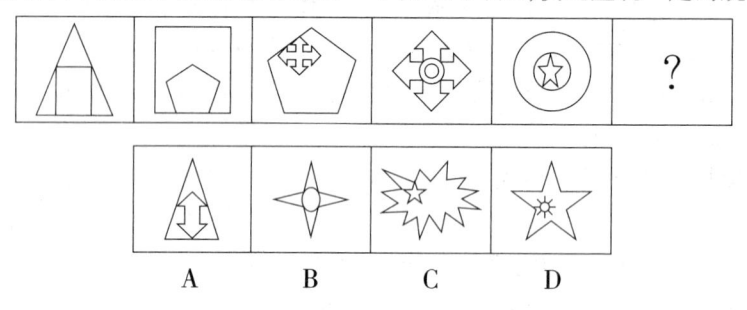

2. 从所给的四个选项中,选择最合适的一个填入问号处,使之呈现一定的规律性。

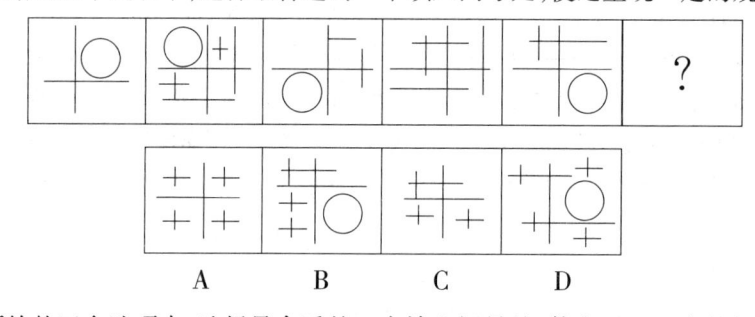

3. 从所给的四个选项中,选择最合适的一个填入问号处,使之呈现一定的规律性。

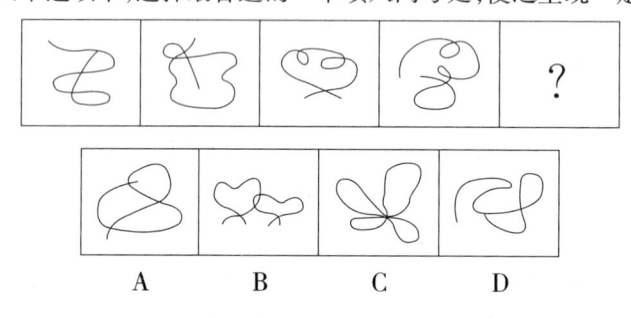

4. 从所给的四个选项中,选择最合适的一个填入问号处,使之呈现一定的规律性。

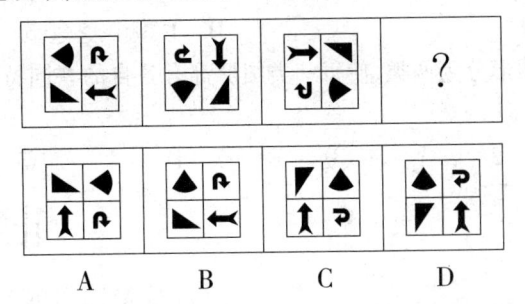

5. 从所给的四个选项中,选择最合适的一个填入问号处,使之呈现一定的规律性。

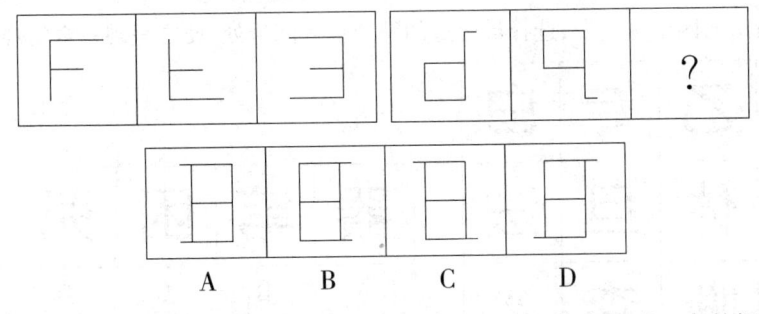

6. 从所给的四个选项中,选择最合适的一个填入问号处,使之呈现一定的规律性。

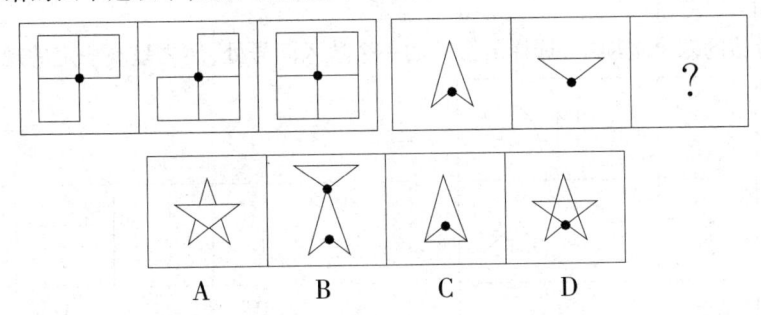

7. 从所给的四个选项中,选择最合适的一个填入问号处,使之呈现一定的规律性。

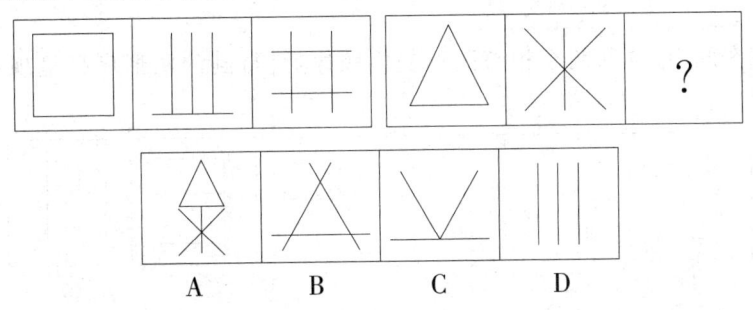

8. 把下面的六个图形分为两类,使每一类图形都有各自的共同特征或规律,分类正确的一项是( )。

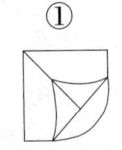

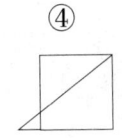

A. ①②③,④⑤⑥   B. ①②⑤,③④⑥
C. ①③④,②⑤⑥   D. ①③⑥,②④⑤

9. 把下面的六个图形分为两类,使每一类图形都有各自的共同特征或规律,分类正确的一项是(　　)。

A. ①②③,④⑤⑥   B. ①③④,②⑤⑥
C. ①④⑤,②③⑥   D. ①③⑤,②④⑥

10. 从所给的四个选项中,选择最合适的一个填入问号处,使之呈现一定的规律性。

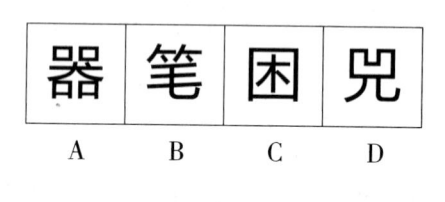

11. 从所给的四个选项中,选择最合适的一个填入问号处,使之呈现一定的规律性。

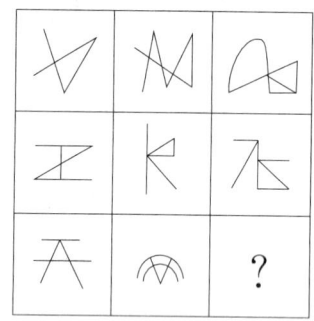

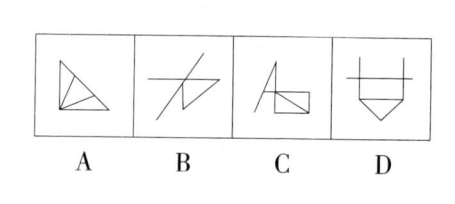

12. 下列图形中,将哪两个相邻图形交换顺序后,得到的图形序列呈现一定的规律性?(　　)

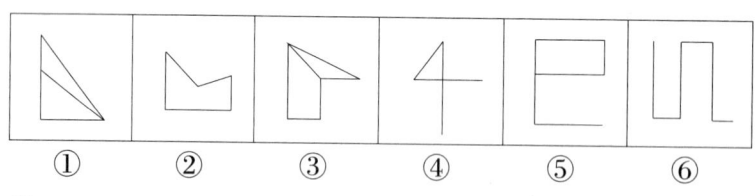

A. ①与②   B. ②与③
C. ④与⑤   D. ⑤与⑥

13. 从所给的四个选项中,选择最合适的一个填入问号处,使下图中的立体图形①、②、③和④组成一个完整的长方体。

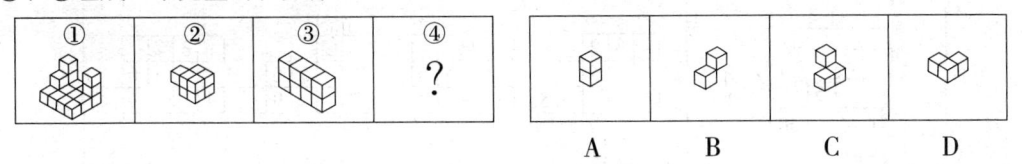

14. 左图为给定的立体图形,将其从任一面剖开,以下哪个不可能是该立体图形的截面?(   )

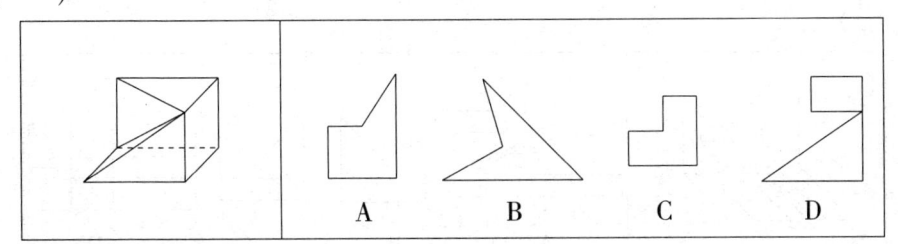

15. 左图为给定的立体图形,将其从任一面剖开,以下哪个不可能是该立体图形的截面?(   )

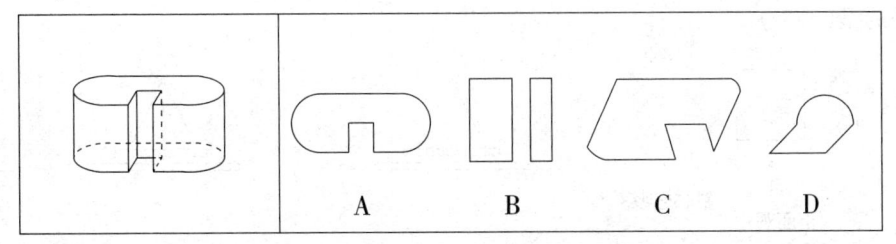

16. 下图中的立体图形是由立体图形①、②、③和下列哪个选项的立体图形组合而成的?(   )

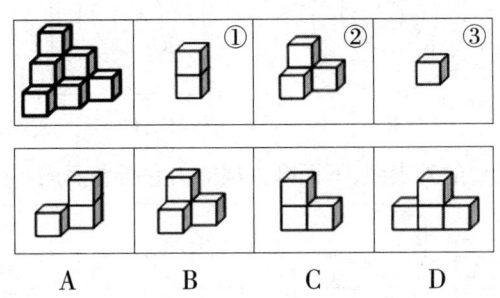

17. 下图中的立体图形①是由立体图形②、③、④组合而成,下列哪一项不能填入问号处?(   )

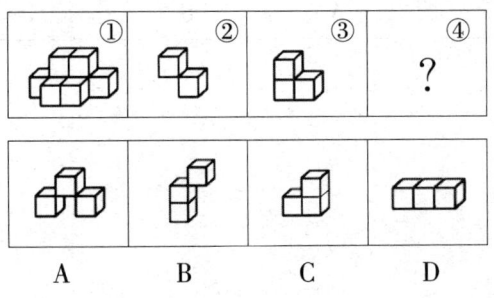

18. 右边哪一组图形是左边所给立体图形的正视图？（　　）

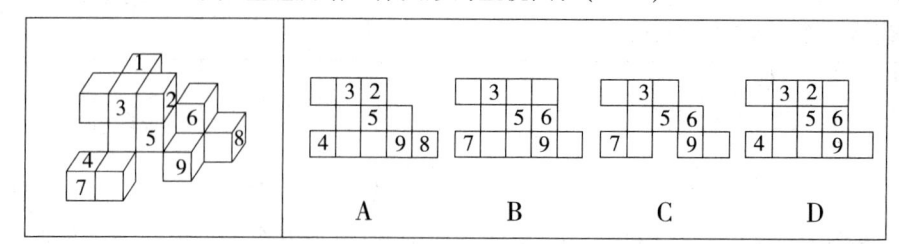

19. 左边是给定的立体图形，从任一角度观看，右边哪一项不可能是该立体图形的视图？（　　）

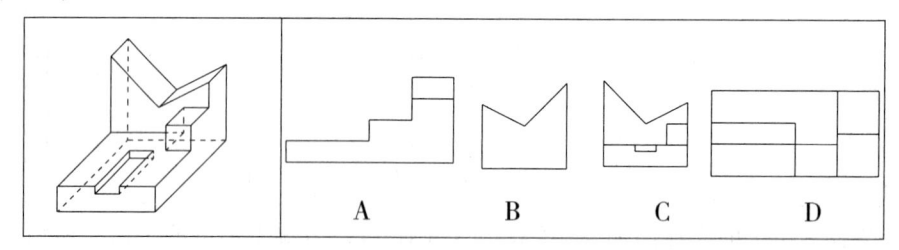

20. 以下两个图形是从正面和斜45°观察某物体所得的图形，则选项中最符合这一物体俯视图的是（　　）。

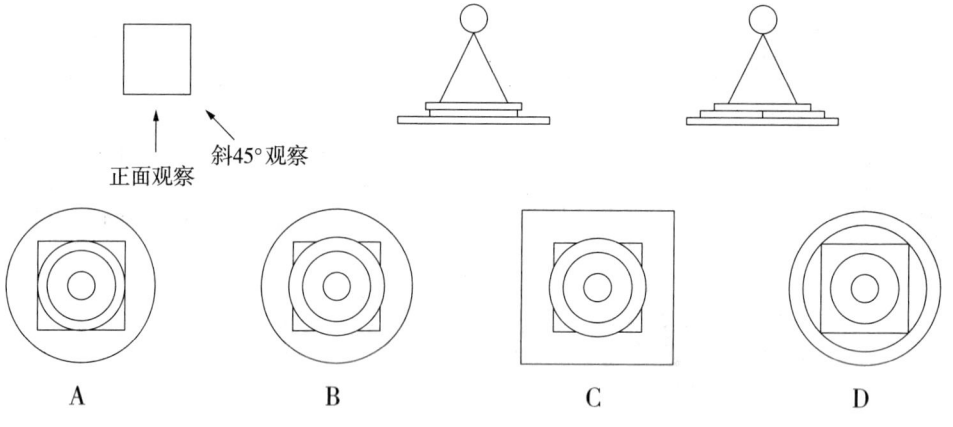

21. 左边给定的是纸盒的外表面，下面哪一项能由它折叠而成？（　　）

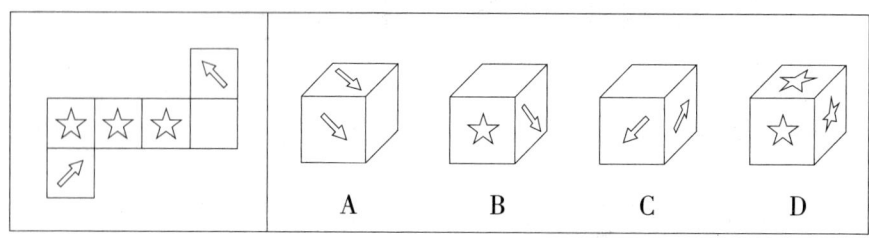

22. 左边给定的是纸盒的外表面,下面哪一项能由它折叠而成?(　　)

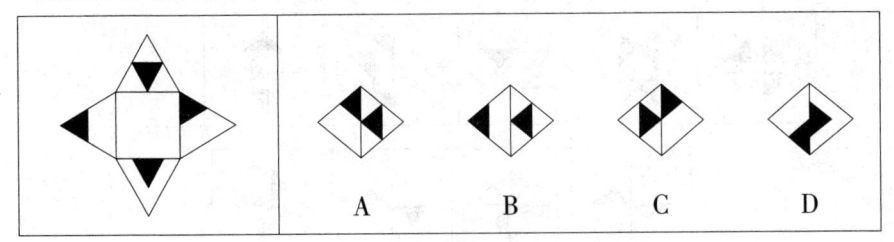

A　　B　　C　　D

23. 左边给定的是纸盒的外表面,下面哪一项能由它折叠而成?(　　)

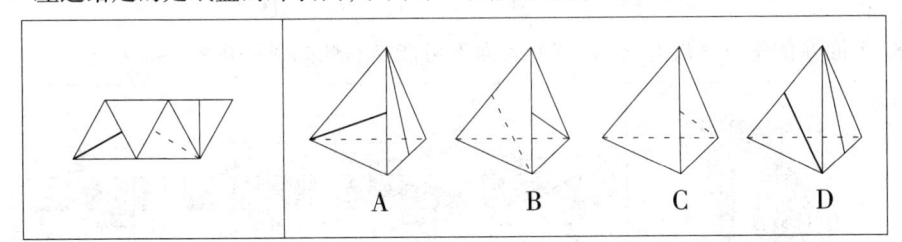

A　　B　　C　　D

24. 从所给的四个选项中,选择最合适的一个填入问号处,使之呈现一定的规律性。

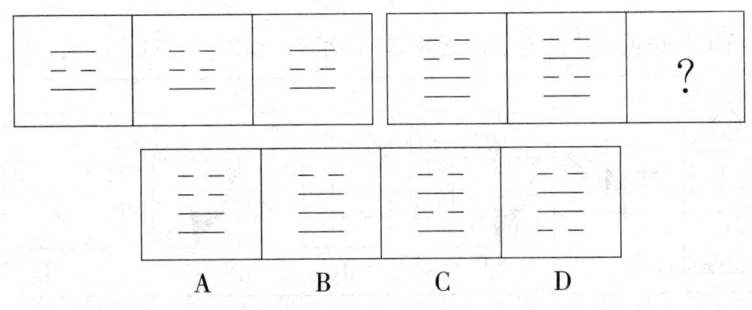

A　　B　　C　　D

25. 从所给的四个选项中,选择最合适的一个填入问号处,使之呈现一定的规律性。

树　木　对　湘　木　?

泪　沐　相　目

A　　B　　C　　D

26. 从所给的四个选项中,选择最合适的一个填入问号处,使之呈现一定的规律性。

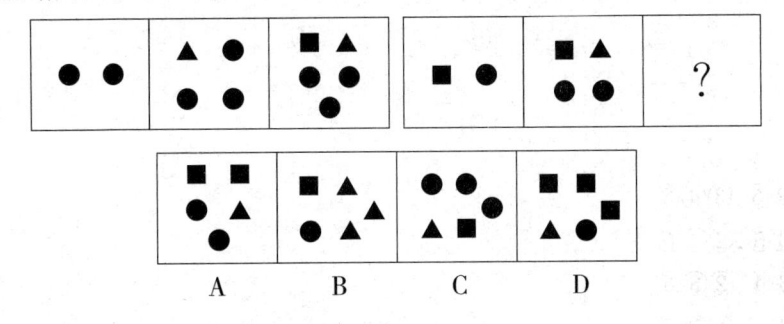

A　　B　　C　　D

27. 从所给的四个选项中,选择最合适的一个填入问号处,使之呈现一定的规律性。

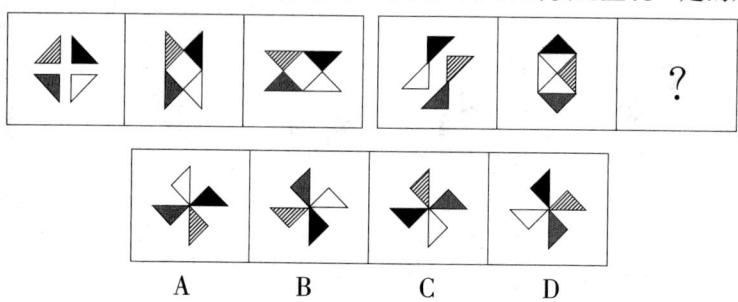

28. 下面左侧正方体展开之后,其外表面不可能是右侧的哪一项?( )

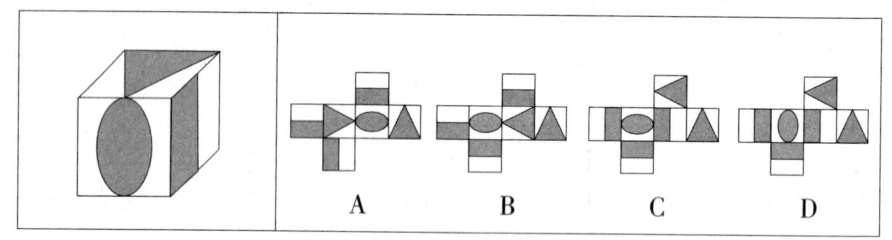

29. 左边给定的是正方体的外表面展开图,下面哪一项能由它折叠而成?( )

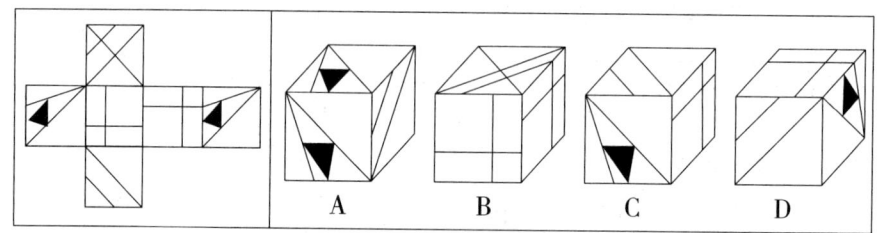

30. 把下面的六个图形分为两类,使每一类图形都有各自的共同特征或规律,分类正确的一项是( )。

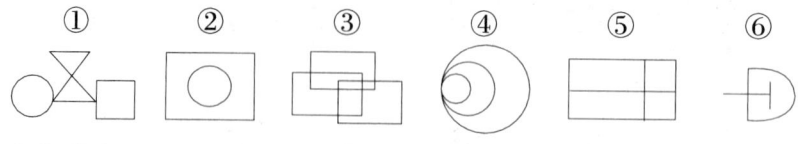

A. ①④⑥,②③⑤
B. ①③④,②⑤⑥
C. ①②③,④⑤⑥
D. ①③⑤,②④⑥

31. 把下面的六个图形分为两类,使每一类图形都有各自的共同特征或规律,分类正确的一项是( )。

A. ①②⑥,③④⑤
B. ①③⑤,②④⑥
C. ①③④,②⑤⑥
D. ①④⑥,②③⑤

32. 从所给的四个选项中,选择最合适的一个填入问号处,使之呈现一定的规律性。

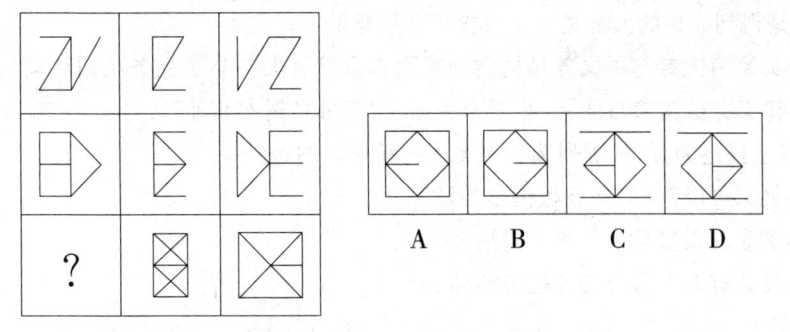

33. 从所给的四个选项中,选择最合适的一个填入问号处,使之呈现一定的规律性。

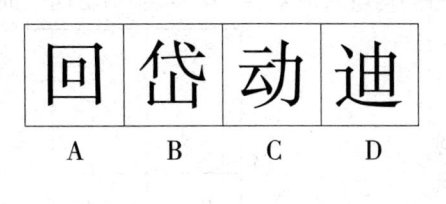

二、逻辑判断

34. 某部门共有50名职工,关于大家是否参加了大数据培训有如下三个说法:
①有人已经参加过大数据培训。
②有人还没参加过大数据培训。
③新来的小王没有参加过大数据培训。
若这三个说法只有一个为真,下列选项一定为真的是(　　)。
A. 50名职工都没参加过大数据培训
B. 50名职工都参加过大数据培训
C. 仅有一人参加过大数据培训
D. 仅有一人没参加过大数据培训

35. 甲通过了大学生英语六级考试,所以他一定想进入外企工作。
下列哪项如果为真,关于甲的判断能成立?(　　)
A. 所有通过大学生英语六级考试的毕业生都想进入外企工作
B. 有些在外企工作的人员通过了大学生英语六级考试
C. 大多数进入外企工作的毕业生都通过了大学生英语六级考试
D. 只有通过了大学生英语六级考试,才能进入外企工作

36. 人们常说:"人不经历挫折和磨难,怎能成长。"
由此不能推出的是(　　)。
A. 人们不经历挫折和磨难,就不能成长
B. 人如果经历挫折和磨难,那么就能成长

C. 人除非经历过挫折和磨难,否则不能成长
D. 凡是得到成长的人都是经历过挫折和磨难的

37. 小吴家有人参与了义务植树活动。除非家里有人参与了义务植树活动,否则该家庭不可能领到"义务植树参与证"。小李家领取了"义务植树参与证"。

如果以上描述为真,则下列选项中无法判断真假的是( )。
(1)小吴家可以领取"义务植树参与证"。
(2)小李家有人参与了义务植树活动。
(3)小吴家有人未参与义务植树活动。

A. 仅(2)
B. 仅(3)
C. (1)和(3)
D. (1)(2)(3)

38. 以下是一个4×4的图形,共有16个小方格,每个小方格中均可填入一个词。要求图形的每行、每列均填入语文、数学、英语、历史四个词,不能重复,也不能遗漏。

①	②	③	④
历史		数学	
英语	历史		
			语文

根据以上信息,依次填入①②③④中的词是( )。
A. 历史、语文、数学、英语
B. 英语、历史、语文、数学
C. 语文、数学、英语、历史
D. 语文、英语、数学、历史

39. 某电器集团下属的三个公司 A、B、C,它们既是集团的二级单位,也是市场上的竞争对手,在市场需求的 5 种电器中,公司 A 擅长生产电器 1、电器 2 和电器 4,公司 B 擅长生产电器 2、电器 3、电器 5,公司 C 擅长生产电器 3 和电器 5。如果两个公司生产同样的电器,一方面是规模不经济,另一方面是会产生内部恶性竞争;如果一个公司生产三种电器,在人力和设备上也是问题。为了集团利益最大化,集团领导召集了这三个公司的领导,对各自的生产电器进行了协调,做出满意的决策。

以下哪项可能是这三个公司生产电器选择的最佳方案?( )
A. 公司 A 生产电器 1 和电器 2,公司 B 生产电器 3 和电器 5
B. 公司 B 生产电器 2 和电器 3,公司 C 生产电器 4
C. 公司 B 生产电器 2 和电器 5,公司 C 生产电器 3 和电器 4
D. 公司 C 生产电器 3 和电器 5,公司 B 生产电器 2

40. "在线博物馆"准备用 4 个虚拟展览厅展出馆内收藏的五大名窑(汝窑、哥窑、定窑、官窑、钧窑)的瓷器,每个展厅只在这 5 种瓷器中选 2 个种类的瓷器进行展示和介绍。已知第一展厅没有选汝窑和哥窑,第二展厅没有选定窑和官窑,只有第三展厅选了钧窑。

如果 4 个展览厅所选的瓷器种类均不完全相同,第四展厅的选择是下列哪项?( )
A. 如果没有选定窑,那么一定选了哥窑

B. 如果没有选汝窑,那么一定选了哥窑
C. 如果没有选汝窑,那么一定选了官窑
D. 如果没有选官窑,那么一定选了汝窑

41. 有历史学家对春秋五霸"齐、晋、楚、秦、宋"的国力做评估,打分结果如下:"齐""晋"两国的总分与"楚""秦"两国的总分相等,"齐""秦"两国的总分比"晋""楚"两国的总分多,"齐""楚"两国的总分不及"晋"的得分,"晋""秦"两国的总分小于"宋"的得分。

假如上述研究论述为真,五国的国力得分由高到低的顺序为下列哪项?(　　)
A. "宋""秦""晋""齐""楚"　　　　　　B. "宋""晋""秦""楚""齐"
C. "秦""齐""晋""宋""楚"　　　　　　D. "秦""晋""楚""宋""齐"

42. 在期货市场上,大豆可以在收获前就"出售"。如果预测歉收,大豆价格就会上升;如果预测丰收,大豆价格就下跌。目前农作物正面临严重干旱。今晨气象学家预测,一场足以解除旱情的大面积降雨将在傍晚开始。因此,近期期货市场上的大豆价格会大幅度下跌。

以下选项如果为真,最能削弱上述论证的是(　　)。
A. 气象学家气候预测的准确性并不稳定
B. 气象学家同时提醒做好防涝准备,防备这场大面积降雨延续过长
C. 农业学家预测,一种严重的鼠害将在大豆的成熟期出现
D. 和期货市场上的某些商品相比,大豆价格的波动幅度较小

43. 所有重点大学的学生都是聪明的学生,有些聪明的学生喜欢逃课,小杨不喜欢逃课,所以小杨不是重点大学的学生。

以下除哪项外,均与上述推理的形式类似?(　　)
A. 所有经济学家都懂经济,有些懂经济的爱投资企业,你不爱投资企业;所以,你不是经济学家
B. 所有的鹅都吃青菜,有些吃青菜的也吃鱼,兔子不吃鱼;所以,兔子不是鹅
C. 所有的人都是爱美的,有些爱美的还研究科学,亚里士多德不是爱美的人;所以,亚里士多德不研究科学
D. 所有被高校录取的学生都是超过录取分数线的,有些超过录取分数线的是大龄考生,小张不是大龄考生;所以小张没有被高校录取

44. 某公司招聘时有张三、李四、王五、赵六、钱七等5人入围。从学历看,有2人为硕士、3人为博士;从性别看,有3人为男性、2人为女性。已知,张三、王五性别相同,而赵六、钱七性别不同;李四与钱七的学历相同,但王五和赵六的学历不同。最后,只有一位女硕士应聘成功。

由此可以推出,应聘成功者为(　　)。
A. 张三　　　　B. 李四　　　　C. 王五　　　　D. 赵六

45. 赵家村的农田比马家村少得多,但赵家村的单位生产成本近年来明显比马家村低。马家村的人通过调查发现:赵家村停止使用昂贵的化肥,转而采用轮作和每年两次施用粪肥的方法。不久,马家村也采用了同样的措施,很快马家村获得很好的效果。

以下哪项最可能是上文所作的假设?(　　)
A. 马家村有足够的粪肥来源可以用于农田施用
B. 马家村比赵家村更善于促进农作物生长的田间管理

C. 马家村经常调查赵家村的农业生产情况,学习降低生产成本的经验
D. 赵家村和马家村都减少使用昂贵的农药,降低了生产成本

46. 1979年,在非洲摩西地区发现有一只大象在觅食时进入赖登山的一个山洞。不久,其他的大象也开始进入洞穴,以后几年进入山洞集聚成为整个大象群的常规活动。1979年之前,摩西地区没有发现大象进入山洞,山洞内没有大象的踪迹。到2006年,整个大象群在洞穴内或附近度过其大部分的冬季。由此可见,大象能够接受和传授新的行为,而这并不是由遗传基因所决定的。

以下哪项是上述论述的假设?( )
A. 大象的基因突变可以发生在相对短的时间跨度内,如数十年
B. 大象群在数十年内出现的新的行为不是由遗传基因预先决定的
C. 大象新的行为模式易于成为固定的方式,一般都会延续几代
D. 大象的群体行为不受遗传影响,而是大象群内个体间互相模仿的结果

47. 今年,我国的小汽车交易十分火爆。在北京,小汽车的平均价格是13万8000元;在石家庄,其平均价格仅为9万9000元。所以,如果你想买一辆新的小汽车,若去石家庄购买,有可能得到一个更好的价钱。

下面哪一个选项是得出上述观点需要假定的前提?( )
A. 一类商品的平均价格就是它的中位价格
B. 在北京和石家庄两地所卖的汽车档次差不多
C. 在北京所卖的汽车数量与在石家庄所卖的汽车数量相同
D. 在石家庄新汽车的价格比北京的新汽车价格更便宜

48. X先生一直被誉为19世纪西方世界的文学大师,但是,他从前辈文学巨匠那里得到的受益却被评论家们忽略了。此外,X先生从未写出真正的不朽巨著,他最广为人知的作品无论在风格上还是表达上均有较大的缺陷。

从上述陈述可以得出以下哪项结论?( )
A. 当代的评论家们开始重新评论X先生的作品
B. X先生对西方文学发展的贡献被过分夸大了
C. X先生的作品基本上是仿效前辈,缺乏创新
D. 作家在文学史上的地位历来是充满争议的

49. 钢琴、书法、越剧和茶艺四项特长中,甲、乙、丙、丁四人每人都只会其中的两种,而其中一项特长只有一个人会。已知:
(1)没有人既会越剧,又会钢琴;乙不会钢琴。
(2)甲会茶艺,丁不会茶艺。
(3)甲和乙会的特长不重复。
(4)丁和甲,丁和乙各有一项特长相同。
(5)丙和甲有特长相同。
根据上述题干,下列选项中一定正确的是( )。
A. 丙会钢琴和书法   B. 丙会书法和茶艺
C. 至少有两个人会越剧   D. 至少有两个人会书法

50. 在对一种健脑产品的测试实验中,第一组被试者每天服用该种保健产品,第二组则没有服用。结果发现,第一组被试者的大脑认知能力果然比第二组被试者好。因此,实验证明这种保健产品确实对大脑具有明显的保健效果。

以下哪项如果为真,最能支持上述结论?(　　)
A. 在测试实验前两组被试者的大脑认知能力是相当的
B. 该健脑产品所含的成分在一些日常食物中也存在
C. 两组被试者的人数相等,且家庭经济能力类似
D. 该健脑产品已经许可生产和销售,并取得很好的市场份额

51. 虽然菠菜中含有丰富的钙,但同时含有大量的浆草酸,浆草酸会有力地阻止人体对钙的吸收。因此,一个人要想摄入足够的钙,就必须用其他含钙丰富的食物来取代菠菜,至少和菠菜一起食用。

以下哪项如果为真,最能削弱题干的结论?(　　)
A. 大米中不含有钙,但含有中和浆草酸并改变其性能的碱性物质
B. 奶制品中的钙含量要远高于菠菜,许多经常食用菠菜的人也同时食用奶制品
C. 在烹饪的过程中,菠菜中受到破坏的浆草酸要略多于钙
D. 在人的日常饮食中,除了菠菜以外,事实上大量的蔬菜都含有钙

52. 最近的一项研究指出:"适量饮酒对妇女的心脏有益。"研究人员对1000名女护士进行调查,发现那些每星期饮酒3~15次的人,其患心脏病的可能性较每星期饮酒少于3次的人低。因此,研究人员发现了饮酒量与妇女患心脏病之间的联系。

以下哪项如果为真,最不可能削弱上述论证?(　　)
A. 许多妇女因为感觉自己的身体状况良好,从而使得她们的饮酒量增加
B. 调查显示:性格独立的妇女更愿意适量饮酒并同时加强自己的身体锻炼
C. 护士因为职业习惯,饮酒次数比普通妇女要多一些,再者,她们的年龄也偏年轻
D. 对男性饮酒的研究发现,每星期饮酒3~15次的人中,有一半人患心脏病的可能性比少于3次的还要高

53. 某品牌为宣传自己新推出的高端产品进行市场调查。结果显示,在用电视广告进行宣传时,每100个人有30个人知晓该品牌。若选择通过网络推荐,每100个人有80个人表示对该产品有印象。为提高该产品的知晓率,该公司决定将全部预算投入网络推荐中去。

下列选项如果为真,最能削弱该公司决定的是(　　)。
A. 电视是绝大多数人获得信息的主要途径
B. 网络推荐的产品在消费者心中没有好印象
C. 网络推荐的前期投入比电视宣传大
D. 若继续使用电视广告宣传,相同时间后每100人有95人知晓该产品

54. 某公司发布招聘启事,要求招聘身高1.7米以上的员工,因而在严格按照招聘规则完成招聘后,该公司所有人的身高都高于1.7米。

以上结论基于的前提是(　　)。
A. 该公司在招聘发布前,公司员工身高都超过1.7米
B. 该公司领导及管理岗位员工身高都超过1.7米

C. 该公司所有应聘者身高都超过 1.7 米

D. 对于身高 1.7 米以下的优秀人员不设置特殊要求

55. 脑科学家研究发现,将年龄因素考虑在内,女性的大脑皮层往往比男性要厚得多,皮层下区域中,男性的脑容量都大于女性。一般而言,大脑皮层越厚,皮层下脑容量越大,人在认知和一般智力测试中有更好的表现。在研究员观察这些皮层下区域相对于整个脑部的大小时,这些差异就比较接近了:只有 14 个区域是男性的脑容量大于女性,还有 10 个区域是女性脑容量大于男性。不同男性的脑容量和大脑皮层厚度也存在很大差异,这种差异比女性之间的差异要大。

据此可以推出的是( )。

A. 女性的平均智力高于男性

B. 男性的平均智力高于女性

C. 男性与女性之间的平均智力不存在差异

D. 男性之间的智力差异大于女性之间的智力差异

56. 研究人员发现,三十个孩子中有二十五个用右手拿筷子,另外五个用左手拿筷子。在他们打乒乓球的时候,用右手拿筷子的二十五个孩子仍习惯用右手拿球拍,而用左手拿筷子的孩子中有两个仍习惯用左手拿球拍,其他三个则变成了"右撇子"。

从这段文字中不能推出的是( )。

A. 习惯用左手的可能变成用右手,习惯用右手的很难变成用左手

B. 人的习惯随着对待事物的不同会发生改变

C. 绝大多数人是右撇子

D. 人的习惯形成了,就不能改变

57. 任何一条鱼都比任何一条比它小的鱼游得快,所以,有一条最大的鱼就有一条游得最快的鱼。

下面哪项陈述中的推理模式与上述推理模式最为类似?( )

A. 任何父母都有至少一个孩子,所以,任何孩子都有并且只有一对父母

B. 任何一个偶数都比任何一个比它小的奇数至少大 1,所以,没有最大的偶数就没有只比它小 1 的最大奇数

C. 任何自然数都有一个只比它大 1 的后继,所以,有一个正偶数就有一个只比它大 1 的正奇数

D. 在国家行政体系中,任何一个人都比任何一个比他职位低的人权力大,所以,有一位职位最高的人就有一位权力最大的人

58. 所有的白马都是马,黑马是马,所以白马是黑马。

下列选项中所犯逻辑错误与上述推理最为相似的是( )。

A. 所有的金属都是固体的,汞是金属,所以汞是固体的

B. 所有的铅笔都可以写字,钢笔可以写字,所以铅笔是钢笔

C. 所有的羊都是不吃肉的,牛不是羊,所以牛是吃肉的

D. 人民是国家的主人,我是人民,所以我是国家的主人

59. 希腊军队与波斯军队相遇,希腊军队只有一万人,波斯军队则有五万之众。因寡不敌众,希腊军队的统帅决定撤退,并选择了一条绝路作为撤退路线。其理由是:如果希腊士兵知道这是一条绝路后,就会因为没有退路而拼死抵抗,拼死抵抗能给敌人以重创;如果波斯军队知道这是一条绝路后,就会因为害怕希腊军队的拼死抵抗而不敢贸然出击。

根据上述论述,下列说法正确的是( )。

A. 这场战争的结果是希腊军队必然会战胜波斯军队
B. 如果波斯军队不想受到重创,那么就不要将希腊军队逼到绝路
C. 希腊军队即使不撤退到绝路,依然有机会打败波斯军队
D. 波斯军队即使知道这是一条绝路,也可凭借人多优势打败希腊军队

60. 如果李凯拿到钥匙,他就会把门打开并且保留钥匙。如果杨林拿到钥匙,他会把钥匙交到失物招领处。要么李凯拿到钥匙,要么杨林拿到钥匙。

如果上述信息正确,那么下列哪项一定正确?( )

A. 失物招领处没有钥匙
B. 失物招领处有钥匙
C. 如果李凯没有拿到钥匙,那么钥匙会在失物招领处
D. 李凯拿到了钥匙

61. 某单位组织职工进行体检,职工可自愿报名参加。老王碰到新来的小李,聊起此事。老王提醒小李说:"单位组织体检呢,赶紧报名去吧。"小李说:"我身体健康着呢,不用报了。"

以下除哪项外,都可以作为小李的回答所包含的假设?( )

A. 如果身体不健康,则要报名参加体检
B. 只要我身体健康,我就不必参加体检
C. 凡是报名参加体检的,都是身体不健康的
D. 只有身体不健康的人,才报名参加体检

62. 今年以来,A省的房地产市场出现了低迷迹象,成交量减少,房价下跌,但该省的S市是个例外,房价持续上涨,成交活跃。

以下哪项如果属实,最无助于解释上述的例外?( )

A. 经批准,S市将建立高新技术开发区,预计大量外资将进入该市
B. S市的银行向房地产开发商发放了大量的贷款,促进该市房地产业的发展
C. 与东部许多城市相比,S市的房地产价格一直偏低,上涨的空间较大
D. 经过网络投票和专家评定,S市被评为国内最适合人居住的城市之一

63. 在19世纪,法国艺术学会是法国绘画及雕塑的主要赞助部门,当时个人赞助者已急剧减少。由于该艺术学会并不鼓励艺术创新,19世纪的法国雕塑缺乏新意;然而,同一时期的法国绘画却表现出很大程度的创新。

以下哪项如果为真,最有助于解释19世纪法国绘画与雕塑之间创新的差异?( )

A. 在19世纪,法国艺术学会给予绘画的经费支持比雕塑多
B. 在19世纪,雕塑家比画家获得更多的来自艺术学会的支持经费
C. 由于颜料和画布价格比雕塑用的石料便宜,19世纪法国的非赞助绘画作品比非赞助雕塑作品多

D. 尽管艺术学会仍对雕塑家和画家给予赞助,但19世纪的法国雕塑家和画家得到的经费支持却明显下降

64. 某家庭有爸爸、妈妈、哥哥和妹妹四口人。一天,家里突然出现了一份为奶奶准备的神秘生日礼物,对于生日礼物是谁准备的,四人有如下说法：

爸爸说："我们四人都没准备。"

妈妈说："不是我准备的。"

哥哥说："妈妈和妹妹至少有一人没准备。"

妹妹说："是我们四人中的人准备的。"

已知四人中有两人说的是真话,两人说的是假话。由此可以推出(　　)。

A. 爸爸和妈妈说的是真话　　　　B. 妈妈和哥哥说的是真话

C. 爸爸和妹妹说的是真话　　　　D. 哥哥和妹妹说的是真话

65. 某单位共有30名工作人员,有以下说法：

(1)所有人都是理工科毕业的。

(2)有人不是理工科毕业的。

(3)小李不是理工科毕业的。

若上述三个说法中只有一个为假,那么下列判断一定为真的是(　　)。

A. 该单位所有人都不是理工科毕业的　　B. 该单位至多有一人是理工科毕业的

C. 该单位至少有一人不是理工科毕业的　D. 该单位所有人都是理工科毕业的

66. 甲品牌手机是智能手机,所以甲品牌手机耗电量不大。

得出上述结论的前提是(　　)。

A. 所有不是智能手机的耗电量都不大

B. 所有耗电量不大的都不是智能手机

C. 所有智能手机耗电量都不大

D. 所有耗电量大的都是智能手机

67. 单位组织职工旅游,共有四个去处:海南、西安、成都和重庆。每个地方分别都有男同事和女同事前往。该单位有三位男士和三位女士参加。

如果男同事C去的是海南或西安,男同事B去的是成都,女同事A去的是重庆,那么下列说法一定正确的是(　　)。

A. 男同事A去了重庆　　　　　B. 男同事A去了海南

C. 女同事C去了西安　　　　　D. 女同事C去了成都

68. 对交通事故的调查发现,严查酒驾的城市和不严查酒驾的城市,交通事故发生率实际上是差不多的。然而多数专家认为:严查酒驾确实能降低交通事故的发生率。

以下哪项对解释这种不一致最有帮助？(　　)

A. 严查酒驾的城市交通事故发生率曾经都很高

B. 实行严查酒驾的城市并没有消除酒驾

C. 小城市和大城市交通事故的发生率是不一样的

D. 除了严查酒驾外,对其他交通违章也应该制止

69. 一项新研究中,研究者让大鼠们呼吸了严重污染的空气,结果表明那些啮齿动物的体重增加,科研人员推测,暴露在污染的空气中可能会增加人们患肥胖症的风险。

下列哪项最能质疑上述推论?(　　)
   A. 长期呼吸污染空气对生物的健康有很大影响
   B. 空气质量对啮齿动物的视力水平也存在影响
   C. 在此次研究中被测试的大鼠部分受到过核污染
   D. 影响啮齿动物体重增加的因素与人完全不同

70. 有研究表明,平均每年在旅游度假上消费超过10000元的人,月收入要显著高于不在旅游度假上消费的人。有人据此推断,是消费欲激发了这一部分人的工作热情,并最终促使他们拥有更高的收入水平。

下列选项最能指出上述论证缺陷的是(　　)。
   A. 忽视了每年在旅游度假上消费超过10000元的人在人群中占比很小
   B. 忽视了消费欲很大程度上由收入水平决定
   C. 默认了消费欲强的个体就会选择去旅游度假
   D. 默认了工作热情是获得高收入的必要条件

71. 大多数真菌主要依靠孢子进行繁殖,然而有的真菌如酵母菌也可以进行出芽生殖,因此并非所有真菌都通过孢子进行繁殖。

以下与上述论证方式一致的是(　　)。
   A. 软体动物是无脊椎动物的一种,章鱼属于软体动物,所以章鱼属于无脊椎动物
   B. 细菌是一种单细胞生物,而病毒没有完整的细胞结构,因此病毒并不属于细菌
   C. 大多数杉树属于常绿乔木,但是也有少数种类如落羽杉属于落叶乔木,因此不是所有的杉树都是常绿乔木
   D. 大多数鸟类都会飞翔,然而鸵鸟和企鹅却并不会飞,因此鸵鸟和企鹅并非鸟类

72. 语言能力从一个侧面反映了人脑的认知能力。如果一个人在年轻时语言能力就出现问题,预示着年迈后出现认知障碍的概率提高。

由此可以推出(　　)。
   A. 语言能力较强的年轻女性到老年时记忆力衰退症状将不会太过明显
   B. 语言能力可以预测疾病
   C. 年轻时的语言能力,可用来评估患阿尔茨海默病的风险程度
   D. 患有阿尔茨海默病的人大多数都是年轻时语言能力较差的人

73. 去年参加英语考试的女生比男生多。考试完毕,不及格的学生超过了一半。

由此可以推出(　　)。
   A. 女生不及格的比男生不及格的多　　B. 女生不及格的比男生及格的多
   C. 女生及格的比男生不及格的多　　　D. 女生及格的比男生及格的多

三、定义判断

74. 信息茧房是指人们的信息领域会习惯性地被自己的兴趣所引导,从而将自己的生活桎梏于像蚕茧一般的"茧房"中的现象。由于信息技术提供了更自我的思想空间和任何领域

的巨量知识,一些人还可能进一步逃避社会中的种种矛盾,成为与世隔绝的孤立者。

根据上述定义,下列描述符合信息茧房的是(   )。

A. 某年轻律师为了显示自己的社会形象,通过刷多张信用卡的方式维持高品质的生活和自我形象,最后因为还不起信用卡而自杀

B. 某女在一工厂打工,同宿舍员工均已离婚,她们每天讨论的都是自己丈夫的缺点,该女遂觉得自己丈夫不行,决定与丈夫离婚

C. 熊庆华认为自己不会干别的,离开农村老家就脑子空白,就在农村老家一直画画,现被称为"中国毕加索"

D. 某明星为了表现自己的学霸属性,在各种场合宣称自己是北大博士

75. 与有过失又称促成过失、过失相抵或者受害人过错,其含义是原告对自己的安全失于通常的注意。

根据上述定义,下列描述符合与有过失的是(   )。

A. 张三与李四发生纠纷,张三打了李四一拳,后来李四昏迷成为植物人。经鉴定李四患有脑血管畸形,因受外力导致血管破裂。因为李四自身原因应减轻张三过错责任

B. 李某为逃票翻越某动物园外围墙进入猛兽区,被老虎咬死。因为李某逃票有过错,应当减轻动物园的责任

C. 因为保时捷女司机认为出租车行车太慢,遂撞向出租车。因为出租车太慢,所以应当减轻保时捷女司机的责任

D. 蒋门神想要惩治武松,反被武松打成重伤。因为蒋门神有过错,武松不应承担责任

76. 相关关系是客观现象存在的一种非确定的相互依存关系,即自变量的每一个取值,因变量受随机因素的影响,与其所对应的数值是非确定性的。

根据上述定义,下列属于相关关系的是(   )。

A. 大象可以听到几百千米外打雷产生的声波,有雷雨的地方就会有大象赶来,因此雷雨与大象有相关关系

B. 某大学城7月份人比较少,11月份人就会比较多,因此月份与大学城人数有相关关系

C. 某人看电视得知吸烟有害健康,不看电视就不知道吸烟有害健康,因此看电视和知道吸烟有害健康有相关关系

D. 某城市下大雨就容易导致积水,因此下大雨和该城市积水有相关关系

77. 行政复议参加人,是指行政争议的当事人和与行政争议的具体行政行为有利害关系而参加行政复议的人。

根据上述定义,下列不属于行政复议参加人的是(   )。

A. 行政复议的第三人　　　　　　B. 行政复议第三人委托的律师

C. 行政复议的鉴定人　　　　　　D. 行政复议的被申请人

78. 无因管理,是指没有法定或约定的义务为他人管理事务的行为。

根据上述定义,下面符合无因管理的一项是(   )。

A. 某人抢救落水儿童

B. 甲基于合同代乙保管贵重物品

C. 甲久出未归,邻居乙为防止甲屋被暴雨冲毁而进行修缮

D. 售货员将别人遗忘在柜台上的雨伞保管起来,后来发现是丈夫买的

79. 创伤后成长是指经历精神或身体创伤事件后,个体在应对过程中所发生的正面的、积极的心理变化,包括自我认知层面、与他人联系层面、人生哲学层面等。

根据上述定义,下列符合创伤后成长的是(　　)。

A. 赵女士参加同学生日聚会时,聚会现场发生粉尘爆炸,赵女士被烧伤,脸上留下疤痕。此后赵女士变得非常谨慎,不再参与任何聚会

B. 姜同学生了重病,错过了毕业考试,失去了保送研究生资格。病愈后,姜同学努力学习,她相信通过自己的努力,可以考上研究生

C. 小李向交往半年的女友提出分手,他分析总结了这段恋情失败的原因,决定以后改变与人沟通的方式

D. 黄先生一直全身心投入工作,很少有时间陪伴家人。父亲突发疾病去世后,黄先生非常悲伤,开始花更多时间陪伴母亲

80. 误解性危机,是指企业自身的工作或产品质量等方面没有什么问题,没有出现任何损害公众的事件,但是由于种种原因,被公众误解怀疑,受到公众无端指责,企业由此而陷入危机之中。事故性危机是指由于企业自身的失职、失误,或者管理工作中出现问题,或者产品质量上出现问题,而引发的危机事件。

根据上述定义,下列属于误解性危机的是(　　)。

A. 某品牌奶粉因含有过量的三聚氰胺而遭到公众退货
B. 某工厂的许多生产设备在玉树大地震中严重受损,导致该工厂停产
C. 甲企业仿造乙企业商标生产了大量的不合格产品,导致公众排斥该品牌产品
D. 在许多杂志转载了种植花卉可能对人体造成伤害的不实报道后,花卉行业惨遭损失

81. 贝尔效应要求领导者具有伯乐精神、人梯精神、绿地精神,在人才培养中,要以国家和民族的大业为重,以单位和集体为先,慧眼识才,放手用才,敢于提拔任用能力比自己强的人,积极为有才干的下属创造脱颖而出的机会。

根据上述定义,下列做法符合贝尔效应的是(　　)。

A. 某部门经理在人事人员的推荐下,任用了工作经验丰富的小张
B. 某学校副校长引进一批优秀的教师,提高了本校的教学质量
C. 某公司总监向上级推荐能力出众的小李接任副总监这一职位
D. 生长在书香世家的小敏文采出众,很快成为主编

82. 消费者主权理论,是指在一个经济社会中消费者在商品生产这一基本的经济问题上所起的决定性作用。这种作用表现为,消费者用货币购买商品是向商品投"货币选票",生产者为了获得最大的利润,必须依据"货币选票"的情况来安排生产。

根据上述定义,下列符合消费者主权理论的是(　　)。

A. 出版商除了出版符合大众口味的言情小说和侦探小说之外,还会出版一些晦涩难懂的名人诗集和哲理书籍
B. 由于国际油价高涨,国内部分企业纷纷将成品油出口,导致国内部分地区出现"油荒"
C. 惠普开展市场整顿活动,要求各大电子市场内销售惠普品牌的商户在保证自己不售假的同时,对市场内有售假行为的商户积极举报,以保证消费者买到的都是正品

D. 团购因低价而受到消费者的欢迎,2010年上半年,团购网站在中国形成一股强有力的风潮,一夜之间遍地开花,已成"百团大战"之势

83. 家电病是指随着家用电器的日渐增多,人们在充分享受现代文明的同时,所产生的由于家电使用不当而引起的疾病。家电病使人们的身心健康受到了严重威胁。

根据上述定义,下列各项属于家电病的是(　　)。

A. 高中生小王由于长时间看书、上网、看电视,导致视力急速下降

B. 小李吃了冷藏在冰箱中的饭菜,出现腹痛、腹泻和呕吐等症状

C. 崔某家冬天暖气过热,导致其室内空气过于干燥

D. 刘姐怕热,每天都把家里的空调温度调得很低,她的宠物狗因此患上了伤风感冒

84. 负性效应是一种心理效应,是指我们在认识他人的时候,对正负信息(也就是这个人做的好事和坏事)形成的印象总是不均等。人们常常总是把别人偶尔的"坏"记得牢牢的,却把他一以贯之的"好"抛之脑后。

根据上述定义,以下属于负性效应的是(　　)。

A. 小林做事总是拖拖拉拉,工作计划以前从来没有按时上交,某次及时上交了计划,就得到了直接领导的表扬

B. 小胡每天都主动打扫办公室卫生,偶尔某天身体不舒服没有打扫,同事小雷就觉得小胡不勤快了

C. 小肖给人的印象非常有激情和热情,机灵有余但沉稳不足,领导更喜欢把一些开创性的工作而不是按部就班的计划交给他去完成

D. 所有的媒体都聚焦于某漂亮女明星的完美仪态,没有人注意到她身上的服装并不是名牌

85. "穷时尚"讲究的是一种生活态度,与追逐名牌赶时尚不同的是,"穷时尚"不用花大价钱用在生活中的消费品上,反而引领了一种"穷时尚"——"穷"的,反而更时尚。

根据上述定义,下列做法不符合穷时尚的一项是(　　)。

A. 小李虽然月薪不低,但是对奢侈品等大牌不感冒,总是喜欢去批发市场买些便宜简单的衣服,也能搭配得很时尚

B. 某饭店菜品做得招人喜爱,又是地道的杭州菜,价格也不高,每到吃饭时间排队等位的人都很多

C. 王小姐是某外企的白领,但却舍不得买iphone11,于是去网上买了个山寨版的iphone11

D. 周某平时总喜欢穿一双帆布鞋,他觉得帆布鞋既透气舒服,又美观大方,非常百搭

86. 忆婴现象指成年人的举止反常,同自身年龄明显不相配,具体表现为举止行为偏向或类似婴孩或少年儿童的一种现象。

根据上述定义,下列属于忆婴现象的是(　　)。

A. 小雪都上初中了,还喜欢玩布娃娃,每天晚上睡觉都要抱着

B. 进入职场后不久,张小姐就迷上十五六岁女孩子穿的衣服,而且非常喜欢自己的装扮,还表示不会改变这种穿着风格

C. 小黄今年都三十了,在妈妈面前还总像孩子一样撒娇

D. 退休在家的王大妈特别喜欢自己的孙子,陪着孙子玩,给孙子买各种各样的玩具

87. 甜柠檬效应,是指在挫折心理学中,人们把个体在追求预期目标失败时,为了冲淡自己内心的不安,就百般提高已实现目标的价值,从而达到了心理平衡、心安理得的现象。

根据上述定义,下列不属于甜柠檬效应的一项是(　　)。

A. 某生考不上大学而考上中专,就说考上中专更好,学习年限短又花费低,可以早参加工作早挣钱

B. 小王最近在追一女生,遭到该女生拒绝后,就开始到处说这个女生丑、人品不好等

C. 有的女子嫁个木讷寡言的丈夫,却说"这才可靠呢!"

D. 约翰擅长编制软件,但在新开发项目中没有受到领导重视,心想:不让我干正好,用不着加班加点,可以辅导我那上初中的儿子

88. 预循环,是一种更环保的生活方式,指通过避免购入会产生垃圾的家庭或商业物品来减少垃圾数量的行为。可循环的垃圾经过处理后可以发挥别的功效,可是处理这些可循环物质也是要消耗能源并产生垃圾的,所以更加环保的方式是尽量减少使用会产生垃圾的物品。

根据上述定义,下列各项不属于预循环做法的一项是(　　)。

A. 小梁为减少包装数量每次都批量购买,同时尽量选择购买外包装为可循环物质的消费品

B. 张宪每次去超市或市场购物都会携带一个购物袋,从来不用超市或市场提供的袋子

C. 小敏每天都会随身携带一个布袋,里面有自己的餐具、手帕以及保温杯

D. 王玫喜欢手工制作,会将没用的东西如金属拉环做成胸针或耳环等饰品

89. 失语症是指借助词语进行理解和表达语言符号意义的功能丧失或言语困难。其中运动性失语症表现为患者能理解他人语言,有的虽能发音但不能构成语言。

根据上述定义,下列最可能患有运动性失语症的是(　　)。

A. 小张的大脑损伤后,虽然能够模仿别人说话,但却很难和别人交流,常常答非所问

B. 小钱还处于牙牙学语阶段,经常重复性地说一个字或词,只能发出简单的电报式语言

C. 小李的大脑某部位发生了病变,经常无法很准确地说出一些物品的名称,即使说出了也会很快遗忘

D. 小王在一次车祸后,虽然能够听懂别人说话,但只能说出一些简单的字词,很难与他人正常沟通

90. 政府信息公开是指国家行政机关和法律、法规以及规章授权和委托的组织,在行使国家行政管理职权的过程中,通过法定形式和程序,主动将政府信息向社会公众或依申请而向特定的个人或组织公开的制度。

根据上述定义,下列属于政府信息公开的是(　　)。

A. 某镇在一次镇政府日常会议上公布了前一阶段执行计划生育政策的情况

B. 某上市公司在《中国证券报》公布了2010年年度报告

C. 某乡在网上公示政府公务开支明细

D. 张森要求市政府公布正副市长及其配偶的电话

91. 非条件反射是指生来就有、数量有限、比较固定和形式低级的反射活动,对生存具有重要意义的反射活动。

根据上述定义,下列不属于非条件反射活动的是( )。

A. 哺乳动物在刚出生的一段时期内表现出自发的吸吮动作
B. 人进食时,口舌黏膜接触到食物,会引起唾液分泌
C. 行人听到身后的汽车喇叭声,会迅速躲避
D. 小孩触碰到滚烫的锅盖会立即缩回手

92. 过度消费是指超出一定界限,与经济发展水平不相适应的消费水平,在我国主要有三种突出类型:超前消费、炫耀性消费和病态消费。其中的炫耀性消费,并不是为了满足个人消费的需求,而是通过一种消费方式向他人炫耀和展示自己的金钱财力和社会地位。

根据上述定义,下列属于炫耀性消费的是( )。

A. 小红喜欢追求时尚,平时所购买的衣服都是当前最流行的款式
B. 某公司董事长刘某看到当前房地产市场有利可图,遂投资购买了一幢豪华别墅
C. 在2003年上海汽车博览会期间,某富豪买走了一辆价值1188万元的"雅致728宾利"
D. 40岁的赵老板非常迷信,早早地为自己买了一块风水宝地,希望死后仍然可以庇护子孙后代

93. 她经济,也称女性经济,随着女性经济和社会地位提高,围绕着女性理财、消费而形成了特有的经济圈和经济现象。由于女性对消费的推崇,推动经济的效果很明显,所以称为"她经济"。

根据上述定义,下列属于她经济的一项是( )。

A. 过几天是父亲节,小玲最近一直为给父亲买什么礼物而发愁
B. 玫琳凯化妆品就以"为自己创业,但不必单打独斗"为号召,创下数十亿美元的业绩
C. 超市正在举行周年庆活动,某品牌的洗发水打五折,小敏趁机买了两瓶回家
D. 某地产公司推出小户型,并在销售策略上打出了一系列优惠政策,吸引了很多年轻女白领的关注

94. 舌尖现象:在问题解决过程中通常会遇见的体验是所谓的"舌尖现象",这是一种"几乎就有了"的感受,答案就在嘴边,我们能够清晰地感觉到,却没有办法把它说出口,或加以具体的描述。这是因为大脑对记忆内容的暂时性抑制所造成的,这种抑制受多方面因素影响。

根据上述定义,以下现象属于舌尖现象的是( )。

A. 小欣做了一份非常漂亮的策划方案纸稿,却在展示时没法运用恰当的语言表述出方案中的精华部分,最后还是同事帮忙才得以过关
B. 老林在逛街时遇到多年前的同学,由于时间太过久远,印象模糊,导致他怎么也叫不出该同学的名字
C. 小轩为了准备即将到来的GRE考试,突击强记英语词汇,但早晨刚记忆的200个词汇,到了晚上就忘记大半
D. 小茜参加数学竞赛时,有道很熟悉的大题,记得老师辅导时讲过,但就是想不起来怎么做,交了卷刚出考场,就回忆起老师讲过的解法

95. 公务员职位一个萝卜一个坑,一般理解都是求职者这个萝卜是否适合职位要求的这个坑。所谓"萝卜招聘",就是为某个萝卜量身定做一个坑,让其他的萝卜无路可走。

根据上述定义,下列属于萝卜招聘的一项是( )。

A. 某公安部门的招聘条件:负责夜间执勤作业工作,需值夜班,限男生报考、专业不限

B. 某事业单位的招聘条件:计算机相关专业、男女不限、研究生学历、具有相关工作经验3年及以上

C. 某单位的招聘条件:女性、身高1.63米以上、具有2年相关工作经验、面试成绩占70%、限俄语专业、限句容籍户口等

D. 某外企招聘的时候,为了照顾中国区总经理刚毕业的女儿,在招聘条件中增加"应届毕业生优先"一条标准

96. 视网膜效应,是指当我们自己拥有一件东西或者一项特征时,我们就会比平常人更注意别人是否跟我们具备同样的特征。

根据上述定义,下列属于视网膜效应的是( )。

A. 王某因脸上有块红色的胎记而感到很自卑,所以总会下意识地去注意别人的皮肤

B. 张某要参加高考了,因此对于一些高考培训班的消息非常关注

C. 李某买了一辆新车,他总会和朋友比较谁的车子性能更好

D. 某化妆品公司定期收集竞争者的信息和新产品开发,使其产品竞争力进一步增强

四、类比推理

97. 道教:宗教
 A. 柠檬:琵琶
 B. 铅笔:钢笔
 C. 月球:卫星
 D. 草莓:蔬菜

98. 左邻:右舍
 A. 东张:西望
 B. 瞻前:顾后
 C. 水滴:石穿
 D. 相形:见绌

99. 苏轼:铜琵琶
 A. 李白:青莲
 B. 柳永:红牙板
 C. 杜甫:茅草屋
 D. 李清照:薄雾浓云

100. 平原:平坦
 A. 税收:财政
 B. 三峡:水电
 C. 效率:成本
 D. 罚款:强制

101. 学报:期刊
 A. 水果:蔬菜
 B. 郑州:省会
 C. 手机:电脑
 D. 月亮:狼嚎

102. 蔚蓝:天空
 A. 伟大:祖国
 B. 苍白:灰白
 C. 树林:碧绿
 D. 庄严:眼睛

103. 忧国:忧民
 A. 若有:若无
 B. 诚惶:诚恐
 C. 戒骄:戒躁
 D. 相亲:相爱

104. 画蛇添足:画龙点睛

A. 生搬硬套:生吞活剥　　　　　　B. 门庭若市:门可罗雀
C. 乐极生悲:乐此不疲　　　　　　D. 无独有偶:无中生有

105. 金:银:首饰

A. 水:火:五行　　　　　　　　　B. 瓜:果:甜点
C. 男:女:家庭　　　　　　　　　D. 雨:雪:天气

106. 手术:医生:手术刀

A. 烹饪:厨师:餐具　　　　　　　B. 理发:理发师:梳子
C. 写生:画家:画布　　　　　　　D. 裁剪:裁缝:剪刀

107. 企业:车间:员工

A. 太空:卫星:火箭　　　　　　　B. 国家:民族:政党
C. 学校:教室:教师　　　　　　　D. 网络:博客:论坛

108. 构思:写作:发表

A. 点火:燃烧:熄灭　　　　　　　B. 播种:耕耘:收获
C. 改革:试验:创新　　　　　　　D. 设计:生产:销售

109. 彩虹:七色光:色散

A. 散文:优美:创作　　　　　　　B. 回声:声音:反射
C. 智能手机:程序:软件　　　　　D. 刹车:减速:摩擦

110. （　　）对于 英语 相当于 铅笔 对于 （　　）

A. 教师　文具　　　　　　　　　B. 立体几何　橡皮
C. 课程　钢笔　　　　　　　　　D. 语文　毛笔

111. （　　）对于 微波炉 相当于 艺术 对于 （　　）

A. 家具　歌曲　　　　　　　　　B. 食物　诗人
C. 电冰箱　散文　　　　　　　　D. 厨具　绘画

112. （　　）对于 健康 相当于 经营 对于 （　　）

A. 运动　获利　　　　　　　　　B. 身体　生产
C. 强壮　投资　　　　　　　　　D. 长寿　管理

113. （　　）对于 治疗 相当于 学生 对于 （　　）

A. 医生　学校　　　　　　　　　B. 患者　教育
C. 痊愈　儿童　　　　　　　　　D. 医院　学习

五、事件排序

114. ①不注意打坏商品
②不得已买下商品
③拒绝并走开
④吃完饭在超市里闲逛
⑤推销员上前来推销商品

A. ①④③⑤②　　　　　　　　　B. ①⑤④②③

C. ④①③⑤②   D. ④⑤③①②

115. ①提高健康素质
②改善人类生活质量
③取得基因组研究突破
④加入人类基因组计划
⑤完成承担的科研任务

A. ④①②③⑤   B. ⑤③④②①
C. ④⑤③①②   D. ④⑤①③②

116. ①得到有效控制
②掌握病的流行规律和特点
③某传染病流行
④开发接种疫苗
⑤规模调研和防治实践

A. ⑤③①④②   B. ③②⑤④①
C. ③⑤②④①   D. ⑤④③②①

117. (1)城市内涝   (2)奋力排涝
(3)连降暴雨   (4)险情解除
(5)台风来袭

A. 2-3-4-1-5   B. 1-5-3-2-4
C. 5-3-2-1-4   D. 5-3-1-2-4

118. (1)拘传   (2)拘留
(3)取保候审   (4)逮捕
(5)监视居住

A. 1-3-5-2-4   B. 1-3-4-2-5
C. 5-4-2-1-3   D. 5-2-1-3-4

119. (1)鼠洞使草场植被破坏严重
(2)苍鹰的羽毛被视为高贵的装饰品
(3)田鼠失去天敌大量繁殖
(4)羊群缺少牧草被迫转场
(5)草原上已很难见到苍鹰的影子

A. 2-1-3-4-5   B. 5-2-1-4-3
C. 1-4-5-3-2   D. 2-5-3-1-4

120. (1)打电话与邻居联系   (2)发现邻居家门未锁
(3)去敲邻居家的门   (4)出门去上班
(5)对陌生人产生怀疑

A. 2-1-3-5-4   B. 2-3-1-4-5
C. 4-5-3-2-1   D. 4-2-3-1-5

参考答案及解析

1.【答案】D。解析:题干图形中,前一个图形的内部图形形状与后一个图形的外部图形形状相同,因此问号处图形的外部图形为五角星。只有D项符合此规律。故本题选D。

2.【答案】C。解析:观察发现,题干线条数相差较多,可排除整体线条数量之间的关系,另外直线的方向只有横向和竖向两种,可以考虑两种方向的线条数量之间的关系。已知图形中只有一个图形不包含圆形,而圆又是一个封闭区域,可尝试寻找图形之间封闭区域的关系。进一步观察,发现题干图形封闭区域数均为1,且每个图形中横线与竖线的数量均相等。只有C项符合此规律。故本题选C。

3.【答案】A。解析:观察发现,题干图形均由不规则的曲线构成,且均含有封闭区域,可以从笔画数和封闭区域数两个方面入手解题。题干图形均为一笔画图形,据此可排除B;且题干中的图形的封闭区域数均为3,据此可排除C、D。故本题选A。[备注:本题也可以考虑交点数规律,题干图形的交点数均为3,只有A项的交点数为3。故本题选A。]

4.【答案】C。解析:观察发现,题干图形构成相同,仅小图形的位置和方向不同,可以考虑图形的移动、旋转规律。题干前一个图形整体逆时针旋转90度,得到后一个图形。按此规律,可得到问号处图形如C项所示。故本题选C。

5.【答案】A。解析:观察发现,题干图形具有一定的相似性,但又不完全相同,可以考虑叠加规律。第一组图形中,将前两个图形直接叠加后,左右翻转可得到第三个图形。将第二组的前两个图形直接叠加,并左右翻转,可得到问号处图形如A项所示。故本题选A。

6.【答案】D。解析:每组前两个图形叠加(黑点重合)得到第三个图形。故本题选D。

7.【答案】B。解析:每组每个小图形的线条数相等,且两组图形的封闭区域数依次为1、0、1。故本题选B。

8.【答案】D。解析:观察发现,题干图形均含有封闭区域,可以据此进行分类。图形①③⑥的封闭区域数为5,图形②④⑤的封闭区域数为3。故本题选D。

9.【答案】B。解析:观察发现,题干图形差异较大,线条数、封闭区域数、笔画数等方面不存在规律;再次观察发现,有的图形仅含有1部分,有的则含有2部分,可以据此进行分类。图形①③④由1部分组成,图形②⑤⑥由2部分组成。故本题选B。

10.【答案】B。解析:每行或每列三个图形的封闭区域数之和均为2。因此问号处图形的封闭区域数应为0,只有B项符合此规律。故本题选B。

11.【答案】D。解析:观察发现,题干图形均由线条构成,且第一行图形具有明显的一笔画特征,可以考虑笔画数规律。第一行图形的笔画数均为1,第二行图形的笔画数均为2,第三行图形的笔画数均为3。故本题选D。

12.【答案】D。解析:观察发现,题干图形均含有直角,可由此入手分析。六个图形中直角数量分别为1、2、3、4、6、5,应该将图形⑤和⑥的顺序交换,使图形直角数量呈现递增的规律。故本题选D。

13.【答案】A。解析:由题干图形和选项图形可知,组成的长方体只能由3×3×4=36(个)小正方体构成,题干中的3个立体图形共有17+9+8=34(个)小正方体,还缺2个,故图形④应由2个小正方体组成，排除C、D。图形③只能横放在图形①的第一排之上，图形②放置在图形③后面，与图形①的凹陷处契合，拼接后图形如下图所示。

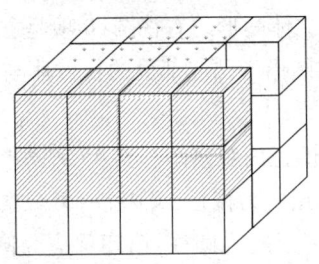

空缺部分为竖直排列的两个正方体，排除B。故本题选A。

14.【答案】D。解析：A、B、C三项可截出，如下图所示。D项中长方形与三角形不会同时出现，顶部长方形应下移，盖住三角形的一个角。故本题选D。

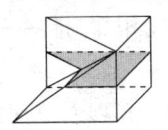

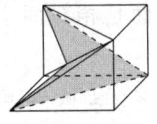

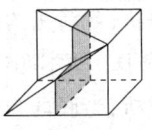

15.【答案】D。解析：A、B、C三项的截面截取方式如下图所示。故本题选D。

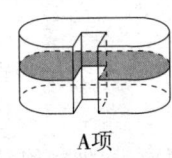

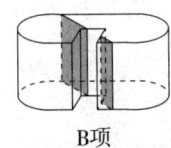

A项　　　　B项　　　　C项

16.【答案】C。解析：题中立体图形共有10个小立方体，图①、②、③共有7个小立方体，所以应选择有3个小立方体的选项，排除B、D。题干整体立体图形去除图②部分，剩下的6个立方体应如图所示进行排列：　　或　　或　　，无论哪个图都不包含A项所示的图。故本题选C。

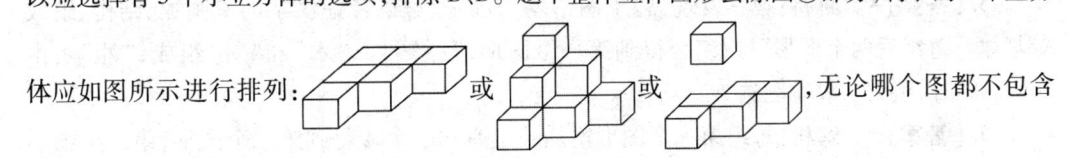

17.【答案】D。解析：如下图所示，浅色块为图②，深色块为图③，空白色块为选项图，分析如下：A项，先将A项与图②水平拼接在一起，然后将图③向后放倒，放置在A项与图②的前方并插入A项的空缺处，可得到图①，如下图一所示；B项，先将图②放在图③右侧，水平拼接在一起，再将B项在竖直平面上逆时针旋转90°后向后放倒，再放置于图②③前方，即可拼接成图①，如下图二所示；C项，先将图②在竖直平面上逆时针旋转90°并放在图③左侧水平拼接在一起，再将C项在竖直平面上顺时针旋转90°并向后放倒，放置于图②与图③的前方并插入二者拼接后形成的空缺处，可得到图①，如下图三所示；D项无法与②③拼成①。故本题选D。

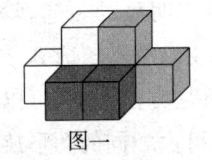

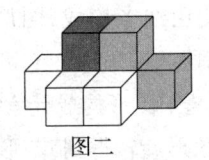

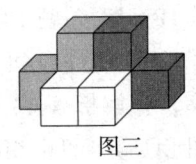

图一　　　　图二　　　　图三

18.【答案】C。解析：题干所给立体图形的正视图中，从上向下数，第一行只有3个小正方形,排除 B、D;第三行只有 4 个正方形,且含数字 4 和 8 的面都不在正面,排除 A。故本题选 C。

19.【答案】D。解析:A 项为立体图形的右视图;B 项是立体图形从后往前看的视图;C 项为立体图形的主视图;D 项,立体图形中凸起部分的长方体与凹槽部分不相接,不可能是该立体图形的视图。故本题选 D。

20.【答案】B。解析:题干中的正面观察图和斜 45°观察图中,从下往上看,只有第二层不相同,其余层均相同。因此,第二层应为棱柱,又因斜 45°观察图中第二层中间有一条竖线,故其俯视图是正方形;第一层和第三层应为圆柱,第四层应为圆锥,第五层应为球体,第一、三、四、五层的俯视图都是圆形。在正面观察图中,第二层的长度小于第三层,而在斜 45°观察图中,第二层的长度大于第三层,因此俯视时第二层的一部分会被第三层遮挡,即俯视图中正方形的一部分会被圆形覆盖。只有 B 项满足以上条件。故本题选 B。

21.【答案】B。解析:含箭头的两个面是相对面不可能相邻,排除 A、C;含五角星的三面不可能两两相邻,排除 D。故本题选 B。

22.【答案】A。解析:当底面为四边形且左侧面正确时,B 项右侧面应为左边图形中最下边的面,C 项右侧面应为左边图形中最右边的面。D 项左、右侧面阴影的位置均错误。故本题选 A。

23.【答案】C。解析:左边图形折叠后,三角形内的实线和虚线交于一点,A、B、D 三项错误。故本题选 C。

24.【答案】B。解析:每组前两个图形叠加得到第三个图形,叠加规律:连续线+间断线=连续线,间断线+间断线=间断线,连续线+连续线=连续线。故本题选 B。

25.【答案】A。解析:观察发现,题干图形均为汉字,可以考虑汉字的笔画数、结构、组成等规律。每组后两个图形可以组合得到第一个图形,"树"可由"木"和"对"组成,"湘"可由"木"和"泪"组成。故本题选 A。

26.【答案】A。解析:每组第一个图形增加一个●和一个▲得到第二个图形,第二个图形增加一个■得到第三个图形。故本题选 A。

27.【答案】D。解析:将每个图形看成四个部分,每组第一个图形的四个部分分别顺时针或逆时针旋转 45°得到第二个图形,第一个图形的四个部分再分别以相反的方向旋转 45°得到第三个图形。故本题选 D。

28.【答案】C。解析:根据题干图形可知,阴影椭圆与阴影三角形的角相接,C 项中阴影椭圆与阴影三角形不相接。故本题选 C。

29.【答案】A。解析:A 项可由左侧图形折成。B 项,正面和右侧面中两个大正方形应相接,错误。C 项,右侧面中大正方形与正面中大三角形不相接,错误。D 项,当顶面与右侧面正确时,正面中短线条位置错误。故本题选 A。

30.【答案】B。解析:题干图形均由线条构成,图形③④具有明显的一笔画特征,可以考虑笔画数规律。图形①③④可一笔画出,图形②⑤⑥可两笔画出。故本题选 B。

31.【答案】C。解析:观察发现,题干图形构成元素相同,只是方位不同,可以考虑图形的旋转规律。图形①③④可由相同的图形旋转得到,图形②⑤⑥可由相同的图形旋转得到。故本题选 C。

第一篇 一般能力

32.【答案】C。解析:将每行第三个图形分为左右两个部分,右边部分保持不动,左边部分依次向右移动,分别得到第二个和第一个图形。故本题选C。

33.【答案】C。解析:观察发现,题干图形均为汉字,可以考虑笔画数、汉字结构等规律。从每行或每列来看,都含有1个左右结构、1个上下结构和1个全包围结构的汉字。按此规律,应选1个左右结构的汉字。故本题选C。

34.【答案】B。解析:说法①和②为下反对关系,必有一真,根据题干"三个说法只有一个为真"可知,③必然为假,即小王参加过大数据培训,进而可知①为真,②为假,即"有人还没参加过大数据培训"为假,可推知所有人都参加过大数据培训。故本题选B。

35.【答案】A。解析:题干由"甲通过了大学生英语六级考试"推出"甲想进入外企工作"。要想得到这个结论,就需要假设所有通过大学生英语六级考试的毕业生都想进入外企工作。故本题选A。

36.【答案】B。解析:题干的推理关系:不经历挫折和磨难⇒不能成长。

A项,推理关系:不经历挫折和磨难⇒不能成长。与题干推理一致,该项可以由题干推出。

B项,推理关系:经历挫折和磨难⇒成长。否定前件无法进行有效推理,该项不能由题干推出。

C项,推理关系:不经历挫折和磨难⇒不能成长。与题干推理一致,该项可以由题干推出。

D项,推理关系:成长⇒经历挫折和磨难。否定后件可以得到否定的前件,该项可以由题干推出。

故本题选B。

37.【答案】C。解析:题干信息可整理为:①小吴家有人参与了义务植树活动;②家里没有人参与义务植树活动⇒不可能领到"义务植树参与证";③小李家领取了"义务植树参与证"。

(1),根据①可知,小吴家有人参与了义务植树活动,否定了②的前件,不能进行有效推理,无法推知小吴家是否可以领取"义务植树参与证",不能判断真假。

(2),根据③可知,小李家领取了"义务植树参与证",否定了②的后件,可以推出否定的前件,即小李家有人参与了义务植树活动,一定为真。

(3),根据①可知,小吴家有人参与了义务植树活动,但根据"有人参与"不能推出"有人未参与",不能判断真假。

故本题选C。

38.【答案】C。解析:根据第一列中已经出现的历史和英语可知,①中只能填语文或数学。因为第四行中已经出现了语文,所以第一列的第四格不能再出现语文,所以第四格应当是数学,①中应该填入语文。如下所示:

①语文	②	③	④
历史		数学	
英语	历史		
数学			语文

125

根据第四行中已知的数学、语文,以及第二列中出现的历史可知,第四行中的第二格不能再填入历史,所以第四行的第二格是英语,第三格是历史。如下所示:

①语文	②	③	④
历史		数学	
英语	历史		
数学	英语	历史	语文

根据第二列中已知的历史和英语,且第一行中已经出现的语文可知,②不可能是语文,所以第二列中的第二格是语文,②是数学。此时可知第二行中最后一格是英语。如下所示:

①语文	②数学	③	④
历史	语文	数学	英语
英语	历史		
数学	英语	历史	语文

根据第四列中已经出现的英语和语文,以及①②分别是语文和数学可知,④只能是历史。此时③是英语,第三行中第三格是语文,第四格是数学。如下所示:

①语文	②数学	③英语	④历史
历史	语文	数学	英语
英语	历史	语文	数学
数学	英语	历史	语文

故本题选 C。[备注:本题也可用代入排除法,①不能填英语和历史,排除 A、B,③不能填数学,排除 D。故本题选 C。]

39.【答案】D。解析:根据题干信息可知,只有公司 A 擅长生产电器 1 和电器 4。而电器 2、电器 3 和电器 5 都有两家公司擅长生产。

A 项,若公司 A 生产电器 1 和电器 2,公司 B 生产电器 3 和电器 5,此时公司 C 需要生产其并不擅长的电器 4,本项不是最佳方案。

B 项,公司 C 不擅长生产电器 4,本项不是最佳方案。

C 项,公司 C 不擅长生产电器 4,本项不是最佳方案。

D 项,若公司 C 生产电器 3 和电器 5,公司 B 生产电器 2,则公司 A 生产电器 1 和电器 4,各个公司负责生产的都是自己擅长生产的电器,本项是最佳方案。

故本题选 D。

40.【答案】B。解析:题干信息可整理为:①每个展厅只在5种瓷器(汝窑、哥窑、定窑、官窑、钧窑)中选2个种类的瓷器;②第一展厅没有选汝窑和哥窑;③第二展厅没有选定窑和官窑;④只有第三展厅选了钧窑。

根据①②④可知,第一展厅选了定窑和官窑。根据①③④可知,第二展厅选了汝窑和哥窑。根据①④可知,第四展厅要在汝窑、哥窑、定窑、官窑中选2种。

根据4个展览厅所选的瓷器种类均不完全相同,结合"第一展厅选了定窑和官窑""第二展厅选了汝窑和哥窑"可知,第四展厅选的瓷器一件为定窑或官窑,另一件为汝窑或哥窑。

进而可知,第四展厅如果没有选定窑,那么一定选了官窑;如果没有选汝窑,那么一定选了哥窑。

故本题选B。

41.【答案】A。解析:题干信息可整理为:①齐+晋=楚+秦;②齐+秦>晋+楚;③晋>齐+楚;④宋>晋+秦。①+②可得:2×齐+晋+秦>2×楚+晋+秦,进而可知,齐>楚,结合①可知,秦>晋。根据③可知,晋>齐。根据④可知,宋>秦。五国的国力得分排序为:宋>秦>晋>齐>楚。故本题选A。

42.【答案】C。解析:题干由预测因降雨大豆会丰收,推出期货市场上的大豆价格将大幅度下跌。C项的预测说明大豆会歉收,进而导致价格上涨,有力地削弱了论证。B项只有降雨时间过长才会产生不良影响,而且气象学家已经提前说明要做好准备,削弱力度不及C项;A项,虽然准确性不稳定,仍是一种预测,会产生影响,不能削弱;D项为无关项。故本题选C。

43.【答案】C。解析:题干的论证方式:所有P都是Q,有些Q是r,A是非r,所以A是非P。

A、B、D三项的论证方式都为:所有P都是Q,有些Q是r,A是非r,所以A是非P。与题干论证方式相同。

C项的论证方式:所有P都是Q,有些Q是r,A是非Q,所以A是非r。与题干论证方式不同。

故本题选C。

44.【答案】D。解析:根据"有3人为男性、2人为女性",结合"张三、王五性别相同,而赵六、钱七性别不同"可知,张三、王五为男性,赵六、钱七中有一人为女性。根据"有2人为硕士、3人为博士",结合"李四与钱七的学历相同,但王五和赵六的学历不同"可知,李四、钱七为博士,王五、赵六中有一人为硕士。根据"只有一位女硕士应聘成功",可排除是男性的张三、王五,也可排除是博士的李四、钱七,最后只剩下赵六,所以应聘成功者是赵六。故本题选D。

45.【答案】A。解析:题干由"赵家村采用轮作和每年两次施用粪肥的方法使得单位生产成本低于马家村"得出"马家村也采用了同样的措施后获得了很好的效果"的结论。A项是必须假设的,否则,题干结论将不成立。B项削弱了结论。C项与题干论证无关。D项加强了结论,但并不是必须假设的。故本题选A。

46.【答案】B。解析:题干由大象在1979年前后的不同表现得出"大象能够接受和传授新的行为,而这并不是由遗传基因所决定的"的结论。要想推出结论,必须在论据和结论之间建立联系,B项是必须假设的。其他三项都与题干论证无关。故本题选B。

47.【答案】B。解析:题干由石家庄的小汽车平均价格较低,推出在石家庄购买小汽车可能得到一个更好的价钱。假如两地所卖的汽车档次不同,则平均价格的差异可能是由档次的差别而不是由地域的差别造成的,题干的结论也就不能成立,因此B项是必须假设的。平均价格本身就能反映一个地域的价格趋势,A项不必假设;平均价格与数量无关,C项也错误;题干的结论是根据两地的平均价格得出,因此不需要再假设D项。故本题选B。

48.【答案】B。解析:题干主要意思是"但是"之后的内容,即对"但是"之前内容的否定,即X先生对西方文学发展的贡献被过分夸大了,B项正确。题干是说评论家们忽略了X先生从前辈文学巨匠那里得到的受益,C项无法推出;题干没有提及当代评论家们的评论以及作家地位是否有争议,A、D两项无法推出。故本题选B。

49.【答案】D。解析:由(1)(2)(3)可知,甲会茶艺,丁不会茶艺,乙不会钢琴,且甲和乙会的特长不重复,则乙也不会茶艺,所以乙会的是书法和越剧,甲会的是钢琴和茶艺;由(1)(4)可知,丁和甲相同的特长是钢琴,会钢琴的人不会越剧,所以丁和乙相同的特长是书法。如下表所示:

特长	钢琴	书法	越剧	茶艺
甲	√	×	×	√
乙	×	√	√	×
丙				
丁	√	√	×	×

由(1)(5)可知,丙的特长可能包含以下几种情况:茶艺和钢琴,或茶艺和书法,或茶艺和越剧,或钢琴和书法。

根据上表和题干"其中一项特长只有一个人会",可知仅一人会的特长只能是茶艺或越剧,则丙的其中一项特长必然是茶艺和越剧中的一项,则丙会的只能是茶艺和钢琴,或茶艺和书法。

A项,根据上述推理,可知丙会的只能是茶艺和钢琴,或茶艺和书法,错误。

B项,无法推知丙会的具体是茶艺和钢琴,还是茶艺和书法,错误。

C项,根据推理可知,只有乙一人会越剧,错误。

D项,根据推理可知,乙、丁均会书法,丙也可能会书法,正确。

故本题选D。

50.【答案】A。解析:题干是一个对比实验,对比实验要求除研究条件外其余条件均相同。A项说明实验前两组被试者的大脑认知能力是相当的,排除了实验者本身认知能力不同可能引起的差别,说明试验后的变化是产品的作用,支持了题干结论。B、D两项为无关项,C项被试者的人数和家庭经济能力等也不会影响试验结果。故本题选A。

51.【答案】A。解析:题干结论:一个人要想摄入足够的钙,就必须用其他含钙丰富的食物来取代菠菜,至少和菠菜一起食用。题干论据:菠菜中含有的大量浆草酸会有力地阻止人体对钙的吸收。

A项,指出大米中不含钙,却含有可以中和浆草酸的物质,使其不能阻止人体对钙的吸收,即人们不需要用其他含钙丰富的食物来代替菠菜,或者和菠菜一起食用也可以摄入足够的钙,削弱了题干的结论。

B项,指出奶制品的含钙量高于菠菜,许多经常食用菠菜的人也同时食用奶制品,并不能说明人们是否需要用其他含钙丰富的食物来代替菠菜或和菠菜一起食用,无法削弱题干结论。

C项,指出烹饪时被破坏的浆草酸高于钙,但并未说明浆草酸的含量与钙吸收之间的关系,无法确定烹饪后菠菜中的钙是否可以被人吸收,不能削弱题干结论。

D项,指出人的日常饮食中有很多蔬菜都含有钙,与题干论述无关,不能削弱题干结论。
故本题选A。

52.【答案】D。解析: 题干论点:适量饮酒对妇女的心脏有益。题干论据:研究人员对1000名女护士进行调查,发现每星期饮酒3次~15次的人,其患心脏病的可能性较每星期饮酒少于3次的人低。

A项,指出很多妇女是因为身体好才多饮酒,说明题干的论证因果倒置,直接削弱了题干论证。

B项,指出妇女心脏好不是因为饮酒量大,而是因为性格独立、注意加强身体锻炼,属于另有他因,削弱了题干论证。

C项,指出护士的职业具有一定特殊性,且她们的年龄偏年轻,说明调查的样本不具有代表性,调查结果并不一定适用于所有女性,削弱了题干论证。

D项,研究的对象是女性,与男性无关,无法削弱题干论证。
故本题选D。

53.【答案】D。解析: 由题干可知,公司因为"用电视广告宣传时,每100个人有30个人知晓该品牌""通过网络推荐,每100个人有80个人对该产品有印象"而决定将全部预算投入网络推荐中,以此提高产品知晓率。

A项,指出大多数人通过电视获得信息,说明电视广告宣传效果不一定差,一定程度上削弱了该公司的决定。

B项,消费者对于网络推荐产品印象不佳,与提高该产品的知晓率无关,不能削弱该公司的决定。

C项,网络推荐的前期投入与提高产品知晓率无关,不能削弱该公司的决定。

D项,说明继续使用电视广告宣传会收到比网络推荐更好的宣传效果,削弱了该公司的决定,且削弱力度较A项更强。
故本题选D。

54.【答案】A。解析: 题干由"严格按照招聘规则,只招聘身高1.7米以上的员工"推出"完成此次招聘后,该公司所有人的身高都高于1.7米"。在招聘完成后,该公司的所有人由招聘前的人员和新招聘的人员组成。在严格执行招聘规则完成招聘后,该公司所有人的身高都高于1.7米,基于的前提是该公司在招聘发布前,公司员工身高都超过1.7米。故本题选A。

55.【答案】D。解析: 从题干中"大脑皮层越厚,皮层下脑容量越大,人在认知和一般智力测试中有更好的表现""不同男性的脑容量和大脑皮层厚度也存在很大差异,这种差异比女性之间的差异要大",可推出男性之间的智力差异大于女性之间的智力差异,D项正确;由"女性的大脑皮层往往比男性要厚得多,男性皮层下区域中的脑容量都大于女性"和"只有14个区域是男性的脑容量大于女性,还有10个区域是女性脑容量大于男性"无法得出男性和女性谁的平均智力高,A、B、C三项推不出。故本题选D。

56.【答案】D。解析:A项,根据用右手拿筷子的孩子仍然习惯用右手拿球拍,而用左手拿筷子的孩子中有三个变成了"右撇子",可推出该项正确。

B项,根据用左手拿筷子的孩子中有两个仍习惯用左手拿球拍,其他三个则变成了"右撇子",可推出该项正确。

C项,根据三十个孩子中有二十五个用右手拿筷子,另外五个用左手拿筷子,可推出该项正确。

D项,题干中并未涉及习惯形成后是否能改变的问题,该项错误。

故本题选D。

57.【答案】D。解析:题干的推理中涉及三个关键因素:鱼、个头大小、速度快慢。前提:任一条鱼在个头上大于另一条鱼,则速度上大鱼快于小鱼。结论:最大的鱼速度最快。

D项也有三个关键因素:人、职位高低、权力大小。前提:任一个人在职位上高于另一个人,则权力上职位高的人大于职位低的人。结论:职位最高的人权力最大。和题干的推理模式最为类似。故本题选D。

58.【答案】B。解析:题干的逻辑结构:所有的A都是B,C是B,所以A是C。

A项的逻辑结构:所有的A都是B,C是A,所以C是B。其与题干不同。

B项的逻辑结构:所有的A都是B,C是B,所以A是C。其与题干相同。

C项的逻辑结构:所有的A都是B,C不是B,所以C不是B。其与题干不同。

D项的逻辑结构:A是B,C是A,所以C是B。其与题干不同。

故本题选B。

59.【答案】B。解析:A项,由题干信息无法得出该战役的结果;B项,根据"如果希腊士兵知道这是一条绝路后,就会因为没有退路而拼死抵抗,拼死抵抗能给敌人以重创",否定后件则否定前件,B项正确;C、D两项由题干信息无法得出。故本题选B。

60.【答案】C。解析:由"要么李凯拿到钥匙,要么杨林拿到钥匙"可知李凯和杨林中有且仅有一人拿到钥匙,如果李凯没有拿到钥匙,则杨林拿到钥匙,那么钥匙会在失物招领处,C项正确;其他各项都只是其中一种可能,不一定正确。故本题选C。

61.【答案】A。解析:小李的话显然假设了"如果我身体健康,就不用报名参加体检",即B;否定后件则否定前件,即"如果报名参加体检,则身体不健康",也即等值于C;根据充分条件与必要条件的转化关系,D项也与C项等值。只有A项不是其所包含的假设。故本题选A。

62.【答案】B。解析:题干现象:A省房地产成交量减少、房价下跌,但是该省的S市房价持续上涨,成交活跃。A项和D项都说明了居住在S市的优势,是房价上涨、成交活跃的原因之一;C项也是房价上涨、成交活跃的原因之一;B项房地产业的发展的结果不一定是房价持续上涨、成交活跃,因此无助于解释S市的例外。故本题选B。

63.【答案】C。解析:题干要解释的现象:作为主要赞助部门的法国艺术学会并不鼓励艺术创新,故法国雕塑缺乏新意,然而同一时期的法国绘画却表现很大程度的创新。

法国艺术学会并不支持创新,A项不能解释两者创新的差异;B、D两项也都无法解释这一差异。C项指出非赞助绘画作品比非赞助雕塑作品多,就解释了两者创新的差异的原因。故本题选C。

64.【答案】D。解析:根据题干,四人的话两人是真的,两人是假的。分析可知,爸爸和妹妹的话矛盾,必有一真一假,则妈妈和哥哥的话也是一真一假。假设妈妈的话为真,则哥哥的话为假,即妈妈和妹妹都准备了,此时与妈妈的话矛盾,因此妈妈的话为假、哥哥的话为真,即妈妈准备了,妹妹没准备。进而可推出爸爸的话为假、妹妹的话为真。故本题选D。

65.【答案】C。解析:(1)(2)是矛盾命题,必有一真一假,根据"三个说法中只有一个为假"可知,(3)为真,即小李不是理工科毕业的,进而可知(2)为真,所以该单位至少有一个人不是理工科毕业的。故本题选C。

66.【答案】C。解析:题干为缺少前提的三段论。根据三个概念各出现两次,缺少的前提应由"智能手机"和"耗电量不大"组成,排除D;题干命题均为肯定性命题,所以所缺前提也应为肯定性命题,排除A、B。故本题选C。

67.【答案】A。解析:已知女同事A去的是重庆,根据"每个地方分别都有男同事和女同事前往"可知,一定有一位男同事去重庆。已知男同事C去的是海南或西安,男同事B去的是成都,所以男同事A一定会去重庆,A项正确,B项错误。根据题干条件无法推出女同事C去哪座城市,C、D两项无法断定真假。故本题选A。

68.【答案】A。解析:题干矛盾在于专家认为严查酒驾能降低交通事故的发生率,但实际上严查酒驾的城市和不严查酒驾的城市交通事故发生率差不多。A项说明严查酒驾的城市交通事故发生率曾经都很高,即表明是因为查酒驾才降低了交通事故发生率,解释了题干的矛盾;B项加剧了题干的矛盾;C、D两项均未就严查酒驾前后进行对比,为无关项。故本题选A。

69.【答案】D。解析:题干根据啮齿动物呼吸污染空气后体重增加,推出暴露在污染的空气中可能会增加人们患肥胖症的风险。

A项,指出长期呼吸污染空气对生物的健康有很大影响,但没有说明是否对体重有影响,不能质疑题干推论。

B项,指出空气质量对啮齿动物的视力水平也存在影响,但没有说明是否对体重有影响,不能质疑题干推论。

C项,指出被测试的大鼠部分受到过核污染,但没有明确空气污染与患肥胖症之间的关系,不能质疑题干推论。

D项,指出影响啮齿动物体重增加的因素与人完全不同,切断了题干论据和论点之间的联系,有力地质疑了题干推论。

故本题选D。

70.【答案】B。解析:题干论据:平均每年在旅游度假上消费超过10000元的人,月收入要显著高于不在旅游度假上消费的人。题干结论:消费欲激发了这一部分人的工作热情,并最终促使他们拥有更高的收入水平。

A项,每年在旅游度假上消费超过10000元的人在人群中的占比,与题干论证无关,不能指出题干论证缺陷。

B项,指出收入水平的高低会直接影响人们消费水平的高低,题干论述默认了消费欲是获得高收入的原因,忽视了消费欲很大程度上由收入水平决定,可以指出题干论证的缺陷。

C项,消费欲强的个体是否会选择去旅游度假,与题干论证无关,不能指出题干论证缺陷。

D项,题干指出消费欲激发了这一部分人的工作热情,并最终促使他们拥有更高的收入水平,即工作热情是获得高收入的一个原因,题干并未将工作热情当作获得高收入的必要条件,不能指出题干论证缺陷。

故本题选B。

71.【答案】C。解析:题干推理方式:大多数A(真菌)是B(依靠孢子进行繁殖),有的A是C(出芽生殖),所以,并非所有A都是B。

A项的推理方式:A(软体动物)是B(无脊椎动物),C(章鱼)是A,所以C是B,与题干推理方式不一致。

B项的推理方式:A(细菌)是B(单细胞生物),C(病毒)没有D(完整的细胞结构),所以C不是A,与题干推理方式不一致。

C项的推理方式:大多数A(杉树)是B(常绿乔木),有的A是C(落叶乔木),所以并非所有A都是B,与题干推理方式一致。

D项的推理方式:大多数A(鸟类)都是B(会飞翔),C(鸵鸟)和D(企鹅)不是B,所以C和D不是A,与题干推理方式不一致。

故本题选C。

72.【答案】C。解析:题干信息可整理为:一个人在年轻时语言能力出现问题⇒年迈后出现认知障碍的概率提高。

A项,语言能力较强的年轻女性到老年时记忆力衰退症状将不会太过明显,否定前件无法进行有效推理,并且认知障碍并不等同于记忆力衰退,无法推出。

B项,题干并未提及语言能力与疾病的关系,认知障碍并不等同于疾病,无法推出。

C项,根据题干可知,年轻时的语言能力可以评估年迈时出现认知障碍的风险,而认知障碍是阿尔茨海默病的表现,即年轻时的语言能力可以评估患阿尔茨海默病的风险程度,可以推出。

D项,由题干只能推出年轻时语言能力出现问题的人年迈后出现认知障碍的风险高,则患阿尔茨海默病的风险高,但并不能推出患阿尔茨海默病的人大多数年轻时语言能力较差,且语言能力较差并不等于语言能力出现问题,无法推出。

故本题选C。

73.【答案】B。解析:依题意可得:①不及格女+及格女>不及格男+及格男;②不及格女+不及格男>及格女+及格男。两式相加后化简可得:不及格女>及格男,即女生不及格的比男生及格的多。故本题选B。

74.【答案】C。解析:信息茧房的定义要点:①人们的信息领域会习惯性地被自己的兴趣所引导;②将自己的生活桎梏于其中。

A项,该律师为了显示自己的社会形象而刷卡消费,并不是被自己的兴趣所引导,不符合要点①。

B项,某女受同宿舍员工的影响,并不是被自己的兴趣所引导,不符合要点①。

C项,熊庆华因为自己只会画画,就一直待在老家画画,符合定义。

D项,该明星是为表现自己的学霸属性,并不是被自己的兴趣所引导,也未被桎梏于其中,不符合要点①②。

故本题选C。

75.【答案】B。解析:与有过失定义的关键信息:原告对自己的安全失于通常的注意。

A项,李四患有脑血管畸形,因被张三打了一拳而昏迷成为植物人,李四并不知道自己会挨打,他没有对自己的安全失于通常的注意,不符合定义。

B项,李某翻越动物园外围墙进入猛兽区导致被老虎咬死,翻越动物园外围墙进入猛兽区这一行为是对自己的安全失于通常的注意,符合定义。

C项,出租车行车慢是正常现象,出租车司机并没有过错,没有对自己的安全失于通常的注意,不符合定义。

D项,蒋门神主动挑衅武松,没有对自己的安全失于通常的注意,不符合定义。

故本题选B。

76.【答案】D。解析:相关关系的定义要点:①客观现象存在的一种非确定的相互依存关系;②变化所对应的数值是非确定性的。

A项,只要有雷雨的地方就会有大象赶来,二者是一种确定的相互依存关系,不符合要点②。

B项,大学7月份放暑假是大学城人数较少的原因,大学11月份正在上课是大学城人数较多的原因,月份和大学城人数并非相互依存关系,不符合要点①。

C项,看电视知道吸烟有害健康,不看电视就不知道吸烟有害健康,则看电视和知道吸烟有害健康是确定的相互依存关系,不符合要点①。

D项,下大雨容易导致积水,积水的程度因大雨的程度可能有所不同,符合定义。

故本题选D。

77.【答案】C。解析:行政复议参加人的定义要点:①行政争议的当事人;②与行政争议的具体行政行为有利害关系而参加行政复议的人。

A项,行政复议的第三人,是指与行政复议的具体行政行为有利害关系,为维护自己的合法权益,经复议机关同意参加复议的公民、法人或者其他组织,符合定义。

B项,行政复议第三人委托的律师,属于与行政争议的具体行政行为有利害关系而参加行政复议的人,符合定义。

C项,行政复议的鉴定人,既不是行政争议的当事人,也不是与行政争议的具体行政行为有利害关系而参加行政复议的人,不符合要点①②。

D项,行政复议的被申请人,属于行政争议的当事人,符合定义。

故本题选C。

78.【答案】C。解析:无因管理的定义要点:①没有法定或约定的义务;②为他人管理事务。

A项,抢救落水儿童不是为他人管理事务,不符合要点②。

B项,甲基于合同代乙保管贵重物品,属于约定的义务,不符合要点①。

C项,乙为防止甲屋被暴雨冲毁而进行修缮,属于没有法定或约定的义务为他人管理事务的行为,符合定义。

D项,售货员对顾客遗忘在柜台上的物品有保管义务,不符合要点①。

故本题选C。

79.【答案】D。解析:创伤后成长的定义要点:①经历精神或身体创伤事件;②在应对过程中所发生的正面的、积极的心理变化,包括自我认知层面、与他人联系层面、人生哲学层面等。A项"不再参与任何聚会"不是正面的、积极的心理变化,不符合要点②。B项"相信通过自己的努力,可以考上研究生",并不能说明之前不努力,不能体现心理发生了正面的、积极的变化,不符合要点②。C项,小李只是分手了,不确定其是否经历了精神或身体的创伤,小李决定改变与人沟通的方式,不确定这种改变是不是正面的、积极的,不符合要点①②。D项,黄先生因受父亲去世的创伤而变得花更多时间陪伴母亲,符合定义。故本题选D。

80.【答案】D。解析:误解性危机的定义要点:①企业方面没有问题;②没有出现任何损害公众的事件;③被公众误解怀疑;④陷入危机。A项中企业的产品质量有问题,不符合①;B项遭遇地震后并没有被公众误解,不符合③;C项大量不合格产品对公众造成了损害,不符合②;D项是由杂志不实的报道造成的危机,符合定义。故本题选D。

81.【答案】C。解析:贝尔效应的定义要点:①领导者具有伯乐精神;②以国家、民族为重,以单位、集体为先;③提拔能力比自己强的、有才干的下属。A项,任用小张不是由于领导者的慧眼识才。B项,引进优秀的教师未体现对下属的提拔,不符合要点③。C项,总监推荐小李接任副总监,体现了领导积极为有才干的下属创造脱颖而出的机会,符合定义。D项,没有体现领导者的伯乐精神。故本题选C。

82.【答案】A。解析:消费者主权理论的定义要点:①消费者;②商品生产;③起决定作用。A项出版商根据消费者不同的口味安排出版不同类型的书籍,符合定义;B、C、D三项都不涉及商品生产,不符合定义。故本题选A。

83.【答案】B。解析:家电病的定义要点:①由于家电使用不当;②使人们的身心健康受到威胁。A项中的看书和C项的使用暖气,都不符合要点①;D项宠物狗感冒不符合要点②。B项符合定义。故本题选B。

84.【答案】B。解析:负性效应定义的关键信息:认识他人时,对负信息印象深,对正信息印象浅。A项正好与定义的关键信息相反;B项符合定义;C项对正负信息形成的印象均等;D项只是未注意衣服不是名牌,并非负印象。故本题选B。

85.【答案】C。解析:穷时尚定义的关键信息:与追逐名牌赶时尚不同。C项王小姐舍不得买iPhone11,但买了个山寨版的,仍然能体现她对名牌的追求,不符合定义。A项去批发市场买衣服、B项到经济实惠的饭店吃饭、C项穿舒服透气的帆布鞋,都体现了不追求名牌但依然时尚的特点,符合定义。故本题选C。

86.【答案】B。解析:忆婴现象的定义要点:①成年人;②举止行为的反常,偏向或类似婴孩或少年儿童。A项小雪不是成年人,不符合①;C项是人的一种正常行为,不符合②;D项明显不符合定义;B项符合定义。故本题选B。

87.【答案】B。解析:甜柠檬效应定义的关键信息:提高已实现目标的价值。A、C、D三项都符合定义;B项"说女生丑、人品不好"是降低未实现目标的价值,不符合定义。故本题选B。

88.【答案】D。解析:预循环定义的关键信息:尽量减少使用会产生垃圾的物品。A项减少包装数量、B项不用超市的购物袋、C项用布袋自带餐具都减少了垃圾的产生,符合预循环的定义。D项将金属拉环做成饰品属于回收利用,不涉及减少使用会产生垃圾的物品,不符合定义。故本题选D。

89.【答案】D。解析:运动性失语症的定义要点:①能理解他人语言;②能发音但不能构成语言。A项"答非所问"说明可以构成语言却不能理解他人语言,不符合①②;B项并不是一种功能丧失,而是尚未学会,不属于失语症的范畴;C项只是不能准确地说出物品名称,不符合②;D项符合定义。故本题选D。

90.【答案】C。解析:政府信息公开的定义要点:①国家行政机关和法律、法规以及规章授权和委托的组织;②通过法定形式和程序;③公开政府信息。A项政府日常会议,不符合②;B项某上市公司,不符合①;D项正副市长及其配偶的电话,不符合③。C项符合定义要点。故本题选C。

91.【答案】C。解析:非条件反射定义的关键信息:生来就有、数量有限、比较固定和形式低级的反射活动。C项,听到身后的汽车喇叭声会迅速躲避,是通过后天学习得到的,不符合定义,不属于非条件反射。故本题选C。

92.【答案】C。解析:炫耀性消费的定义要点:①不是为了满足个人消费的需求;②炫耀和展示自己的金钱财力和社会地位。A、D两项都不符合①和②;B项买豪华别墅是一种投资行为,不符合②;C项符合定义。故本题选C。

93.【答案】B。解析:她经济定义的关键信息:围绕女性理财、消费而形成的。A项是父亲节,不符合定义;B项玫琳凯是女性化妆品,并创下数亿美元业绩,符合定义;C项超市洗发水打折与女性理财消费没有直接关系;D项小户型的优惠政策并不专门针对女性,不符合定义。故本题选B。

94.【答案】D。解析:舌尖现象的定义要点:①答案就在嘴边,能够清晰地感觉到;②无法说出口或加以具体的描述;③大脑对记忆内容的暂时性抑制。A项不符合③,B项不符合①和③;C项不符合①和②。D项符合定义要点。故本题选D。

95.【答案】C。解析:萝卜招聘的定义要点:①为某个萝卜量身定做;②其他萝卜无路可走。A项是根据工作特点对性别做出限制,不符合①②;B项招聘对象也比较宽泛,不符合①②,D项虽然照顾了总经理的女儿,但并非为其量身定做,不符合①②。C项除了对报考条件比较苛刻,而且面试成绩占70%,绝大部分人不可能满足要求,使其他人无路可走。故本题选C。

96.【答案】A。解析:视网膜效应定义的关键信息:我们自己拥有一件东西或者一项特征,会比平常人更注意别人是否跟我们具备同样的特征。

A项,王某由于自己脸上有胎记,而比别人更加注意他人的皮肤,符合定义。

B项,张某具有的特征是即将参加高考,并没有注意别人是否也要参加高考,不符合定义。

C项,李某和朋友都有车,即他们均具备同样的东西,比较的只是均具备的东西的性能优劣,不符合定义。

D项,该公司通过收集竞争者的信息加强自己的竞争力,没有体现出注意对方是否具备和自身同样的产品,不符合定义。

故本题选 A。

97.【答案】C。解析:道教属于宗教,二者是种属关系。

A项,柠檬是一种水果,琵琶是一种乐器,二者没有必然的联系,与题干关系不一致。

B项,铅笔和钢笔都是文具,二者是并列关系,与题干关系不一致。

C项,月球属于卫星,二者是种属关系,与题干关系一致。

D项,草莓是一种水果,而不是蔬菜,与题干关系不一致。

故本题选 C。

98.【答案】A。解析:左邻右舍为并列结构成语,且"左"和"右"是反义词,"邻"和"舍"是近义词。

A项,东张西望为并列结构成语,且"东"和"西"是反义词,"张"和"望"是近义词,与题干关系一致。

B项,瞻前顾后为并列结构成语,但"前"和"后"是反义词,与题干关系不一致。

C项,水滴石穿中,"水"和"石"不是反义词,"滴"和"穿"也不是近义词,与题干关系不一致。

D项,相形见绌不是并列结构成语,且"相"和"见"不是反义词,"形"和"绌"也不是近义词,与题干关系不一致。

故本题选 A。

99.【答案】B。解析:有人形容苏轼的词为"须关西大汉,铜琵琶,铁绰板,唱'大江东去'",即铜琵琶可以用来形容苏轼的词。

A项,李白号青莲居士,青莲可以用来形容李白的高洁脱俗,与题干关系不一致。

B项,有人形容柳永的词为"只合十七八女郎,执红牙板,歌'杨柳岸晓风残月'",即红牙板可以用来形容柳永的词,与题干关系一致。

C项,杜甫曾住在茅草屋中,并作诗《茅屋为秋风所破歌》,与题干关系不一致。

D项,薄雾浓云是李清照的《醉花阴·薄雾浓云愁永昼》一词中的内容,与题干关系不一致。

故本题选 B。

100.【答案】D。解析:平原具有平坦的特点。

A项,税收属于财政收入的一部分,与题干关系不一致。

B项,三峡地区有三峡水电站,与题干关系不一致。

C项,提高效率可以节约成本,与题干关系不一致。

D项,罚款具有强制性的特点,与题干关系一致。

故本题选 D。

101.【答案】B。解析:学报属于期刊,二者是包含关系。

A项,水果和蔬菜是并列关系,与题干关系不一致。

B项,郑州属于省会(城市),二者是包含关系,与题干关系一致。

C项,手机和电脑是并列关系,与题干关系不一致。

D项,月亮下可能会有狼嚎,与题干关系不一致。故本题选B。

102.【答案】A。解析:蔚蓝的天空,伟大的祖国,均构成偏正结构短语。故本题选A。

103.【答案】C。解析:忧国、忧民为并列关系,且都是动宾结构;戒骄、戒躁为并列关系,且都是动宾结构。故本题选C。

104.【答案】B。解析:画蛇添足和画龙点睛为反义词,门庭若市和门可罗雀为反义词。故本题选B。

105.【答案】B。解析:金、银可以加工成首饰;瓜、果可以加工成甜点。故本题选B。

106.【答案】D。解析:医生做手术的主要工具是手术刀,裁缝裁剪的主要工具是剪刀。故本题选D。

107.【答案】C。解析:企业里有车间,员工在车间里工作;学校里有教室,教师在教室里授课。故本题选C。

108.【答案】D。解析:先构思再写作,写作完成后发表;先设计再生产,生产完成后销售,且"构思"和"设计"均属于思维阶段,尚未付诸实施。故本题选D。

109.【答案】B。解析:七色光经过色散形成彩虹,声音经过反射形成回声。故本题选B。

110.【答案】D。解析:语文和英语是并列关系,铅笔和毛笔是并列关系。故本题选D。

111.【答案】D。解析:微波炉是一种厨具,绘画是一种艺术。故本题选D。

112.【答案】A。解析:运动才能健康,经营才能获利。故本题选A。

113.【答案】B。解析:治疗患者,教育学生。故本题选B。

114.【答案】D。解析:④吃完饭在超市里闲逛,⑤推销员上前来推销商品,③拒绝并走开,①不注意打坏商品,最后②不得已买下商品。故本题选D。

115.【答案】C。解析:根据事件发生的顺序直接排序,只有加入计划才能承担任务,在此基础上取得突破,从而提高健康素质,最终改善人类生活质量。顺序应为④加入人类基因组计划,⑤完成承担的科研任务,③取得基因组研究突破,①提高健康素质,②改善人类生活质量。故本题选C。

116.【答案】C。解析:某传染病流行后,要经过大规模调研和防治实践,才能掌握该病的流行规律和特点,据此开发接种疫苗,最终使传染病得到有效控制。顺序应为③某传染病流行,⑤规模调研和防治实践,②掌握病的流行规律和特点,④开发接种疫苗,①得到有效控制。故本题选C。

117.【答案】D。解析:事件是由台风来袭引起,故(5)排在首位,排除A、B,城市出现内涝后进行排涝,(1)在(2)前面,排除C。故本题选D。

118.【答案】A。解析:事件由拘传引起,排除C、D,公安机关对被拘留的人认为需要逮捕的,提请人民检察院批准,(2)在(4)之前,排除B。故本题选A。

119.【答案】D。解析:苍鹰的羽毛被视为高贵的装饰品是事件的起因,(2)排在最前面,排除B、C。草原上已很难见到苍鹰的影子这一事件应当在田鼠失去天敌大量繁殖这一事件之前才合理,(5)在(3)之前,排除A。故本题选D。

120.【答案】C。解析:出门去上班和去敲邻居家的门都应在发现邻居家门未锁之前,即(4)(3)均应在(2)之前,排除A、B、D。故本题选C。

第四章 资料分析

【一】

根据下列资料,回答1~5题。

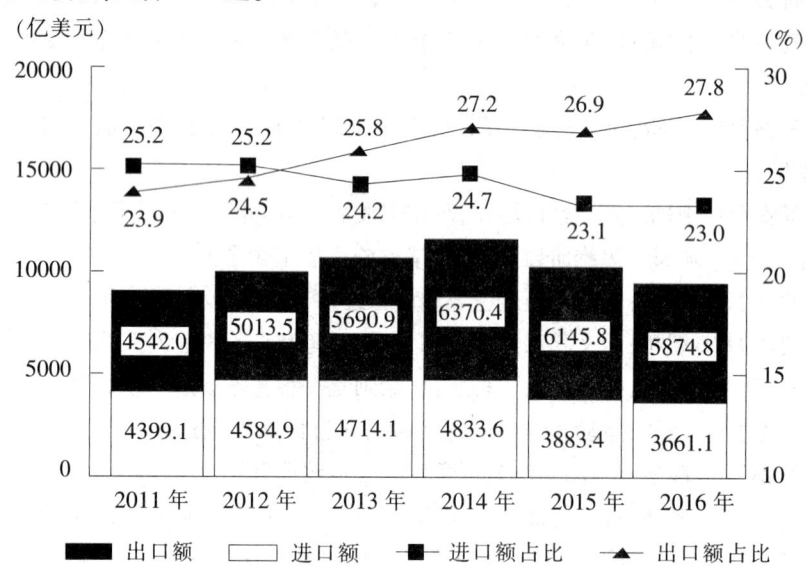

2011—2016年中国与"一带一路"沿线国家贸易情况

注:"进口额"指中国自"一带一路"沿线国家进口额,"出口额"指中国对"一带一路"沿线国家出口额;"进口额占比"指上述进口额占全国进口总额的比重,"出口额占比"指上述出口额占全国出口总额的比重。

1. "十二五"(2011—2015年)期间,中国与"一带一路"沿线国家贸易总额约为多少万亿美元?( )

   A. 3.4   B. 4.2
   C. 5.0   D. 6.0

2. 2011—2016年,中国对"一带一路"沿线国家贸易顺差超过1000亿美元的年份有几个?( )

   A. 2   B. 3
   C. 4   D. 5

3. 2016年,中国与"一带一路"沿线国家进出口贸易总额比上年下降了约( )。

   A. 5%   B. 10%   C. 15%   D. 20%

4. 2015年,中国与"一带一路"沿线国家进出口贸易总额占当年中国进出口贸易总额的比重约为( )。

   A. 24.7%   B. 22.8%

C. 27.2% D. 25.3%

5. 能够从上述资料中推出的是（ ）。

A. 2011年中国出口贸易额超过2万亿美元

B. 2012年中国进口贸易额比上年增长了10%以上

C. 2011—2016年中国与"一带一路"沿线国家进口额和出口额最高的年份是同一年

D. 2011—2016年中国对"一带一路"沿线国家出口额占出口总额比重逐年上升

【二】

根据下列资料，回答6~10题。

2017年，B省共有农业产业化龙头经营组织2575个，比上年增加46个。其中，龙头企业2303个，增加91个。

2017年，全省农业产业化龙头企业实现销售收入3858.0亿元，比上年增长6.2%。从产业类型看，销售收入前三位是粮食类、奶类和饲料类龙头企业，销售收入分别为602.7亿元、323.9亿元和287.2亿元。中草药生产（加工）龙头企业发展较快，销售收入达到67.1亿元，增长53.7%。

2017年，全省农业产业化龙头经营组织固定资产净值达到1502.0亿元，比上年增长13.8%；共实现销售收入4299.4亿元，增长7.0%；共实现利润489.0亿元，比上年增长5.0%；上缴税金98.1亿元，增长8.5%；从业人员53.5万人，增长0.3%；带动农户1821.9万户，增长10.1%。

2017年，全省农业产业化龙头企业固定资产净值达到1422.6亿元，比上年增长16.5%；从业人员42.1万人，增长1.2%；带动农户1560.5万户，增长12.2%。

2017年B省农业产业化生产（加工）基地经营状况

基地	数量（个）	数量同比增加（个）	销售产值（亿元）	产值同比增长（%）
种植业生产基地	413	16	1772.7	1.8
养殖业生产基地	296	2	1155.0	2.4
农产品加工基地	33	0	688.8	5.1

6. 2016年B省农业产业化龙头经营组织中，非企业组织有多少个？（ ）

A. 135 B. 227

C. 272 D. 317

7. 以下饼图中，能准确反映2017年B省粮食（黑色）、奶类（斜线）、饲料类（棋盘）和其他（白色）龙头企业销售收入占该省农业产业化龙头企业总收入比重关系的是（ ）。

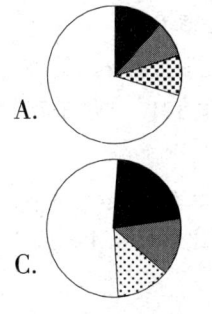

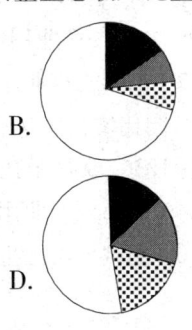

A.

B.

C.

D.

8. 2017年,B省农业产业化龙头经营组织平均每名从业人员创造的利润约比上年同期增长了(　　)。

　　A. 4.7%　　　　　　　　　　　B. 9.2%

　　C. 13.5%　　　　　　　　　　 D. 15.1%

9. 2017年,B省平均每个农业产业化生产(加工)基地创造的销售产值约为多少亿元?(　　)

　　A. 3.9　　　　　　　　　　　　B. 4.9

　　C. 8.9　　　　　　　　　　　　D. 20.9

10. 能够从上述资料中推出的是(　　)。

　　A. 2017年,B省中草药生产(加工)龙头企业销售收入占农业产业化龙头企业的比重比上年提高了2个百分点以上

　　B. 2017年,B省农业产业化龙头企业平均每万元固定资产净值实现的销售收入高于上年水平

　　C. 2017年,B省农业产业化龙头经营组织从业人员中,在非企业组织就业的比重高于两成

　　D. 2017年,B省平均每家种植业生产基地创造的销售产值高于上年水平

【三】

根据下列资料,回答11~15题。

据国网某省电力有限公司统计,2017年,全社会用电2135.50亿千瓦时,比上年增长4.8%,增速比上年高出2.2个百分点。

占全社会用电量1.8%的第一产业用电38.84亿千瓦时,增长14.9%,增速比上年高出10.7个百分点。

占全社会用电量71.8%的第二产业用电1534.06亿千瓦时,增长4.5%,增速比上年加快3.1个百分点。其中,工业用电量1509.13亿千瓦时,增长4.5%,增速加快3.1个百分点。分轻重工业看,轻工业用电133.73亿千瓦时,增长7.0%,增速加快3.6个百分点;重工业用电1375.40亿千瓦时,增长4.2%,增速回落1.4个百分点。

占全社会用电量14.5%的第三产业用电308.88亿千瓦时,增长6.4%,增速比上年回落1.1个百分点。

占全社会用电量11.9%的城乡居民生活用电253.72亿千瓦时,增长4.3%,增速比上年回落1.3个百分点。

2017年1—11月,全社会用电1927.09亿千瓦时,比上年同期增长4.4%。

占全社会用电量1.9%的第一产业用电36.26亿千瓦时,同比增长15.0%。

占全社会用电量71.7%的第二产业用电1380.88亿千瓦时,同比增长3.8%。其中,工业用电量1358.58亿千瓦时,同比增长3.9%。分轻重工业看,轻工业用电121.79亿千瓦时,同比增长6.9%;重工业用电1236.79亿千瓦时,同比增长3.7%。

占全社会用电量14.4%的第三产业用电278.03亿千瓦时,同比增长6.3%。

占全社会用电量12.0%的城乡居民生活用电231.92亿千瓦时,同比增长4.4%。

11. 2015年城乡居民生活用电约为（　　）亿千瓦时。
    A. 230   B. 246
    C. 1900   D. 1990

12. 2017年12月全社会用电同比增长约为（　　）。
    A. 3.6%   B. 4.1%
    C. 5.2%   D. 8.7%

13. 2016年重工业用电占全社会用电量的比重约为（　　）。
    A. 48%   B. 51%
    C. 65%   D. 79%

14. 2017年12月第三产业用电量同比增长约（　　）。
    A. 4.6%   B. 5.1%
    C. 6.6%   D. 7.3%

15. 能够从上述材料中推出的是（　　）。
    A. 2017年城乡居民生活用电增速超过4.4%
    B. 2017年第三产业用电量占全社会用电量比重大于2015年
    C. 2015年1—11月重工业用电量约为1186.5亿千瓦时
    D. 2015年1—11月重工业用电量增速比轻工业高

【四】
根据下列资料，回答16~20题。

2016年全国11条特高压线路输送电量情况

（单位：亿千瓦时）

线路名称	年输送量	其中可再生能源电量
长南线	82.5	29.2
锡盟—山东	32.8	0
皖电东送	202.9	0
浙福线	17.1	0
复奉直流	326.1	324.8
锦苏直流	383.3	382.5
宾江直流	367.5	367.5
天中直流	322.6	73.4
灵绍直流	72.8	20.8
楚穗直流	261.8	261.8
普侨直流	264.5	264.5
总计	2333.9	1724.5

16. 2016年全国11条特高压线路输送电量中，可再生能源电量占比约为（　　）。
    A. 68%   B. 74%   C. 80%   D. 87%

17. 表中 2016 年输送电量排名前三位的特高压线路,不可再生能源输送电量在以下哪个范围内?（　　）

　　A. 高于 200 亿千瓦时

　　B. 50 亿～200 亿千瓦时

　　C. 5 亿～50 亿千瓦时

　　D. 低于 5 亿千瓦时

18. 11 条特高压线路中,输送可再生能源电量占 2016 年输送电量一半以上的线路有多少条?（　　）

　　A. 7　　　　　　B. 6　　　　　　C. 5　　　　　　D. 4

19. 11 条特高压线路中,2016 年可再生能源占输送电量比重为 100% 的线路年输送电量之和约是可再生能源占输送电量比重为 0 的线路的多少倍?（　　）

　　A. 5.1　　　　　B. 3.5　　　　　C. 9.2　　　　　D. 6.3

20. 关于 11 条特高压线路 2016 年输送电量,能够从上述资料中推出的是(　　)。

　　A. 输送电量最高的线路,输送电量占 11 条线路总输送量的比重不到两成

　　B. 皖电东送线路输送的不可再生能源电量在 11 条线路中排第一

　　C. 天中直流线路输送电量中,超过八成为不可再生能源电量

　　D. 超过 $\frac{2}{3}$ 的线路年输送电量超过 100 亿千瓦时

【五】

根据下列资料,回答 21～25 题。

　　初步核算,2019 年国内生产总值 990865 亿元,比上年增长 6.1%。其中,第一产业增加值 70467 亿元,增长 3.1%;第二产业增加值 386165 亿元,增长 5.7%;第三产业增加值 534233 亿元,增长 6.9%。第一产业增加值占国内生产总值比重为 7.1%,第二产业增加值比重为 39.0%,第三产业增加值比重为 53.9%。全年最终消费支出对国内生产总值增长的贡献率为 57.8%,资本形成总额的贡献率为 31.2%,货物和服务净出口的贡献率为 11.0%。人均国内生产总值 70892 元,比上年增长 5.7%。国民总收入 988458 亿元,比上年增长 6.2%。

2015—2019 年国内生产总值及其增长速度

21. 2019年国内生产总值中,第二产业增加值约为第一产业增加值的(　　)。
   A. 3.5倍　　　　　　　　　　B. 5.5倍
   C. 6.5倍　　　　　　　　　　D. 7.5倍

22. 2015—2019年,国内生产总值年平均增长量约为(　　)。
   A. 6.6万亿元　　　　　　　　B. 7.6万亿元
   C. 8.6万亿元　　　　　　　　D. 9.6万亿元

23. 2019年,对国内生产总值增长的贡献率最高的是(　　)。
   A. 货物和服务净出口
   B. 资本形成总额
   C. 第一产业增加值
   D. 最终消费支出

24. 2018年的国民总收入约为(　　)。
   A. 67万亿元
   B. 76万亿元
   C. 85万亿元
   D. 93万亿元

25. 能够从上述材料中推出的是(　　)。
   A. 2019年人均国内生产总值比2018年有所降低
   B. 2015—2019年,国内生产总值呈逐年增加趋势
   C. 2015—2019年,国内生产总值增长率持续增加
   D. 2015—2019年,国内生产总值年增长速度最快的是2018年

【六】
根据下列资料,回答26~30题。

2017年1—2月,C市规模以上工业企业实现利润总额197.02亿元,同比增长10.7%;实现利税总额322.79亿元,同比增长6.8%。

1—2月,在规模以上工业企业中,国有控股企业实现利润总额40.79亿元,同比下降25.6%;集体企业实现利润总额0.15亿元,同比增长57.4%;股份制企业实现利润总额146.59亿元,同比增长22.1%;外商及港澳台商投资企业实现利润总额45.54亿元,同比下降17.1%;私营企业实现利润总额87.62亿元,同比增长19.3%。

1—2月,在39个工业大类的行业中,36个行业盈利,3个行业亏损。主要行业利润增长情况如下:汽车制造业同比下降32.7%,计算机、通信和其他电子设备制造业同比增长1.2倍,非金属矿物制品同比增长29.6%,电器机械和材料制造业同比增长39.6%,医药制造业同比增长12.3%,农副食品加工业同比增长23.8%,通用设备制造业同比增长44.8%,有色金属冶炼及压延加工业同比增长59.0%。

1—2月,规模以上工业企业实现主营业务收入3444.37亿元,同比增长14.3%。2月月末,规模以上工业企业资产总计18567.53亿元,同比增长7.7%;负债合计11501.63亿元,同比增长7.8%。

```
(%)
30.0
         26.2    25.8    26.0
25.0                         23.5
20.0                              17.4    18.1          17.4
                                                 16.1          15.2    14.5
15.0                                                                          12.6    14.3
         7.3     9.0     8.3     8.8     9.6     9.8    10.2   10.9    10.9                  10.7
10.0                                                                          11.4    11.1
 5.0
  0
    2016年1-2月  1-3月  1-4月  1-5月  1-6月  1-7月  1-8月  1-9月  1-10月  1-11月  1-12月  2017年1-2月
```

—■— 主营业务收入   —●— 利润总额

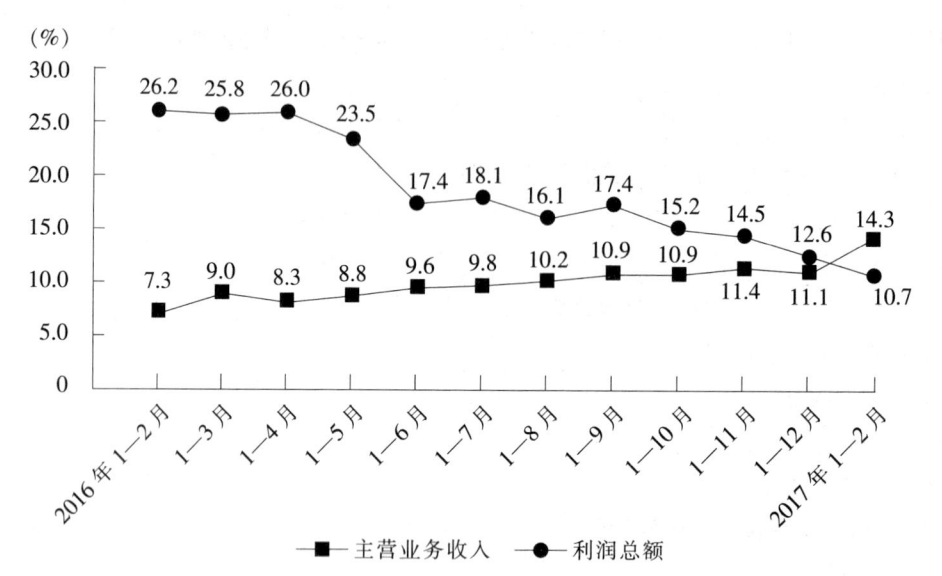

2016—2017年2月各月累计主营业务收入与利润总额同比增速

26. 2016年1—2月，C市规模以上工业企业实现利润总额(　　)亿元。

 A. 177.98　　　　　　　　　　B. 179.45

 C. 181.24　　　　　　　　　　D. 183.65

27. 2017年1—2月，在C市规模以上工业企业中，私营企业实现利润总额比国有控股企业约多(　　)亿元。

 A. 44.27　　　　　　　　　　B. 46.83

 C. 48.59　　　　　　　　　　D. 48.83

28. 2017年1—2月，C市39个工业大类行业中亏损的行业占比约为(　　)。

 A. 6.9%　　　　　　　　　　B. 7.1%

 C. 7.7%　　　　　　　　　　D. 8.1%

29. 2017年1—2月，下列C市主要行业中，利润同比增长率最高的是(　　)。

 A. 汽车制造业　　　　　　　　B. 医药制造业

 C. 通用设备制造业　　　　　　D. 有色金属冶炼及压延加工业

30. 根据以上材料，下列说法有误的是(　　)。

 A. 2017年2月月末，C市规模以上工业企业资产同比增加了1327.48亿元

 B. 2017年1—2月，主营业务收入的同比增速比2016年1—2月高7个百分点

 C. 2016年1—2月，C市规模以上工业企业实现主营业务收入约为3013.45亿元

 D. 2016年1—4月，主营业务的利润总额同比增速最快

【七】

根据下列资料，回答31~35题。

 A市是全国较早实现城乡一体化的城市，耕地面积较少。近年来，A市大力推进农业产业化，建设"城市菜篮子"，实现农业快速发展。农业总产值由2015年的12.92亿元增加至2019年的42.46亿元。

表1　2015—2019年A市农业产值

(单位:万元)

项目	2015年	2016年	2017年	2018年	2019年
农业总产值	129156	159115	190942	388609	424606
其中:种植业	37842	32799	65741	123414	117928
林业	1307	1975	1952	2379	1750
牧业	26292	23422	16201	29013	25464
渔业	58352	93487	98749	214992	259541
农业牧渔服务业	5363	7432	8299	18811	19923

近年来,A市农作物播种面积不断增加。特别是通过推动规模化蔬菜种植,满足城市需求,实现其他农作物播种面积快速增长。其他作物播种面积达到农作物总播种面积的78.8%。

表2　2015—2019年A市农作物播种面积

(单位:亩)

项目	2015年	2016年	2017年	2018年	2019年
农作物总播种面积	73775	72358	86404	179010	189272
其中:粮食作物	144	152	597	34718	34813
经济作物	513	6702	2243	5169	5267
其他作物	73118	65504	83564	139123	149192

31. 2015—2019年,A市农业总产值年均增长(　　)万元。

A. 54000　　　　　　　　　　B. 64000

C. 74000　　　　　　　　　　D. 84000

32. 与2015年相比,2019年A市各农业产业中产值增幅最大的是(　　)。

A. 种植业　　　　　　　　　　B. 林业

C. 牧业　　　　　　　　　　　D. 渔业

33. 2015—2019年,A市其他作物播种面积最多的一年比最少的一年多(　　)亩。

A. 86074　　　　　　　　　　B. 83688

C. 76074　　　　　　　　　　D. 73688

34. 2015—2019年,A市牧业产值占农业总产值比重最大的年份是(　　)。

A. 2015年　　　　　　　　　　B. 2016年

C. 2018年　　　　　　　　　　D. 2019年

35. 根据材料,以下说法不正确的是(　　)。

A. 2016年是A市经济作物播种面积增长最快的一年

B. 2017年,A市渔业产值占农业总产值的比重超过50%

C. 2015—2019年,A市农作物总播种面积经历了先减少再增加的过程

D. 2015—2019年,A市粮食作物播种面积占农作物总播种面积的比例逐年提升

【八】

根据下列资料,回答36~40题。

2016年G省各级农业生产部门采取有效措施促进生产发展,推进农业结构调转方式。2016年G省农林牧渔业增加值实现2876.45亿元,同比增长3.6%。其中种植业增加值1617.54亿元,增长4.7%。

2016年G省粮食总产量1521.3万吨,比去年同期少3.5万吨,同比下降0.2%。其中,稻谷总产量1137.3万吨,同比下降0.1%(早稻和中稻分别同比增长0.2%、0.6%,晚稻同比下降0.4%);玉米总产量279.6万吨,同比下降0.4%;鲜薯总产量380.3万吨,同比下降3.0%。

从种植面积看,2016年G省粮食播种面积为3023.6千公顷,同比下降1.2%。其中,稻谷播种面积1959.8千公顷,同比下降1.2%;玉米播种面积609.3千公顷,同比下降2.1%。

2016年全省蔬菜种植面积为1270千公顷,同比增长4.0%以上;蔬菜产量达2870万吨,同比增长5.1%。全省食用菌种植面积超14千公顷,同比增长7.5%;食用菌产量首次突破60万吨,同比增长11.2%。

2016年G省油料种植面积为257千公顷,同比增长3.6%;油料产量达68.7万吨,同比增长6.2%,增速比上年提高2.4个百分点。其中,花生种植面积为221.4千公顷,同比增长3.3%;花生产量64.61万吨,同比增长6.4%。油菜籽种植面积为26.7千公顷,同比增长7.8%;油菜籽产量2.76万吨,同比增长5.2%。

水果产量首次突破1800万吨。2016年全省园林水果产量1526.88万吨,同比增长11.5%,果用瓜产量357.21万吨,增长2.2%;其中香蕉产量增长8.2%,荔枝产量增长4.7%,芒果产量增长19.3%,桃、李等其他水果产量增长8.5%。

36. 2015年,G省全省农林牧渔业增加值为( )亿元。
 A. 1259.9 B. 1547.4
 C. 2479.4 D. 2776.5

37. 2016年,G省全省稻谷的单位产量约为( )吨/公顷。
 A. 5.0 B. 0.5
 C. 5.8 D. 0.6

38. 2016年,鲜薯总产量在全省粮食总产量中的占比约为( )。
 A. 22.0% B. 25.0%
 C. 3.0% D. 18.3%

39. 2016年,G省全省的下列水果中,产量的同比增长率最高的是( )。
 A. 香蕉 B. 荔枝
 C. 芒果 D. 桃、李等其他水果

40. 根据以上材料,下列说法不正确的是( )。
 A. 2015年,G省全省早稻产量比2016年的产量多
 B. 2015年,G省油料种植面积约为248.1千公顷
 C. 2016年,G省食用菌产量逾60万吨
 D. 2016年,G省园林水果的产量约为果用瓜产量的4.3倍

【九】

根据下列资料,回答 41~45 题。

截至 2018 年年底,全市规模以上服务业企业 344 家,比去年同期净增 18 家。全市规模以上服务业企业实现营业收入 740.2 亿元,同比增长 11.5%,高于 2018 年上半年的 7.5%。全市规模以上高技术服务业企业实现营业收入 209.0 元,同比增长 41.8%;全市规模以上生产性服务业企业实现营业收入 565.2 亿元,同比增长 15.1%。全市规模以上高技术服务业企业占全市规模以上服务业企业营业收入比重达 28.2%;全市规模以上生产性服务业企业占全市规模以上服务业企业收入比重达 76.4%。

2018 年全市规模以上生产性服务业企业实现营业收入情况

服务类型	营业收入(亿元)	增速(%)	占比(%)
研发设计与其他技术服务	103.0	141.0	18.2
交通运输、仓储和邮政快递服务	124.6	4.0	22.0
信息服务	92.9	-0.5	16.4
节能与环保服务	8.6	16.5	1.5
生产性租赁服务	18.4	48.5	3.4
商务服务	208.6	1.1	36.9
人力资源管理与培训服务	1.2	-10.7	0.2
生产性支持服务	7.9	6.2	1.4
总计	565.2	15.1	100.0

41. 2018 年,全市规模以上服务业企业数量增加了( )。

　　A. 1.5%　　　　　　　　　　B. 3.5%

　　C. 5.5%　　　　　　　　　　D. 7.5%

42. 2017 年,全市平均每家规模以上服务业企业营业收入约为( )亿元。

　　A. 1　　　　　　　　　　　B. 2

　　C. 3　　　　　　　　　　　D. 4

43. 2018 年,全市规模以上生产性服务业中,营业收入增速高于总体水平的服务类型,其营业收入之和约占生产性服务业的( )。

　　A. 18%　　　　　　　　　　B. 23%

　　C. 28%　　　　　　　　　　D. 33%

44. 下列判断有误的是( )。

　　A. 2017 年,全市商务服务营业收入占规模以上生产性服务业营业收入的四成以上

　　B. 2018 年,全市规模以上服务业企业的营业收入同比增速大于同期企业数量增速

　　C. 2018 年,全市规模以上高技术服务业企业营业收入的同比增量要高于生产性服务业企业

　　D. 2017 年,全市规模以上生产性服务企业的营业收入中,占比最小的服务类型是人力资源管理与培训服务

45. 根据材料,能判断属实的是(　　)。
   A. 2018年,全市必然有企业既属于规模以上高技术服务业,又属于规模以上生产性服务业
   B. 2018年下半年,全市规模以上服务业企业营业收入环比增长4%
   C. 2018年,全市规模以上服务业企业营业收入比2016年增加了8.2%
   D. 2017年,全市交通运输、仓储和邮政快递服务营业收入超150亿元

【十】

根据下列资料,回答46~50题。

国家统计数据显示,据初步核算,2017年上半年,服务业增加值206516亿元,同比增长7.7%,增速较上年同期提高0.2个百分点,比国内生产总值和第二产业增加值分别高出0.8和1.3个百分点。1—6月服务业生产指数同比增长8.3%,增速较上年同期加快0.1个百分点,与一季度持平。分月来看,今年前5个月服务业生产指数增速均在8.1%和8.3%之间小幅波动。6月生产指数增速提升至8.6%,比5月份上升0.5个百分点,比上年同期上升0.6个百分点,呈现稳中趋快的运行态势。1—6月,主要行业生产指数除金融和房地产业外,其他行业同比增速均高于一季度,其中交通运输、仓储和邮政业,信息传输、软件和信息技术服务业,租赁和商务服务业增速均在两位数以上。

服务业继续发挥经济增长的主引擎作用。上半年,服务业增加值占全国GDP比重为54.1%,比上年同期高出0.1个百分点,比第二产业高出14.0个百分点。服务业增长对国民经济增长的贡献率为59.1%,比第二产业高出21.3个百分点。

服务业是新增市场主体的主要领域。上半年,服务业工商新登记企业228万户占全部工商新登记企业数量的78.4%。其中新经济特别是新兴服务业发展较快,现代服务业保持快速增长势头,教育,科学研究和技术服务业,文化、体育和娱乐业的新登记企业数同比分别增长41.1%、22.0%、18.0%。

服务业吸纳新增就业人员多。上半年,全国规模以上服务业企业从业人数同比增长5.6%,增速高于第二产业4.9个百分点,在全部规模以上企业同比新增的就业人员中,服务业新增加的就业人员占73.7%,高于第二产业47.5个百分点。服务业对税收增长贡献大。今年以来服务业税收收入一直保持两位数增速。上半年,服务业税收收入达4.9万亿,同比增长10.4%,服务业税收收入占全部税收收入比重为57.6%,比一季度高出1.9个百分点,比第二产业高出15.3个百分点。

国内外资本继续积极投向服务业。上半年,服务业固定资产投资166104亿元,同比增长11.3%。增速高出第二产业7.3个百分点;占全部固定资产投资比重达到59.2%,较上年同期提高1.5个百分点,比第二产业高出21.5个百分点。

上半年,服务业实际使用外资3099.9亿元,占全部利用外资总量的70.2%,其中,高技术服务业实际使用外资647.2亿元,同比增长20.4%。其中,信息技术服务、研发与设计服务、科技成果转化服务实际使用外资同比分别增长35.6%、13.9%和46.3%。

46. 2017年上半年,(　　)生产指数增速在两位数以上。
   ①金融和房地产业
   ②交通运输、仓储和邮政业

③信息传输、软件和信息技术服务业
④租赁和商务服务业

A. ①②③④ B. ③④
C. ②③④ D. ①③④

47. 2017年上半年,全国第二产业增加值约为( )。

A. 206516 亿元 B. 381730 亿元
C. 153074 亿元 D. 123168 亿元

48. 2017年上半年,服务业税收收入比去年同期增加( )万亿。

A. 0.46 B. 0.51
C. 0.38 D. 0.79

49. 2017年上半年,高技术服务业实际使用外资额占全部利用外资总量的比重为( )。

A. 70.2% B. 20.4%
C. 14.66% D. 10.26%

50. 根据上述资料,下列说法中不正确的是( )。

A. 2017年上半年,服务业生产指数同比增长8.3%,6月生产指数同比增长8.6%
B. 2017年上半年,教育,科学研究和技术服务业,文化、体育和娱乐业的新登记企业数同比增速均在两位数以上
C. 2017年上半年,服务业固定资产投资额高于第二产业固定资产投资额
D. 2017年上半年,信息技术服务实际使用外资额高于研发与设计服务实际使用外资额

【十一】

根据下列资料,回答51~55题。

2018年A省共有义务教育中小学5043所,较上年增加22所。校舍总面积6635.45万平方米,增长6.3%;仪器设备值172亿元,增长14.6%;图书1.9亿册,增长5.6%。专任教师33.79万人,增长2.5%。

小学:学校数3301所,比上年增加15所;招生66.18万人,比上年增加4.87万人,增长8%;在校生360.57万人,增长1.9%;校舍总面积3421.29万平方米,增长5.9%。仪器设备值97.12亿元,增长14.3%;图书11257.65万册,增长6.5%。小学专任教师21.04万人,比上年增加0.53万人,小学生师比为17.1:1。小学专任教师学历合格率及小学高学历(专科及以上)教师比例分别达到100%和99.1%,分别比上年提高0.01个、0.5个百分点。

初中:学校数1742所,比上年增加7所;招生54.25万人,比上年减少1.44万人,减少2.6%;在校生161.46万人,增长3.6%;校舍总面积3214.15万平方米,增长6.7%;仪器设备值74.89亿元,增长15%;图书8170.35万册,增长7.8%,初中专任教师12.75万人,比上年增加0.28万人。生师比12.7:1,初中专任教师学历合格率及初中高学历(本科及以上)教师比例分别达到99.97%、96.33%,分别比上年提高0.02个、0.89个百分点。

义务教育中小学随迁子女在校生149.23万人,增长0.4%,其中在公办学校就读人数为110.96万人。在小学就读随迁子女114.69万人,比上年减少0.84万人,减少0.7%;在初中就读的随迁子女34.54万人,比上年增加1.43万人。

51. 2017年,A省义务教育中小学的仪器设备值约为(   )亿元。
   A. 138   B. 145   C. 150   D. 160

52. 2018年,A省小学在校生比上年增加的人数约是初中在校生比上年增加人数的(   )倍。
   A. 1.2   B. 1.5
   C. 2.2   D. 2.8

53. 2018年,A省初中专任教师比小学专任教师(   )人。
   A. 多78900   B. 少78900
   C. 多82900   D. 少82900

54. 2018年,A省义务教育中小学随迁子女在校生中,不在公办学校就读的人数占比约为(   )。
   A. 28.5%   B. 25.6%   C. 20.5%   D. 18.8%

55. 根据上述材料,下列说法正确的是(   )。
   A. 2018年,A省小学高学历(专科及以上)教师数量较上年有所下降
   B. 2018年,A省初中和小学的招生人数较上年都有所增加
   C. 2017年,A省初中的校舍总面积比2018年约少202平方米
   D. 2018年,A省在初中就读的随迁子女比上年约增长4.3%

56. 2018年1—6月,全国规模以上工业企业实现利润总额33882.1亿元,同比增长17.2%。6月,规模以上工业企业实现利润总额6582.9亿元,同比增长20%。截至2018年6月月末,规模以上工业企业资产总计109.4万亿元,同比增长7.4%;负债合计61.9万亿元,增长6.6%。

2018年1—6月,全国规模以上工业企业实现利润总额同比增长约(   )亿元。
   A. 4772   B. 4872   C. 5072   D. 4972

57.

2018年1—6月规模以上工业企业利润总额

分组	利润总额(亿元)	同比增长(%)
总计	33882.1	17.2
其中:采矿业	2853.9	47.9
制造业	28800.5	14.3
电力、热力、燃气及水生产和供应业	2227.7	25.3
其中:国有控股企业	10248.7	31.5
其中:集体企业	109.7	4.6
股份制企业	24059.9	21.0
外商及港澳台商投资企业	8197.6	8.7
其中:私营企业	8889.1	10.0

2017年1—6月,全国规模以上制造业实现利润总额约是采矿业的(　　)倍。

A. 17　　　　　　　　　　　　　　B. 9

C. 5　　　　　　　　　　　　　　 D. 13

58. 2018年1—6月,主要工业行业利润情况如下:煤炭开采和洗选业利润总额同比增长18.4%,石油和天然气开采业增长3.1倍,农副食品加工业增长2.2%,石油、煤炭及其他燃料加工业增长34.3%,化学原料和化学制品制造业增长29.4%,非金属矿物制品业增长44.1%,黑色金属冶炼和压延加工业增长1.1倍,通用设备制造业增长7.3%,专用设备制造业增长19.4%,汽车制造业增长4.9%,电气机械和器材制造业增长2.3%,电力、热力生产和供应业增长27.4%,纺织业下降1.1%,有色金属冶炼和压延加工业下降8.3%,计算机、通信和其他电子设备制造业下降2.3%。

2018年1—6月,主要工业行业中利润总额同比增长率超过20%的行业有(　　)个。

A. 8　　　　　　　　　　　　　　 B. 2

C. 4　　　　　　　　　　　　　　 D. 6

根据下列资料,回答59~61题。

2020年某国商品出口总额2492.11亿美元,比上年增长了27.8%;进口总额4378.27亿美元,比上年增长了35.9%。从地区的情况来看,东部地区出口总额2261.13亿美元,比上年增长27.5%;进口总额2250.96亿美元,比上年增长35.9%。中部地区出口总额为155.38亿美元,比上年增长33%;进口总额2063.50亿美元,比上年增长37.3%。西部地区出口总额75.60亿美元,比上年增长28%;进口总额63.81亿美元,比上年增长7.7%。

59. 2020年,东部地区进口总额约是西部地区进口总额的(　　)倍。

A. 29.9　　　　　　　　　　　　　B. 32.4

C. 23.4　　　　　　　　　　　　　D. 35.3

60. 2020年,三个地区出口增长率的大小排序依次是(　　)。

A. 中部地区、西部地区、东部地区

B. 东部地区、西部地区、中部地区

C. 东部地区、中部地区、西部地区

D. 中部地区、东部地区、西部地区

61. 2019年,该国商品出口总额约为(　　)亿美元。

A. 2003.70　　　　　　　　　　　 B. 2009.67

C. 1950.01　　　　　　　　　　　 D. 1893.87

62. 2021年前三季度,H省社会消费品零售额14978.88亿元,同比增长12.1%,与2019年同期比两年平均增长4.5%。其中,9月社会消费品零售总额1570.31亿元,同比下降2.2%。按经营单位所在地分,前三季度城镇消费品零售额12910.15亿元,同比增长12.0%;乡村消费品零售额2068.73亿元,同比增长12.9%。按消费类型分,餐饮收入1321.52亿元,同比增长15.5%,商品零售13657.36亿元,同比增长11.8%。全省限额以上网络零售额1240.26亿元,同比增长26.7%,占全省限额以上零售的比重为20.2%。

2020年前三季度,H省乡村消费品零售额约为(　　)。

A. 1698.1亿元　　　　　　　　　　B. 1757.4亿元

C. 1832.4亿元　　　　　　　　　　D. 1980.7亿元

63.

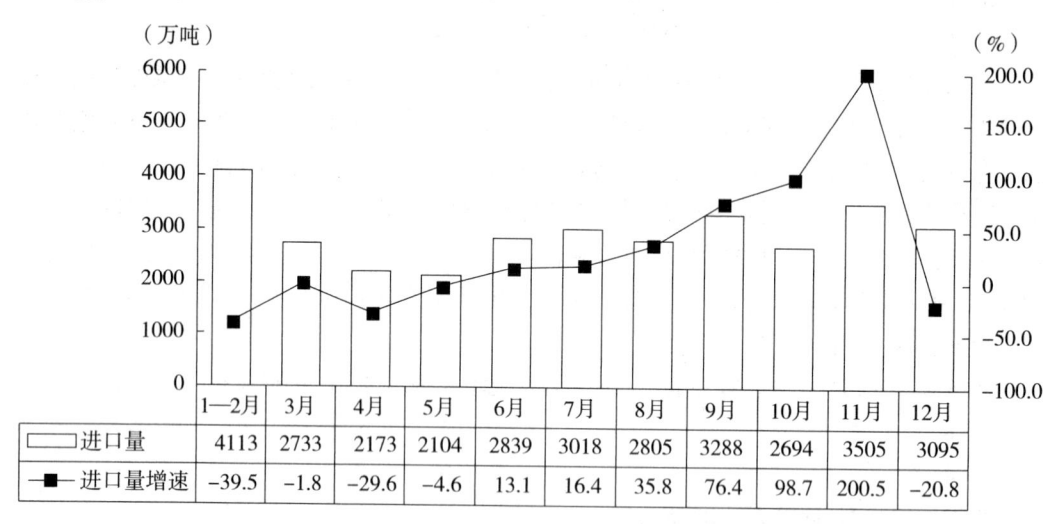

	1—2月	3月	4月	5月	6月	7月	8月	9月	10月	11月	12月
进口量	4113	2733	2173	2104	2839	3018	2805	3288	2694	3505	3095
进口量增速	-39.5	-1.8	-29.6	-4.6	13.1	16.4	35.8	76.4	98.7	200.5	-20.8

2021年各月全国煤炭进口量及同比增速

2020年12月，全国煤炭进口量环比（　　）。

A. 增长了不到100%　　　　　　　B. 增长了100%以上

C. 下降了不到50%　　　　　　　D. 下降了50%以上

64.

2020年全国分产品类别绿色食品原料标准化基地建设情况

类别	基地数（个）	面积（万亩）	产量（万吨）	带动农户（万户）
粮食作物	374	10527.1	5844.2	1321.2
油料作物	94	3070.1	554.1	279.2
糖料作物	3	85.0	138.5	2.7
蔬菜	90	1195.1	2089.3	287.6
水果	109	1348.5	1742.9	195.8
茶叶	35	353.7	113.1	64.4
其他	37	482.8	147.2	95.6

2020年全国绿色食品原料标准化基地中，粮食作物基地的数量占（　　）。

A. 45%以下　　　　　　　　　　B. 45%~50%

C. 50%~55%　　　　　　　　　　D. 55%以上

65. 据对全国31个省（区、市）16万户居民家庭的抽样调查，按现行国家农村贫困标准测算，2017年年末，全国农村贫困人口3046万人，比上年年末减少1289万人；贫困发生率3.1%，比上年年末下降1.4个百分点。

贫困发生率指低于贫困线的人口占全部人口的比例。2016年年末贫困发生率为（　　）。

A. 4.5%　　　　　　　　　　　　B. 3.1%

C. 2.8% D. 1.3%

66. 国家统计局发布了2019年1—2月社会消费品零售总额数据,基本情况如下:

市场销售平稳增长,社会消费品零售总额实际增速有所加快。从名义增长看,1—2月,社会消费品零售总额66064亿元,同比增长8.2%,增速与上年12月持平,比11月高0.1个百分点;从实际增长看,扣除价格因素,社会消费品零售总额实际增长7.1%,比上年12月加快0.5个百分点,比上年全年加快0.2个百分点。

2018年,我国社会消费品零售总额实际增长率为(　　)。

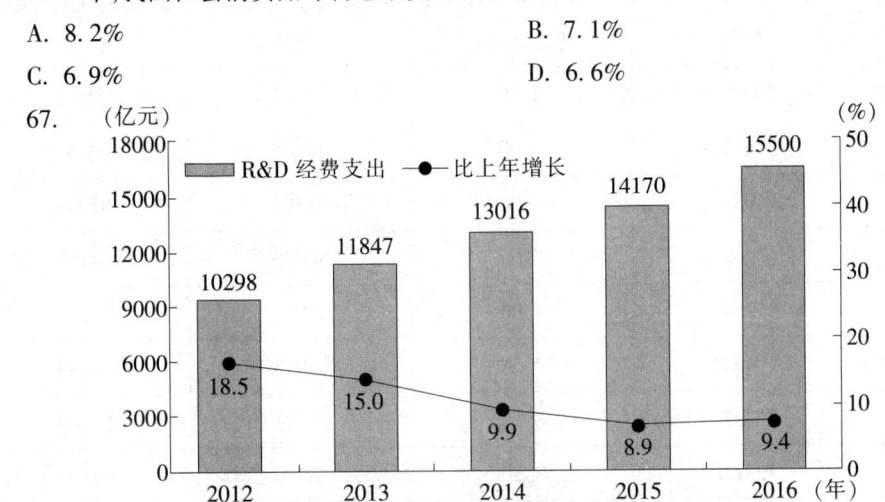

A. 8.2% B. 7.1%
C. 6.9% D. 6.6%

67.

2012—2016年研究与试验发展(R&D)经费支出及其增长速度

2013年,全年研究与试验发展(R&D)经费支出增长率比上一年(　　)。

A. 增加了2.5个百分点 B. 回落了3.5个百分点
C. 回落了5.5个百分点 D. 增加了4个百分点

68.

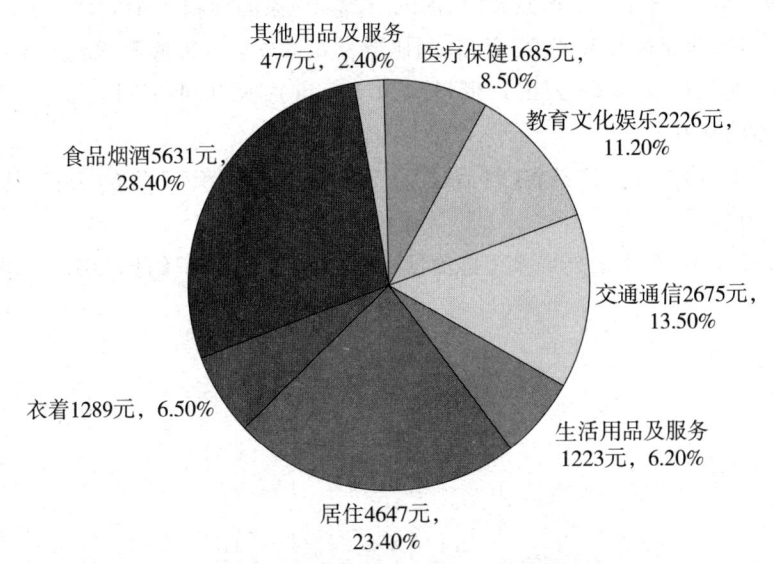

2018年全国居民人均消费支出分布图

注:统计图中各部分占比之和超过100%是统计数据四舍五入所致。

2018年全国居民人均消费支出中,支出最少的项目占人均消费支出的比重比最多的少几个百分点?(　　)

A. 27　　　　　　　　　　　　　　B. 26
C. 22　　　　　　　　　　　　　　D. 21

69.

2015年与2016年9省GDP相关指标一览

省份	2016年GDP（亿元）	2016年GDP增长率(%)	2016年人均GDP（元）	2015年人均GDP（元）
河南省	4060.01	8.10	42363	39123
河北省	31827.9	6.80	42866	40255
江苏省	76082.2	7.80	95394	87995
山东省	67008.2	7.60	68049	64168
湖南省	31244.7	7.90	46063	42754
浙江省	46485	7.50	83923	77644
湖北省	32297.9	8.10	55191	50654
广东省	79512.9	7.50	73290	67503
四川省	32680.5	7.70	39835	36775

下列各省份中,2016年人均GDP增长最多的是(　　)。

A. 四川省　　　　　　　　　　　B. 河北省
C. 山东省　　　　　　　　　　　D. 湖南省

70. 2019年我国18个主要产茶省(自治区、直辖市)茶园面积达4597.87万亩,同比增长4.6%。其中,可采摘面积为3690.77万亩,同比增长6.15%。可采摘面积超过300万亩的省份有5个,分别是云南(604.65万亩)、贵州(470.1万亩)、四川(446.24万亩)、湖北(370万亩)和福建(309.39万亩)。

2020年,全国18个主要产茶省(自治区、直辖市)茶园总面积4747.69万亩,其中,可采摘面积4152.18万亩。

2020年,我国18个主要产茶省(自治区、直辖市)茶园面积约比2018年增长多少万亩?(　　)

A. 150　　　　　　　　　　　　　B. 251
C. 352　　　　　　　　　　　　　D. 453

71.

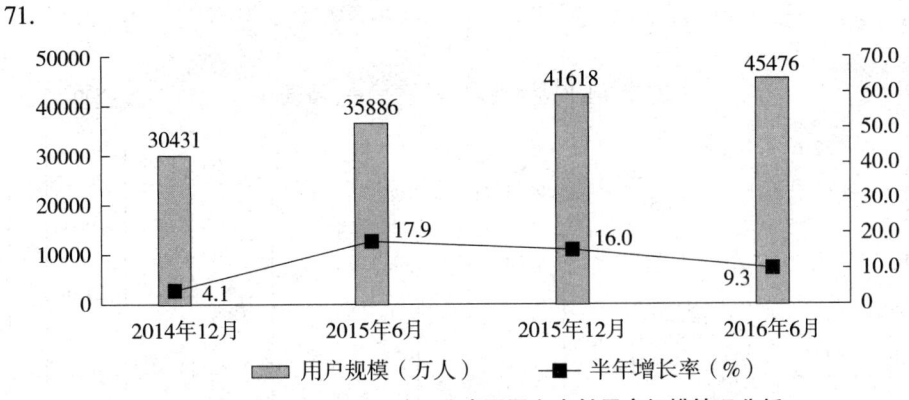

图1 2014年12月—2016年6月我国网上支付用户规模情况分析

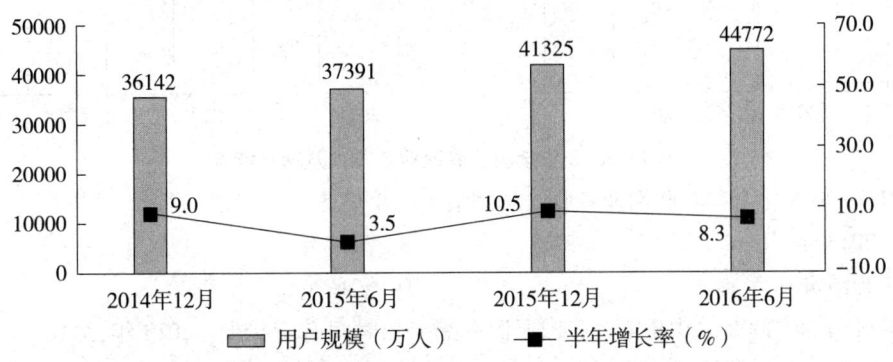

图2 2014年12月—2016年6月我国网络购物用户规模情况分析

下列选项中,半年增长人数最多的是(　　)。
A. 2015年12月,我国网上支付用户规模
B. 2015年12月,我国网络购物用户规模
C. 2015年6月,我国网上支付用户规模
D. 2015年6月,我国网络购物用户规模

72.

2017年5月J省运输业主要业务量指标(部分)

项目	计量单位	2017年5月	同比增长(%)	增幅比上年同期提高(个百分点)
货物周转量	亿吨公里	38.9	-1.0	-3.5
公路	亿吨公里	14.2	-6.3	-6.8
铁路	亿吨公里	18.4	-0.7	-5.2
航空	亿吨公里	6.4	12.4	10.5

2017年5月,J省航空货物周转量比上年同期约多(　　)。
A. 0.64亿吨公里　　　　　　　　B. 0.71亿吨公里
C. 1.28亿吨公里　　　　　　　　D. 1.42亿吨公里

73.

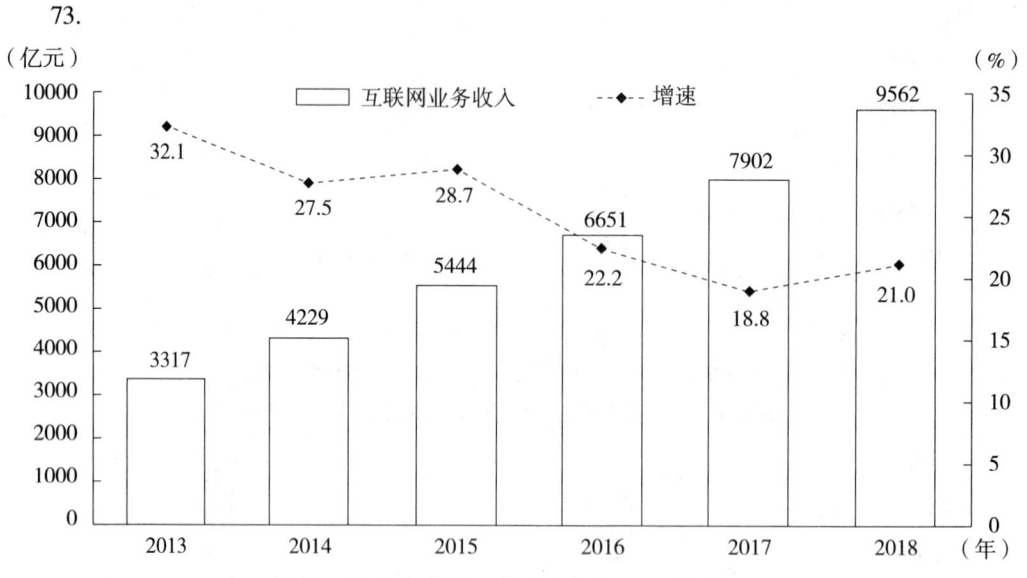

2013—2018年全国互联网业务收入及增长情况

2013—2018年全国互联网业务收入增加最少的年份是(　　)。

A. 2013年　　　　　　　　　　B. 2014年

C. 2015年　　　　　　　　　　D. 2016年

74. 十年间(2008—2018年),我国居民有酬劳动时间有所减少。2018年,居民一天有酬劳动用时4小时24分钟,比2008年减少4分钟。有酬劳动时间减少的原因是家庭生产经营活动时间大幅减少,家庭生产经营活动时间为1小时27分钟,比2008年减少了32分钟。

十年间,我国居民有酬劳动时间(　　)。

A. 减少1.5%　　　　　　　　　B. 减少1.9%

C. 增加1.5%　　　　　　　　　D. 增加1.9%

根据下列资料,回答75~76题。

2014年,我国轻工工艺品对外贸易总体保持平稳增长,进出口总值达到8322.6亿美元,占全商品贸易总额的19.3%,增长10.0%,增速较全商品高6.6个百分点。其中出口6615.8亿美元,占全商品出口额的28.2%,增长7.8%,增速较全商品高1.8个百分点,各月出口增速波动较大;进口1706.8亿美元,占全商品进口额的8.7%,增长19.3%。全年轻工工艺品进出口形势有以下特点:

……

二、出口方式以一般贸易为主,加工贸易增速较快。

2014年一般贸易出口金额为3939.1亿美元,同比增长6.0%,占出口总额的59.5%;加工贸易出口金额为1974.0亿美元,同比增长7.2%,占出口总额的29.8%。

75. 2014年,我国轻工工艺品出口方式中除一般贸易和加工贸易两种方式外,其余方式贸易出口金额比上年约(　　)。

A. 增长2.1%　　　　　　　　　B. 增长21%

C. 下降2.1%　　　　　　　　　D. 下降21%

76. 2014年,我国轻工工艺品进出口对全商品贸易总额增长的贡献约为(　　)。
   A. 19%　　　　　B. 34%　　　　　C. 42%　　　　　D. 53%

77. 据对全国规模以上文化及相关产业5.5万家企业调查,2017年,上述企业实现营业收入91950亿元,比上年增长10.8%(名义增长,未扣除价格因素),增速提高3.3个百分点,继续保持较快增长。

2017年全国规模以上文化及相关产业企业营业收入比2015年增长了(　　)。
   A. 19.1%　　　　B. 18.3%　　　　C. 7.5%　　　　　D. 4.2%

78.

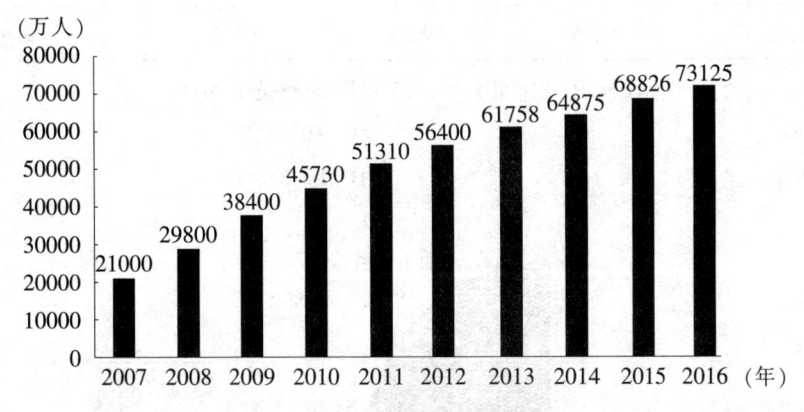

2007—2016年中国网民规模

年份	2007	2008	2009	2010	2011	2012	2013	2014	2015	2016
万人	21000	29800	38400	45730	51310	56400	61758	64875	68826	73125

若保持2016年的年增速不变,到2020年中国网民人数约为多少亿人?(　　)
   A. 8.26　　　　　B. 8.77　　　　　C. 9.32　　　　　D. 10.21

79.
2010—2016年我国在线旅游市场交易情况

年份	在线旅游		在线机票		在线住宿
	规模(亿元)	渗透率(%)	规模(亿元)	渗透率(%)	规模(亿元)
2010	948.9	5.1	611.0	28.4	240.9
2011	1313.9	5.8	817.7	33.8	319.3
2012	1689.5	6.5	1042.0	35.3	398.2
2013	2215.7	7.5	1353.3	40.8	494.0
2014	3153.2	9.4	1925.0	52.6	632.5
2015	4428.5	10.7	2589.0	63.1	900.1
2016	5934.6	12.1	3492.0	74.4	1192.2

注:1. 在线旅游市场包括在线机票、在线住宿和其他。
　　2. 渗透率=在线市场交易规模÷市场交易总规模。

2011—2016年,我国在线机票市场交易规模年增长率最低的年份是(　　)。
   A. 2011年　　　　　　　　　　　B. 2012年
   C. 2015年　　　　　　　　　　　D. 2016年

80.

2017年5月J省运输业主要业务量指标(部分)

项目	计量单位	2017年5月	同比增长(%)	增幅比上年同期提高(个百分点)
旅客运输总量	万人	5796.1	-3.5	3.2
公路	万人	3916.1	-8.4	1.4
铁路(旅客发送量)	万人	1180.7	8.5	8.1
航空	万人	699.3	8.8	3.9

J省2017年5月铁路(旅客发送量)比2015年同期增长了约(　　)。

A. 0.4%　　　　　　　　　　　　B. -0.4%
C. 8.9%　　　　　　　　　　　　D. 17.8%

81.

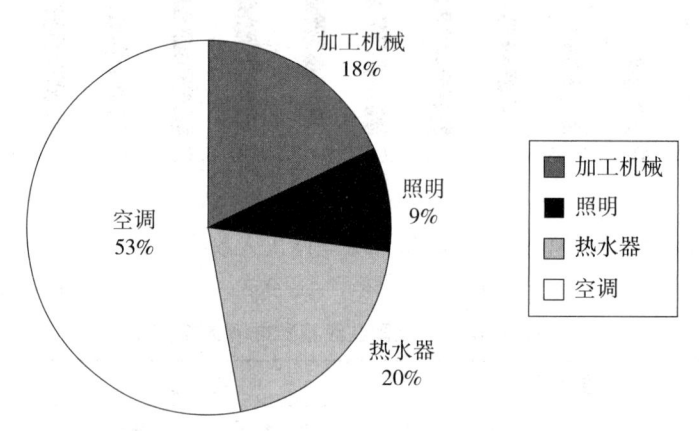

某单位7月各种用电比例图(总数:800千瓦时)
- 加工机械 18%
- 照明 9%
- 热水器 20%
- 空调 53%

该单位11月的用电量与7月相同,但热水器的用电量占总量的33%,问:热水器的用电量大约增长了多少?(　　)

A. 13%　　　　　　　　　　　　B. 33%
C. 50%　　　　　　　　　　　　D. 65%

82. 美国、欧盟和日本等发达经济体仍是我国轻工工艺品最大的出口市场,其出口额占出口总额的比例分别为20.8%、17.4%和5.2%。2014年我国对美国出口1376.7亿美元,同比增长5.6%;对欧盟出口1150.1亿美元,同比增长7.7%;对日本出口346.9亿美元,同比下降2.4%;对东盟出口628.7亿美元,同比增长9.7%;对金砖国家出口437.8亿美元,其中出口俄罗斯、印度增长较快,分别为13.4%和8.1%,对南非和巴西出口则分别下降13.9%和5.5%。

2014年,对我国轻工工艺品进口同比增长量最大的地区是(　　)。

A. 欧盟　　　　　　　　　　　　B. 东盟
C. 金砖国家　　　　　　　　　　D. 美国

根据下列资料，回答 28~31 题。

2007—2016年某省工业企业主营业务收入和利润

（亿元）
- 2007年：17116，1270
- 2008年：22496，1370
- 2009年：24121，1440
- 2010年：31640，2142
- 2011年：40229，2639
- 2012年：43836，2560
- 2013年：46121，2735
- 2014年：47215，2611
- 2015年：45667，2361
- 2016年：47311，2815

83. 根据上图，以下说法正确的是（　　）。

A. 该省2016年工业企业主营业务收入是2007年的2.4倍

B. 2007—2016年，该省工业企业主营业务收入逐年提高

C. 2007—2016年，该省工业企业主营业务利润年均增长率约为15.3%

D. 2007—2016年，该省工业企业主营业务利润率最低的年份是2015年

84. 2016年，该省工业企业主营业务利润率比2007年（　　）个百分点。

A. 上升了1.5　　　　　　　　B. 降低了1.5

C. 上升了2.2　　　　　　　　D. 降低了2.2

85. 下列折线图中，最能准确反映2013—2016年该省工业企业主营业务收入同比增速变化趋势的是（　　）。

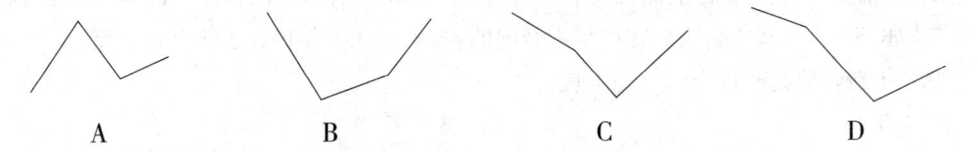

A　　B　　C　　D

86. 以下年份中，该省工业企业主营业务收入同比增长量最多的是（　　）。

A. 2008年　　　　　　　　B. 2010年

C. 2011年　　　　　　　　D. 2016年

根据下列资料，回答 87~89 题。

2018年前三季度，A市工业生产保持稳步增长的良好趋势。全市规模以上工业企业（下同）实现工业增加值3806.37亿元，比去年同期增长12.7%。其中，轻工业增加值1088.25亿元，增长9%；重工业增加值2718.12亿元，增长14.2%。完成工业总产值15777.56亿元，比去年同期增长16.2%。其中，轻工业完成3550.44亿元，增长9.7%；重工业完成12227.12亿元，增长18.2%。

六个重点发展工业行业是本市工业增长的主要拉动力，前三季度共完成工业总产值10282.8亿元，比去年同期增长19.3%，其中电子信息产品制造业和汽车制造业增速较快，共拉动全市工业增长8.5个百分点。

87. 2018年前三季度,电子信息产品制造业和汽车制造业较去年同期增长(　　)。
    A. 2603.6亿元 B. 1154.1亿元
    C. 1137.8亿元 D. 141.4亿元

88. 2018年前三季度,六个重点发展工业行业拉动全市工业增长(　　)个百分点。
    A. 12.3 B. 14.2
    C. 65.2 D. 无法计算

89. 该市2017年前三季度,全市规模以上工业企业实现的增加值中重工业所占的比重为(　　)。
    A. 28.59% B. 29.56%
    C. 70.5% D. 71.4%

90.

某高校2018届毕业生就业情况

毕业生类型	国内升学（人）	境外留学（人）	落实单位（人）	待就业（人）	毕业生总人数（人）	就业率（%）
本科生	1252	603	1246	116	3217	96.39
硕士生	242	60	2581	135	3018	95.53
博士生	59	23	498	56	636	91.19
总计	1553	686	4325	307	6871	95.53

2018届本科生境外留学的人数占本科毕业生总数的(　　)。
    A. 9.12% B. 18.74%
    C. 33.97% D. 62.51%

91. 国家统计局公布的全国棉花产量数据显示2018年全国棉花产量609.6万吨,比2017年增长7.8%。其中新疆棉花产量占全国的83.8%,比上年提高了3个百分点。
    2018年新疆棉花产量为(　　)万吨。
    A. 450.1 B. 510.8
    C. 497.6 D. 565.2

92. 2016年1—11月,我国规模以上工业企业实现利润总额60334.1亿元,同比增长9.4%。11月,规模以上工业企业实现利润总额7745.7亿元,同比增长14.5%,增速比10月加快4.7个百分点……
    2016年1—11月,采矿业实现利润总额1549.8亿元,同比下降36.2%;制造业实现利润总额54306.8亿元,增长13.7%;电力、热力、燃气及水生产和供应业实现利润总额4477.5亿元,下降10.1%。
    2016年1—11月,我国采矿业实现利润总额占规模以上工业企业实现利润总额的比重与上一年相比(　　)。
    A. 增加2个百分点 B. 减少2个百分点
    C. 增加1个百分点 D. 减少1个百分点

93.

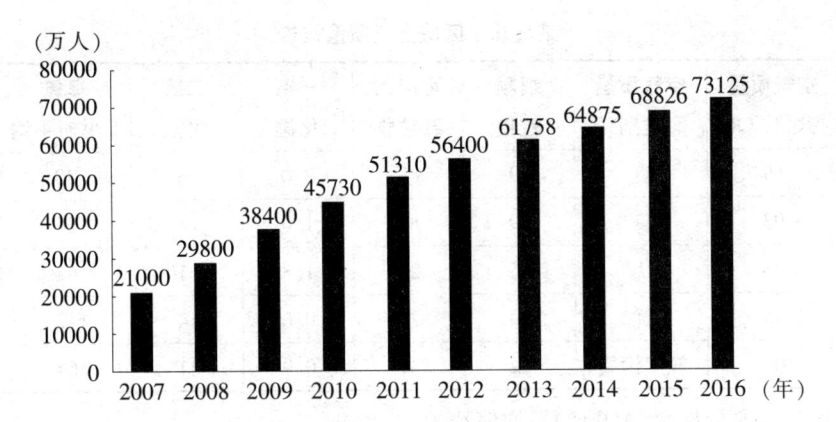

图1 2007—2016年中国网民规模

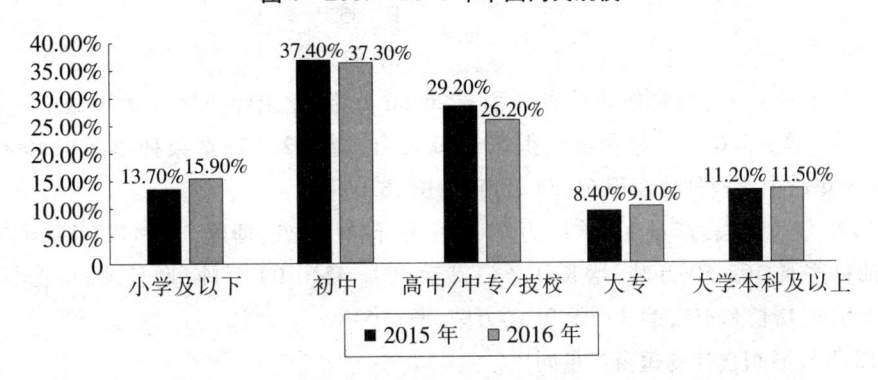

图2 中国网民学历结构

2016年,中国网民中,初中学历的人数比大专学历的多多少万人?(　　)

A. 19409　　　　　　　　　　B. 20621

C. 21538　　　　　　　　　　D. 22381

94. 2017年我国境内民用航空机场……各机场中,年旅客吞吐量1000万人次以上的机场达到32个,较上年净增4个(太原武宿、长春龙嘉、南昌昌北、呼和浩特白塔机场),完成旅客吞吐量占全部境内机场旅客吞吐量的81.0%,较上年提高1.9个百分点,其中北京、上海和广州三大城市机场旅客吞吐量占全部境内机场旅客吞吐量的24.3%,较上年下降1.9个百分点。年旅客吞吐量200万~1000万人次机场有26个,较上年净增5个,完成旅客吞吐量占全部境内机场旅客吞吐量的11.8%,较上年下降1.0个百分点。年旅客吞吐量200万人次以下的机场有171个,较上年净增2个,完成旅客吞吐量占全部境内机场旅客吞吐量的7.3%,较上年下降0.8个百分点。

2017年,北京、上海和广州三大城市机场的旅客吞吐量占年旅客吞吐量1000万人次以上的机场旅客吞吐量的比重,与2016年相比(　　)。

A. 提高了3.1个百分点

B. 降低了3.1个百分点

C. 提高了3.8个百分点

D. 降低了3.8个百分点

95.

某日几个区域空气质量报告

	空气质量指数(AQI)	空气质量类别	细颗粒物	可吸入颗粒物	一氧化碳	二氧化氮	臭氧1小时平均	二氧化硫
北辰	69	良	49	88	2.0	73	30	51
静海	93	良	69	83	1.0	28	166	18
东丽	26	优	15	26	1.8	31	64	6
西青	35	优	20	27	0.6	14	112	3
津南	109	轻度污染	82	131	0.9	11	164	16

五个区空气质量指数(AQI)的平均值约为(　　)。

A. 52　　　　　　　　　　　　B. 66
C. 79　　　　　　　　　　　　D. 81

96. 2018年G省，粮食作物播种面积3226.56万亩，比上年下降0.9%；糖蔗种植面积223.79万亩，增长2.0%；油料种植面积509.90万亩，增长2.4%；蔬菜种植面积1906.32万亩，增长3.6%；中草药种植面积61.75万亩，增长18.0%。

2018年G省，粮食产量1193.49万吨，比上年下降1.3%；糖蔗产量1197.24万吨，增长4.6%；油料产量105.50万吨，增长4.2%；蔬菜产量3330.00万吨，增长4.8%；水果产量1540.99万吨，增长8.4%；茶叶产量9.87万吨，增长5.3%。

2018年G省粮食作物每亩产量同比(　　)。

A. 下降了不到5%　　　　　　B. 下降了5%以上
C. 上升了不到5%　　　　　　D. 上升了5%以上

97. 2016年C市新材料产业共有企业144家，比上年净增24家。新材料产品2016年产值过1亿元企业共有93家，比上年增加17家；其中过10亿元企业29家，比上年增加9家。全市新材料产业实现产品产值1732.76亿元，比上年增长15.5%，增幅高于全部规模以上工业总产值7个百分点。

从企业控股类型看，C市新材料企业中，120家是非公企业，共实现新材料产品产值1608.68亿元，比上年增长14.8%。

2016年，C市平均每家非公新材料产业企业实现新材料产品产值约是公有制企业的多少倍？(　　)

A. 1.4　　　　　　　　　　　　B. 1.9
C. 2.6　　　　　　　　　　　　D. 3.5

98. 2016年全国城镇非私营单位就业人员年平均工资为67569元，同比增长8.93%，增速比2015年回落1.2个百分点。分四大区域看，东部77013元，同比增长9.1%；西部62453元，同比增长9.0%；中部55299元，同比增长8.8%；东北地区54872元，同比增长7.5%。

2015年全国城镇非私营单位就业人员月平均工资为(　　)。

A. 4978元　　　　　　　　　　B. 5023元

C. 5169 元　　　　　　　　　　　　D. 6202 元

根据下列资料,回答 99~101 题。

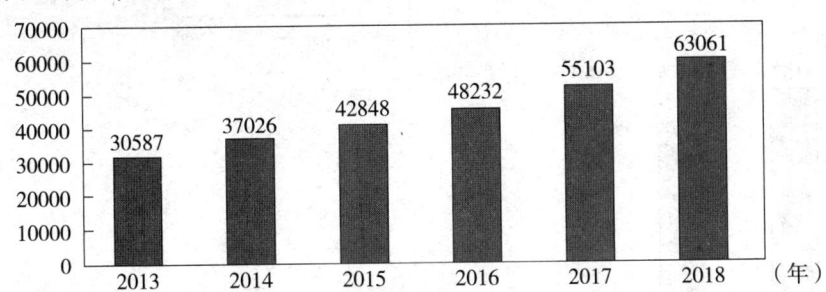

图 1　2013—2018 年我国软件和信息技术服务业完成业务收入(亿元)

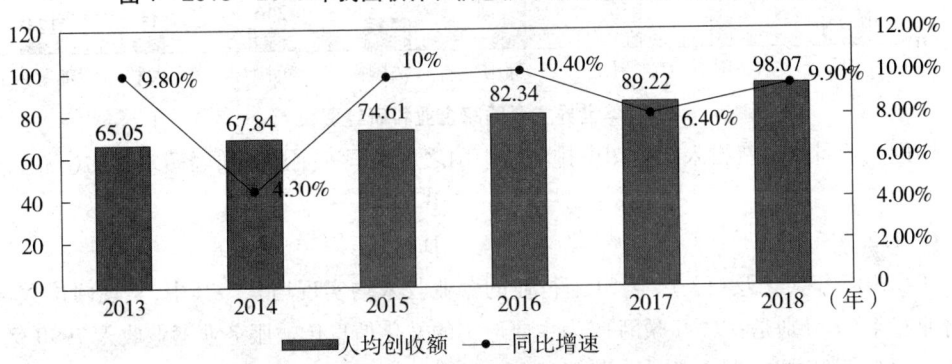

图 2　2013—2018 年我国软件和信息技术服务业人均创收额(万元)及同比增速

99. 2017 年,我国软件和信息技术服务业从业人员人数约为多少万人?(　　)

A. 701　　　　　　　　　　　　B. 652
C. 633　　　　　　　　　　　　D. 618

100. 2013—2018 年,我国软件和信息技术服务业人均创收额同比增速回落超过 5 个百分点的年份有(　　)。

A. 3 个　　　　　　　　　　　　B. 2 个
C. 1 个　　　　　　　　　　　　D. 0 个

101. 如果我国 2019 年要实现在 2014 年基础上软件和信息技术服务业业务收入翻番的目标,则 2019 年业务收入同比增速要达到约(　　)。

A. 17.4%　　　　　　　　　　　B. 16.1%
C. 15.3%　　　　　　　　　　　D. 14.8%

102. 2017 年,A 省完成客运总量 148339 万人次,同比增长 5.4%,增幅比前三季度提高 0.2 个百分点,比上年提高 0.5 个百分点;完成旅客周转总量 4143.84 亿人公里,增长 7.7%,增幅比前三季度提高 0.7 个百分点,比上年提高 1.8 个百分点。

2017 年前三季度,A 省平均每人次客运旅客运输距离(旅客周转量÷客运总量)同比(　　)。

A. 下降了 2%以上　　　　　　　B. 下降了不到 2%
C. 上升了 2%以上　　　　　　　D. 上升了不到 2%

103.

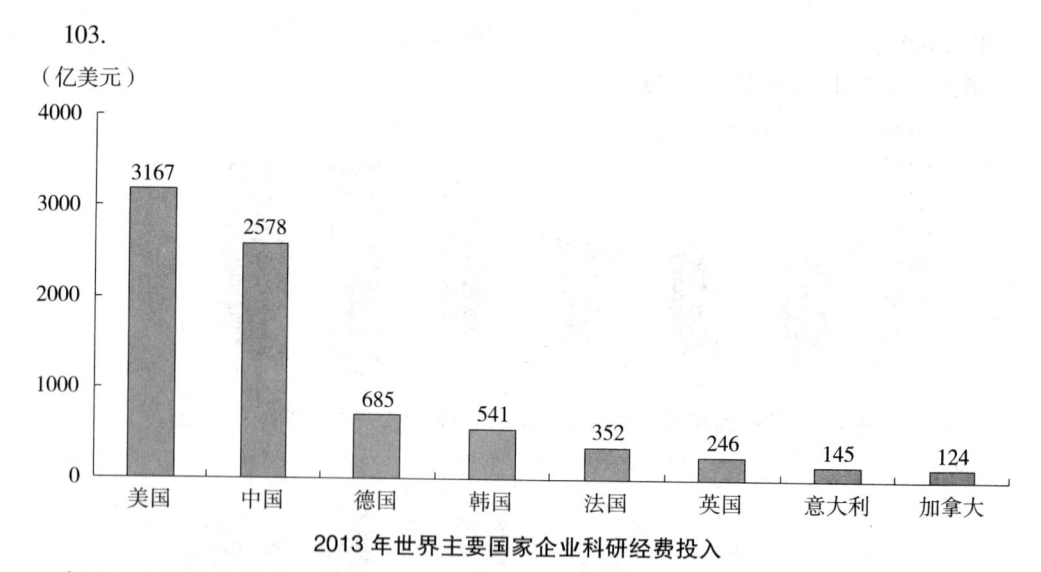

[条形图：2013年世界主要国家企业科研经费投入（亿美元）
美国 3167；中国 2578；德国 685；韩国 541；法国 352；英国 246；意大利 145；加拿大 124]

2013年世界主要国家企业科研经费投入

中国企业科研经费投入约是图中排名在中国之后的国家企业科研经费之和的（　　）倍。

A. 0.7　　　　　　　　　　　　B. 1.0

C. 1.2　　　　　　　　　　　　D. 1.6

104. 2017年文化及相关产业10个行业的营业收入均实现增长。其中，实现两位数增长的行业有4个，分别是：以"互联网+"为主要形式的文化信息传输服务业营业收入7990亿元，增长34.6%；文化艺术服务业434亿元，增长17.1%；文化休闲娱乐服务业1545亿元，增长14.7%；文化用品的生产33665亿元，增长11.4%。

2017年文化信息传输服务业的营收是文化艺术服务业的多少倍？（　　）

A. 0.5　　　　　　　　　　　　B. 0.24

C. 5.17　　　　　　　　　　　　D. 18.41

105. 2018年全国棉花单位面积产量为1818.3公斤/公顷（121.2公斤/亩），比上年增加49.2公斤/公顷（3.3公斤/亩），增长2.8%。

其中，长江流域棉区单位面积产量增加45.7公斤/公顷（3.0公斤/亩），增长4.3%；黄河流域棉区单位面积产量增加10.5公斤/公顷（0.7公斤/亩），增长0.9%。尽管新疆棉花单位面积产量比上年略减，减少7.6公斤/公顷（0.5公斤/亩），下降0.4%，但依然高达2051.5公斤/公顷（136.8公斤/亩），是其他棉区的1.8倍；且新疆棉花种植面积占全国的比重进一步上升，成为全国棉花单产增加的重要因素。

2017年新疆棉花单位面积产量是全国棉花单位面积产量的（　　）倍。

A. 1.16　　　　　　　　　　　　B. 1.22

C. 1.52　　　　　　　　　　　　D. 1.75

参考答案及解析

1.【答案】C。解析：由条形图数据可知，"十二五"期间，中国与"一带一路"沿线国家贸易总额为（4542.0+4399.1）+（5013.5+4584.9）+（5690.9+4714.1）+（6370.4+4833.6）+

$(6145.8+3883.4) \approx 8900+9600+10400+11200+10000=50100$（亿美元），即约 5 万亿美元。故本题选 C。

2.【答案】B。解析：贸易顺差额=出口额-进口额，大致估算条形图中数据可知，2011—2016 年出口额与进口额的差值超过 1000 亿美元的年份是 2014—2016 年，共 3 年。故本题选 B。

3.【答案】A。解析：由条形图数据可知，2016 年中国与"一带一路"沿线国家进出口贸易总额的同比增速为 $\frac{5874.8+3661.1}{6145.8+3883.4}-1 \approx \frac{59+36}{61+39}-1=-\frac{5}{100}=-5\%$，即比上年下降了约 5%。故本题选 A。

4.【答案】D。解析：观察折线图，2015 年中国与"一带一路"沿线国家的进口额、出口额占比分别为 23.1%、26.9%，则当年中国与"一带一路"沿线国家的进出口贸易总额占中国进出口贸易总额的比重应介于 23.1% 和 26.9% 之间，排除 B、C。2015 年中国进口贸易总额为 $\frac{3883.4}{23.1\%}$ 亿美元，出口贸易总额为 $\frac{6145.8}{26.9\%}$，$\frac{6145.8}{26.9\%} > \frac{3883.4}{23.1\%}$，则所求比重应偏向 26.9%，范围为 $\frac{23.1\%+26.9\%}{2} \sim 26.9\%$，即 25%~26.9%。故本题选 D。

5.【答案】C。解析：A 项，由图中数据可知，2011 年中国与"一带一路"沿线国家出口额为 4542.0 亿美元，占全国出口总额的 23.9%。则所求为 $\frac{4542.0}{23.9\%} < \frac{4600}{23\%} = 20000$（亿美元），即小于 2 万亿美元，不能推出。

B 项，根据图中数据可知，2011 年、2012 年中国与"一带一路"沿线国家进口额分别为 4399.1 亿美元、4584.9 亿美元，占中国进口贸易额的比重均为 25.2%，故所求为 $\frac{4584.9}{25.2\%} \div \frac{4399.1}{25.2\%} - 1 = \frac{4584.9}{4399.1} - 1 = \frac{185.8}{4399.1} < 10\%$，不能推出。

C 项，比较条形图中数据可知，2011—2016 年中国与"一带一路"沿线国家进口额和出口额最高的年份均为 2014 年，能够推出。故本题选 C。

验证 D 项，根据出口额占比折线图可知，2015 年中国对"一带一路"沿线国家出口额占比（26.9%）小于 2014 年（27.2%），并非逐年上升，不能推出。

6.【答案】D。解析：根据文字材料第一段可知，2017 年 B 省农业产业化龙头经营组织中，非企业组织有 2575-2303=272（个），较上年增加了 46-91=-45（个），则所求为 272+45=317（个）。故本题选 D。

7.【答案】B。解析：根据文字材料第二段可知，2017 年全省农业产业化龙头企业实现销售收入 3858.0 亿元，其中粮食类、奶类和饲料类龙头企业的销售收入分别为 602.7 亿元、323.9 亿元和 287.2 亿元，则粮食类企业的销售收入约等于奶类和饲料类企业收入总和，排除 A、D。粮食类销售收入占比为 $602.7 \div 3858.0 \approx 6 \div 36 = \frac{1}{6} \approx 16.7\%$，C 项的粮食类收入占比接近 25%，排除。故本题选 B。

8.【答案】A。解析：根据文字材料第三段可知，2017 年，全省农业产业化龙头经营组织共实现利润 489.0 亿元,比上年增长 5.0%;从业人员 53.5 万人,增长 0.3%。根据平均数的增长率公式可知,所求为 $\dfrac{5\%-0.3\%}{1+0.3\%}=\dfrac{4.7\%}{1+0.3\%}\approx 4.7\%$。故本题选 A。

9.【答案】B。解析:根据表格第二列、第四列可知,2017 年 B 省农业产业化生产(加工)基地包括种植业生产基地、养殖业生产基地和农产品加工基地,则基地总量为 413+296+33≈410+300+30=740(个),销售产值为 1772.7+1155.0+688.8≈1800+1100+700=3600(亿元)。则所求约为 $\dfrac{3600}{740}=4.X$(亿元)。故本题选 B。

10.【答案】C。解析:A 项,根据文字材料第二段可知,2017 年,B 省农业产业化龙头企业实现销售收入 3858.0 亿元,比上年增长 6.2%;中草药生产(加工)龙头企业销售收入达到 67.1 亿元,增长 53.7%。则所求为 $\dfrac{67.1}{3858.0}\times\dfrac{53.7\%-6.2\%}{1+53.7\%}\times 100<\dfrac{7000}{3800}<2$,即未超过 2 个百分点,不能推出。

B 项,根据文字材料第二段、第四段可知,2017 年,全省农业产业化龙头企业实现销售收入比上年增长 6.2%,固定资产净值比上年增长 16.5%。根据平均数增长率的核心结论可知,若总量(销售收入)增长率小于份数(固定资产净值)增长率,则现期平均数小于基期平均数。6.2%<16.5%,即平均每万元固定资产净值实现的销售收入低于上年水平,不能推出。

C 项,根据文字材料第三段、第四段可知,2017 年 B 省农业产业化龙头经营组织从业人员 53.5 万人,农业产业化龙头企业从业人员 42.1 万人。则在非企业组织就业的比重为 $\dfrac{53.5-42.1}{53.5}=\dfrac{11.4}{53.5}>\dfrac{11}{55}=20\%$,能够推出。故本题选 C。

验证 D 项,根据表格第二行可知,2017 年种植业生产基地数量的增长率为 $\dfrac{16}{413-16}=\dfrac{16}{397}>\dfrac{16}{400}=4\%$,高于销售产值的增长率(1.8%)。根据平均数增长率的核心结论可知,若总量增长率小于份数增长率,则现期平均数小于基期平均数。1.8%<4%,则平均每家种植业生产基地创造的销售产值低于上年水平,不能推出。

11.【答案】A。解析:由材料第五段可知,2017 年,占全社会用电量 11.9% 的城乡居民生活用电 253.72 亿千瓦时,增长 4.3%,增速比上年回落 1.3 个百分点。则 2016 年的同比增速为 4.3%+1.3%=5.6%,所求为 $\dfrac{253.72}{(1+4.3\%)\times(1+5.6\%)}=\dfrac{253.72}{1+4.3\%+5.6\%+4.3\%\times 5.6\%}\approx\dfrac{253}{1.1}\approx 230$(亿千瓦时)。故本题选 A。

12.【答案】D。解析:由材料第一、第六段可知,2017 年,全社会用电 2135.50 亿千瓦时,比上年增长 4.8%;2017 年 1—11 月,全社会用电 1927.09 亿千瓦时,比上年同期增长 4.4%。则 2017 年 12 月全社会用电 2135.50-1927.09=208.41(亿千瓦时)。设 2017 年 12 月全社会用电量的同比增速为 $x\%$,根据混合增长率的知识,可得 4.4%<4.8%<$x\%$,排除 A、B。又 2016 年 1—11 月全社会用电量 $\dfrac{1927.09}{1+4.4\%}$,明显大于 2016 年 12 月全社会用电量 $\dfrac{208.41}{1+x\%}$,则整体增长率 4.8% 应更接近 2017 年 1—11 月的增长率 4.4%,即 $4.4\%<4.8\%<\dfrac{4.4\%+x\%}{2}$,解得

$x\%>5.2\%$,排除 C。故本题选 D。

13.【答案】C。解析:由材料第一、第三段可知,2017 年,全社会用电 2135.50 亿千瓦时,比上年增长 4.8%;重工业用电 1375.40 亿千瓦时,增长 4.2%。则所求为 $\frac{1375.40}{1+4.2\%} \div \frac{2135.50}{1+4.8\%} \approx \frac{138}{214} = 6X\%$。故本题选 C。

14.【答案】D。解析:由材料第四段和倒数第二段可知,2017 年,占全社会用电量 14.5% 的第三产业用电 308.88 亿千瓦时,增长 6.4%;2017 年 1—11 月,占全社会用电量 14.4% 的第三产业用电 278.03 亿千瓦时,同比增长 6.3%。增速很接近,则 2016 年 1—11 月和 12 月的第三产业用电量之比可近似看成 $\frac{278.03}{308.88-278.03} \approx 9$,设 2017 年 12 月第三产业用电量同比增长 $x\%$,根据十字交叉法有:

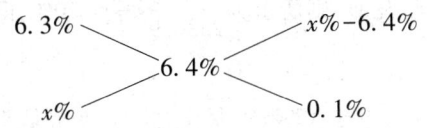

```
    6.3%         x%-6.4%
         6.4%
    x%           0.1%
```

则 $\frac{x-6.4}{0.1} \approx 9$,解得 $x \approx 9 \times 0.1 + 6.4 = 7.3$。故本题选 D。

15.【答案】B。解析:A 项,由材料第五段可知,2017 年,占全社会用电量 11.9% 的城乡居民生活用电增长 4.3%,不能推出。

B 项,根据材料第一、第四段可知,2017 年,全社会用电比上年增长 4.8%,增速比上年高出 2.2 个百分点;占全社会用电量 14.5% 的第三产业用电增长 6.4%,增速比上年回落 1.1 个百分点。

方法一,2017 年第三产业用电量同比增长率(6.4%)大于全社会用电量同比增长率(4.8%),由比重增长量的核心结论可知,2017 年第三产业用电量占比大于 2016 年。又 2016 年第三产业用电量同比增长率(6.4%+1.1%=7.5%)大于全社会用电量同比增长率(4.8%-2.2%=2.6%),则 2016 年第三产业用电量占比大于 2015 年。因此 2017 年第三产业用电量占比大于 2015 年。

方法二,2017 年全社会用电量相较 2015 年增长了 $(1+4.8\%) \times (1+4.8\%-2.2\%)-1=(1+4.8\%) \times (1+2.6\%)-1$,第三产业增长了 $(1+6.4\%) \times (1+6.4\%+1.1\%)-1=(1+6.4\%) \times (1+7.5\%)-1$,第三产业的增长率明显大于全社会用电量的增长率,则部分所占的比重上升,即 2017 年第三产业用电量占全社会用电量比重大于 2015 年,能够推出。故本题选 B。

验证:C、D 两项,材料只给出了 2017 年 1—11 月重工业和轻工业用电量及其同比增速,无法计算 2015 年的相关数据,所以无法判断 C、D 两项是否正确。

16.【答案】B。解析:根据表格最后一行可知,2016 年全国 11 条特高压线路输送电量 2333.9 亿千瓦时,其中可再生能源电量为 1724.5 亿千瓦时,则所求为 $\frac{1724.5}{2333.9} \approx \frac{172}{233} = 7X\%$。故本题选 B。

17.【答案】D。解析:不可再生能源电量=年输送量-可再生能源电量。查找表格第二列数据可知,2016 年输送电量排名前三位的特高压线路依次是锦苏直流、宾江直流和复奉直流。则 3 条线路的不可再生能源电量总和为(326.1−324.8)+(383.3−382.5)+(367.5−367.5)<2+1<5(亿千瓦时)。故本题选 D。

18.【答案】C。解析:当可再生能源电量×2>年输送量时,符合题干要求。结合表格第二、第三列数据,简单估算可知,符合的有复奉直流、锦苏直流、宾江直流、楚穗直流、普侨直流,共 5 条线路。故本题选 C。

19.【答案】B。解析:查找表格中数据可知,2016 年可再生能源占输送电量比重为 100%的有宾江直流、楚穗直流和普侨直流,比重为 0 即可再生能源电量为 0 的线路有锡盟—山东、皖电东送、浙福线,则所求为 $\frac{367.5+261.8+264.5}{32.8+202.9+17.1} \approx \frac{370+260+260}{33+200+17} = \frac{890}{250} = 3.X$。故本题选 B。

20.【答案】A。解析:A 项,查找表格第二列可知,输送电量最高的线路是锦苏直流,为 383.3 亿千瓦时,11 条线路总输送量为 2333.9 亿千瓦时,则所求为 $\frac{383.3}{2333.9} < \frac{4}{20} = 20\%$,即不到两成,能够推出。故本题选 A。

验证:B 项,皖电东送的不可再生能源电量为 202.9−0=202.9(亿千瓦时),明显低于天中直流的 322.6−73.4=249.2(亿千瓦时),不是排名第一,不能推出。

C 项,结合前项可知,天中直流线路输送电量中,不可再生能源电量占比为 $\frac{249.2}{322.6} \approx \frac{250}{323} = 7X\%$,即不到八成,不能推出。

D 项,查找表格中数据可知,年输送量超过 100 亿千瓦时的有 7 条线路,$\frac{7}{11} = \frac{21}{33} < \frac{22}{33} = \frac{2}{3}$,不能推出。

21.【答案】B。解析:根据文字材料可知,2019 年第一产业增加值 70467 亿元,第二产业增加值 386165 亿元。则所求为 386165÷70467=5.X 倍。故本题选 B。

也可以直接用第一、第二产业增加值占国内生产总值的比重计算倍数关系。根据文字材料可知,第一产业增加值占国内生产总值比重为 7.1%,第二产业增加值比重为 39.0%。则所求为 39.0%÷7.1%=5.X 倍。故本题选 B。

22.【答案】B。解析:根据条形图可知,2015 年国内生产总值为 688858 亿元≈68.9 万亿元,2019 年为 990865 亿元≈99.1 万亿元。则所求约为(99.1−68.9)÷(2019−2015)=30.2÷4=7.6(万亿元)。故本题选 B。

23.【答案】D。解析:由文字材料可知,2019 年国内生产总值 990865 亿元,比上年增长 6.1%,其中第一产业增加值 70467 亿元,增长 3.1%。故第一产业增加值对国内生产总值增长的贡献率为 $\frac{70467}{1+3.1\%} \times 3.1\% \div \left(\frac{990865}{1+6.1\%} \times 6.1\%\right) = \frac{70467}{990865} \times \frac{3.1\%}{6.1\%} \times \frac{1+6.1\%}{1+3.1\%} < 10\% \times 1 \times 2 = 20\%$。2019 年,全年最终消费支出对国内生产总值增长的贡献率为 57.8%,资本形成总额的贡献率为 31.2%,货物和服务净出口的贡献率为 11.0%。贡献率最高的是最终消费支出。故本题选 D。

24.【答案】D。解析:由文字材料可知,2019 年国民总收入 988458 亿元≈98.8 万亿元,比上年增长 6.2%。根据基期值 = $\frac{现期值}{1+同比增长率}$，可知所求约为 $\frac{98.8}{1+6.2\%}$ = 9X（万亿元），只有 D 项符合。故本题选 D。

25.【答案】B。解析：A 项，根据文字材料可知，2019 年人均国内生产总值 70892 元，比上年增长 5.7%。2019 年人均国内生产总值比 2018 年有所提高。不能推出。

B 项，由条形图可知，2015—2019 年，国内生产总值逐年增加。能够推出。故本题选 B。

验证：C 项，由折线图可知，2015—2019 年，国内生产总值增长率先下降后上升再下降。不能推出。

D 项，由折线图可知，2015—2019 年，国内生产总值增长速度最快的是 2015 年（7.0%）。不能推出。

26.【答案】A。解析：根据文字第一段，所求为 $\frac{197.02}{1+10.7\%}$ = 197.02×$\frac{100}{110.7}$，运用错位加减法可得原式 ≈ (197-19)×$\frac{100}{110.7-10.7}$ = 178（亿元）。故本题选 A。

27.【答案】B。解析：根据文字第二段，所求为 87.62-40.79 = 46.XX（亿元）。故本题选 B。

28.【答案】C。解析：根据文字第三段，2017 年 1—2 月，C 市 39 个工业大类行业中亏损的行业占比为 $\frac{3}{39}$ = $\frac{1}{13}$ ≈ 7.7%。故本题选 C。

29.【答案】D。解析：根据文字第三段，汽车制造业同比下降 32.7%，医药制造业同比增长 12.3%，通用设备制造业同比增长 44.8%，有色金属冶炼及压延加工业同比增长 59.0%，增长率最高的是 D 项。故本题选 D。

30.【答案】D。解析：A 项，根据文字第四段，2017 年 2 月月末，C 市规模以上工业企业资产同比增加了 $\frac{18567.53}{1+7.7\%}$×7.7% ≈ 1327.48（亿元），说法正确。

B 项，根据折线图可知，2017 年 1—2 月，主营业务收入的同比增速为 14.3%，2016 年 1—2 月为 7.3%，2017 年 1—2 月比 2016 年 1—2 月高 7 个百分点，说法正确。

C 项，根据文字第四段，2016 年 1—2 月，C 市规模以上工业企业实现主营业务收入为 $\frac{3444.37}{1+14.3\%}$ ≈ $\frac{3444.37}{1+\frac{1}{7}}$ = 3444.37×$\frac{7}{8}$ ≈ 430.5×7 = 3013.5（亿元），说法正确。直接选 D。

验证 D 项，根据折线图可知，主营业务的利润总额同比增速最快的是 2016 年 1—2 月，说法错误。

31.【答案】C。解析：根据文字材料可知，农业总产值由 2015 年的 12.92 亿元增加至 2019 年的 42.46 亿元，2015—2019 年，A 市农业总产值年均增长 $\frac{42.46-12.92}{2019-2015}$ = $\frac{29.54}{4}$ = 7.385（亿元）≈ 74000（万元）。故本题选 C。

32.【答案】D。解析：与 2015 年相比，2019 年 A 市种植业产值增幅为 $\frac{117928-37842}{37842}$ =

$\frac{80086}{37842}$ = 2. X,林业产值增幅为 $\frac{1750-1307}{1307}$ < $\frac{1750-1300}{1300}$ = $\frac{45}{130}$ < 50%,牧业实现负增长,渔业为 $\frac{259541-58352}{58352}$ = $\frac{201189}{58352}$ = 3. X,增幅最大的是渔业。故本题选 D。

33.【答案】B。解析:根据表2最后一行数据可知,2015—2019年,A市其他作物播种面积最多的一年是2019年,播种面积为149192亩,最少的一年是2016年,为65504亩,相差149192-65504=83XXX亩。故本题选 B。

34.【答案】A。解析:2015 年 A 市牧业产值占农业总产值比重为 $\frac{26292}{129156}$ > 20%,2016 年为 $\frac{23422}{159115}$ < 20%,2018 年为 $\frac{29013}{388609}$ < 10%,2019 年为 $\frac{25464}{424606}$ < 10%,比重最大的年份是 2015 年。故本题选 A。

35.【答案】D。解析:A 项,根据表 2 第四行数据可知,2016 年 A 市经济作物播种面积同比增长 $\frac{6702-513}{513}$ = $\frac{6189}{513}$ > 10 倍,而 2017—2019 年增速均不超过 2 倍,因此 2016 年是增长最快的一年,说法正确。

B 项,根据表 1 第四列数据可知,2017 年 A 市农业总产值的 50% 为 190942÷2 = 95471(万元),小于渔业产值(98749 万元),所以渔业产值占农业总产值的比重超过 50%,说法正确。

C 项,根据表 2 第二行数据可知,A 市农作物总播种面积先减少再增加,说法正确。故本题选 D。

验证 D 项,2018 年,A 市粮食作物播种面积占农作物总播种面积的比例为 $\frac{34718}{179010}$ ≈ 19.4%,2019 年为 $\frac{34813}{189272}$ ≈ 18.4%,2019 年的比例小于 2018 年的,不是逐年提升,说法错误。

36.【答案】D。解析:由材料第一段可知,2016 年 G 省农林牧渔业增加值实现 2876.45 亿元,同比增长 3.6%,故 2015 年 G 省农林牧渔业增加值为 2876.45÷(1+3.6%) > 2876.45÷1.04 = 27XX(亿元),D 项符合。故本题选 D。

37.【答案】C。解析:2016 年 G 省稻谷总产量 1137.3 万吨,播种面积是 1959.8 千公顷,因此单位产量为 1137.3×10000÷(1959.8×1000) = 11373÷1959.8 > 11300÷2000 = 5.65(吨/公顷),只有 C 项符合。故本题选 C。

38.【答案】B。解析:2016 年,G 省粮食总产量 1521.3 万吨,其中鲜薯总产量 380.3 万吨,占全省粮食总产量的 380.3÷1521.3 > 380÷1600 = 23.X%,只有 B 项符合。故本题选 B。

39.【答案】C。解析:香蕉产量同比增长 8.2%,荔枝产量同比增长 4.7%,芒果产量同比增长 19.3%,桃、李等其他水果产量同比增长 8.5%,增速最高的是芒果。故本题选 C。

40.【答案】A。解析:A 项,2016 年早稻产量同比增长 0.2%,可知 2015 年早稻产量比 2016 年少,说法错误。直接选 A。

验证:B 项,2016 年油料种植面积为 257 千公顷,同比增长 3.6%,因此 2015 年油料种植面积为 257÷(1+3.6%) ≈ 248.1(千公顷),说法正确。

C 项,由材料第四段可知,2016 年食用菌产量首次突破 60 万吨,说法正确。

D项,2016年全省园林水果产量1526.88万吨,果用瓜产量357.21万吨,前者是后者的1526.88÷357.21≈4.3倍,说法正确。

41.【答案】C。解析:由文字材料可知,截至2018年年底,全市规模以上服务业企业344家,比去年同期净增18家。根据增长率=$\frac{增长量}{现期值-增长量}$,可知所求为18÷(344-18)=18÷326=5.X%。故本题选C。

42.【答案】B。解析:根据文字材料可知,截至2018年年底,全市规模以上服务业企业344家,比去年同期净增18家;全市规模以上服务业企业实现营业收入740.2亿元,同比增长11.5%。那么2017年全市规模以上服务业企业有344-18=326(家)。根据基期值=$\frac{现期值}{1+同比增长率}$,2017年全市规模以上服务业企业实现营业收入$\frac{740.2}{1+11.5\%}$亿元。则所求为$\frac{740.2}{326\times(1+11.5\%)}\approx\frac{740}{324\times\frac{10}{9}}=\frac{740}{360}\approx2$(亿元)。故本题选B。

43.【答案】B。解析:根据表格第三、第四列可知,营业收入增速高于总体水平(15.1%)的有研发设计与其他技术服务(141.0%)、节能与环保服务(16.5%)、生产性租赁服务(48.5%),三者营业收入之和约占生产性服务业的18.2%+1.5%+3.4%≈23%。故本题选B。

44.【答案】C。解析:A项,基期值=$\frac{现期值}{1+同比增长率}$,根据表格倒数第四行和最后一行可知,2017年全市商务服务营业收入占规模以上生产性服务业营业收入的$\frac{\frac{208.6}{1+1.1\%}}{\frac{565.2}{1+15.1\%}}=\frac{208.6}{565.2}\times\frac{1+15.1\%}{1+1.1\%}>\frac{202}{101}\times\frac{1.15}{5.7}=\frac{2.3}{5.7}>40\%$。判断正确。

B项,由文字材料可知,截至2018年年底,全市规模以上服务业企业实现营业收入同比增长11.5%。由前面的题目可知,截至2018年年底,全市规模以上服务业企业数量同比增长5.5%。前者大于后者,判断正确。

C项,同比增量=$\frac{现期值\times同比增长率}{1+同比增长率}$,根据文字材料可知,2018年全市规模以上高技术服务业企业实现营业收入同比增量为$\frac{209.0\times41.8\%}{1+41.8\%}\approx\frac{210\times0.4}{1.4}=\frac{300\times0.4}{2}=60$(亿元),生产性服务业企业的为$\frac{565.2\times15.1\%}{1+15.1\%}\approx\frac{565\times15\%}{1+15\%}\approx500\times15\%=75$(亿元),前者小于后者。判断错误。

D项,根据表格数据可知,2018年人力资源管理与培训服务营业收入为1.2亿元,同比减少10.7%,那么2017年的营业收入为$\frac{1.2}{1-10.7\%}<2$(亿元)。简单估算可知,2017年其他服务类型的营业收入均大于2亿元,所以2017年人力资源管理与培训服务占比最小。判断正确。

故本题选 C。

45.【答案】A。解析：A 项，根据文字材料可知，全市规模以上服务业企业实现营业收入 740.2 亿元，全市规模以上高技术服务业企业实现营业收入 209.0 亿元，全市规模以上生产性服务业企业实现营业收入 565.2 亿元。209.0+565.2>740.2，说明有企业既属于规模以上高技术服务业，又属于规模以上生产性服务业。判断属实。

B 项，根据文字材料可知，2018 年全市规模以上服务业企业实现营业收入 740.2 亿元，同比增长 11.5%，高于 2018 年上半年的 7.5%。但是无法说明 2018 年下半年营业收入环比增长 4%，无法判断。

C 项，材料仅知截至 2018 年年底及 2018 年上半年规模以上服务业企业营业收入的同比增长率，无法判断。

D 项，由表格第三行可知，2018 年交通运输、仓储和邮政快递服务营业收入为 124.6 亿元，同比增长 4.0%，那么 2017 年的营业收入一定小于 124.6 亿元。判断不属实。

故本题选 A。

46.【答案】C。解析：由材料第一段"1—6 月，主要行业生产指数除金融和房地产业外，其他行业同比增速均高于一季度，其中交通运输、仓储和邮政业，信息传输、软件和信息技术服务业，租赁和商务服务业增速均在两位数以上"，可知除金融和房地产业外，其他三个行业增速都在两位数以上，故本题选 C。

47.【答案】C。解析：由材料第一段、第二段可知，2017 年上半年，服务业增加值 206516 亿元，占全国 GDP 比重为 54.1%，比第二产业高出 14.0 个百分点。那么全国 GDP 为 $\frac{206516}{54.1\%}$ 亿元，第二产业增加值占全国 GDP 的比重为 54.1%－14.0%＝40.1%，则所求为 $\frac{206516}{54.1\%} \times 40.1\% \approx \frac{207000}{54} \times 40 = 15XXXX$（亿元），故本题选 C。

48.【答案】A。解析：由材料第四段可知，2017 年上半年服务业税收收入达 4.9 万亿，同比增长 10.4%。根据"同比增量＝$\frac{现期值}{1+增长率} \times 增长率$"，可知同比增量为 4.9÷(1+10.4%)×10.4% ≈ $4.9 \times \frac{0.1}{1.1} = 0.44X$（万亿），与 A 项最接近，故本题选 A。

49.【答案】C。解析：由材料最后一段可知，2017 年上半年，服务业实际使用外资 3099.9 亿元，占全部利用外资总量的 70.2%；高技术服务业实际使用外资 647.2 亿元。根据"比重＝$\frac{部分值}{整体值}$"可知，2017 年上半年，全部利用外资总量为 $\frac{3099.9}{70.2\%}$ 亿元，高技术服务业实际使用外资额占全部利用外资总量的比重为 $647.2 \div \frac{3099.9}{70.2\%} \approx \frac{650}{3100} \times 70\% \approx 0.21 \times 70\% = 14.7\%$，与 C 项最接近，故本题选 C。

50.【答案】D。解析：A 项，由材料第一段可知，2017 年上半年，服务业生产指数同比增长 8.3%，6 月生产指数同比增长 8.6%。说法正确。

B 项，由材料第三段可知，2017 年上半年，教育，科学研究和技术服务业，文化、体育和娱乐业的新登记企业数同比分别增长 41.1%、22.0%、18.0%，增速均在两位数以上。说法正确。

C项,由材料第五段可知,2017年上半年,服务业固定资产投资166104亿元,占全部固定资产投资比重达到59.2%,比第二产业高出21.5个百分点。则服务业固定资产投资额要高于第二产业固定资产投资额。说法正确。

D项,根据材料无法得出2017年上半年信息技术服务、研究与设计服务实际使用外资额的数值,无法判断。

故本题选D。

51.【答案】C。解析:根据材料第一段可知,2018年A省义务教育中小学的仪器设备值为172亿元,增长14.6%。根据基期值=$\frac{现期值}{1+同比增长率}$,可知所求为$\frac{172}{1+14.6\%} \approx \frac{172}{1+\frac{1}{7}} = 172 \div \frac{8}{7} = 150.5$(亿元),最接近C。故本题选C。

52.【答案】A。解析:由材料第二段可知,2018年A省小学在校生360.57万人,增长1.9%;由材料第三段可知,2018年A省初中在校生161.46万人,增长3.6%。根据增长量=$\frac{现期值}{1+同比增长率}$×同比增长率,可知小学在校生增长量为$\frac{360.57}{1+1.9\%}$×1.9%<360×2%=7.2,初中为$\frac{161.46}{1+3.6\%}$×3.6%>150×3.6%=5.4。则所求为$\frac{360.57}{1+1.9\%}$×1.9%÷($\frac{161.46}{1+3.6\%}$×3.6%)<7.2÷5.4<1.5,只有A项符合。故本题选A。

53.【答案】D。解析:由材料第二段可知,2018年小学专任教师21.04万人;由材料第三段可知,2018年初中专任教师12.75万人。那么初中专任教师比小学少21.04-12.75=8.29(万人)=82900(人)。故本题选D。

54.【答案】B。解析:由材料最后一段可知,2018年A省义务教育中小学随迁子女在校生149.23万人,其中在公办学校就读人数为110.96万人。随迁子女在校生由在公办学校就读和不在公办学校就读两部分组成,则所求为$1-\frac{110.96}{149.23}=\frac{38.27}{149.23} \approx \frac{38.27}{150} \approx 25.5\%$,与B项最接近。故本题选B。

55.【答案】D。解析:A项,小学高学历(专科及以上)教师数量=小学专任教师数×小学高学历(专科及以上)教师比例。由材料第二段可知,2018年小学专任教师21.04万人,比上年增加0.53万人;小学高学历(专科及以上)教师比例达到99.1%,比上年提高0.5个百分点。因21.04×99.1%>(21.04-0.53)×(99.1%-0.5%),则2018年小学高学历(专科及以上)教师数量大于2017年的。说法错误。

B项,由材料第三段可知,2018年初中招生54.25万人,比上年减少1.44万人,说法错误。

C项,由材料第三段可知,2018年初中校舍总面积3214.15万平方米,增长6.7%。根据增长量=$\frac{现期值}{1+同比增长率}$×同比增长率,可知2018年比2017年增加$\frac{3214.15}{1+6.7\%}$×6.7%≈$\frac{3200}{1+\frac{1}{15}}$×$\frac{1}{15}=\frac{3200}{16}=200$(万平方米),远大于202平方米,说法错误。

D项,由材料最后一段可知,2018年A省在初中就读的随迁子女34.54万人,比上年增加1.43万人。根据同比增长率=$\frac{增长量}{现期值-增长量}$,可知所求为$\frac{1.43}{34.54-1.43}=\frac{1.43}{33.11}≈4.3\%$,说法正确。

故本题选D。

56.【答案】D。解析:根据文字可知,2018年1—6月,全国规模以上工业企业实现利润总额33882.1亿元,同比增长17.2%。根据"增长量=$\frac{现期值}{1+增长率}$×增长率"可知,所求为$\frac{33882.1}{1+17.2\%}×17.2\%≈\frac{340×17}{1.17}=\frac{5780}{1.17}≈4940$(亿元),最接近D。故本题选D。

57.【答案】D。解析:根据表格第三、第四行可知,2018年1—6月,全国规模以上制造业实现利润总额为28800.5亿元,同比增长14.3%;采矿业实现利润总额为2853.9亿元,同比增长47.9%。根据"基期值=$\frac{现期值}{1+增长率}$"可知,所求为$\frac{28800.5}{1+14.3\%}÷\frac{2853.9}{1+47.9\%}=\frac{28800.5}{2853.9}×\frac{1+47.9\%}{1+14.3\%}≈\frac{28800}{2856}×\frac{1+\frac{1}{2}}{1+\frac{1}{7}}=\frac{43200}{3264}≈13$倍。故本题选D。

58.【答案】D。解析:根据文字可知,主要工业行业中利润总额同比增长率超过20%的行业有石油和天然气开采业(3.1倍),石油、煤炭及其他燃料加工业(34.3%),化学原料和化学制品制造业(29.4%),非金属矿物制品业(44.1%),黑色金属冶炼和压延加工业(1.1倍),电力、热力生产和供应业(27.4%),共6个。故本题选D。

59.【答案】D。解析:根据材料可知,2020年,东部地区进口总额2250.96亿美元,西部地区进口总额63.81亿美元。所求为$\frac{2250.96}{63.81}≈\frac{2250}{64}=35.X$倍。故本题选D。

60.【答案】A。解析:根据材料可知,东部地区、中部地区、西部地区的出口总额同比增长率分别为27.5%、33%、28%,按照从大到小排序依次为中部地区、西部地区、东部地区。故本题选A。

61.【答案】C。解析:根据材料可知,2020年某国商品出口总额2492.11亿美元,比上年增长了27.8%。根据"基期值=$\frac{现期值}{1+增长率}$",2019年该国商品出口总额为$\frac{2492.11}{1+27.8\%}≈\frac{2500}{1.28}=195X$(亿美元)。故本题选C。

62.【答案】C。解析:根据材料可知,2021年前三季度,H省乡村消费品零售额2068.73亿元,同比增长12.9%。则所求为$\frac{2068.73}{1+12.9\%}≈\frac{2070}{1.13}=183X$(亿元)。故本题选C。

63.【答案】B。解析:根据图可知,2021年12月全国煤炭进口量3095万吨,同比增长-20.8%,则2020年12月进口量为$\frac{3095}{1-20.8\%}$万吨;2021年11月进口量为3505万吨,同比增长200.5%,则2020年11月进口量为$\frac{3505}{1+200.5\%}$万吨。根据"增长率=$\frac{现期值}{基期值}-1$",则2020年

12月全国煤炭进口量环比增长 $\frac{3095}{1-20.8\%} \div \frac{3505}{1+200.5\%} - 1 \approx \frac{3}{3.5} \times \frac{3}{0.8} - 1 = \frac{9}{2.8} - 1 = 3.X - 1 = 2.X$，即增长了100%以上。故本题选B。

64.【答案】C。解析：根据表格第二列可知，2020年全国绿色食品原料标准化基地共374+94+3+90+109+35+37=742(个)，其中粮食作物基地数有374个。根据"比重=$\frac{部分值}{整体值}$"，列式为$\frac{374}{742}$=50.X%。故本题选C。

65.【答案】A。解析：由材料可知，2017年年末贫困发生率3.1%，比上年年末下降1.4个百分点，则所求为3.1%+1.4%=4.5%。故本题选A。

66.【答案】C。解析：根据材料第二段可知，从实际增长看，扣除价格因素，2019年1—2月社会消费品零售总额实际增长7.1%，比上年全年加快0.2个百分点。所求为7.1%-0.2%=6.9%，故本题选C。

67.【答案】B。解析：根据折线图可知，2012年研究与试验发展(R&D)经费支出增长率为18.5%，2013年的为15.0%，则所求为15.0-18.5=-3.5(个)百分点，即回落了3.5个百分点。故本题选B。

68.【答案】B。解析：根据图形可知，支出最少的是其他用品及服务(占比2.40%)，最多的是食品烟酒(占比28.40%)，所求为少28.40-2.40=26(个)百分点。故本题选B。

69.【答案】C。解析：增长量=现期值-基期值。根据表格第四、第五列可知，2016年四川省人均GDP增长量为39835-36775=3060，河北省为42866-40255=2611，山东省为68049-64168=3881，湖南省为46063-42754=3309。比较可知，山东省增长最多。故本题选C。

70.【答案】C。解析：根据材料可知，2019年我国18个主要产茶省(自治区、直辖市)茶园面积达4597.87万亩，同比增长4.6%；2020年全国18个主要产茶省(自治区、直辖市)茶园总面积4747.69万亩。根据"基期值=$\frac{现期值}{1+增长率}$""增长量=现期值-基期值"可知，所求为$4747.69 - \frac{4597.87}{1+4.6\%} \approx 4748 - \frac{4600}{1.05} \approx 4748 - 4381 = 367$(万亩)，C项最接近。故本题选C。

71.【答案】A。解析：由图1和图2可知，2015年12月与2015年6月相比，网上支付用户规模增加41618-35886=57XX(万人)，网络购物用户规模增加41325-37391<5000(万人)；2015年6月与2014年12月相比，网上支付用户规模增加35886-30431<5700(万人)，网络购物用户规模增加37391-36142<2000(万人)。增加最多的是2015年12月网上支付用户规模。故本题选A。

72.【答案】B。解析：2017年5月，J省航空货物周转量为6.4亿吨公里，同比增速为12.4%，则所求为$\frac{6.4}{1+12.4\%} \times 12.4\% \approx \frac{6.4}{1+\frac{1}{8}} \times \frac{1}{8} = \frac{6.4}{9} = 0.7X$(亿吨公里)。故本题选B。

73.【答案】A。解析：由图形可知2013—2018年全国互联网业务收入及各自的增长率，则2013年全国互联网业务收入增长量为$\frac{3317}{1+32.1\%} \times 32.1\% \approx \frac{3300}{1+\frac{1}{3}} \times \frac{1}{3} = \frac{3300}{4} = 8XX$，2014年为

4229-3317=9XX,2015 年为 5444-4229>1000,2016 年为 6651-5444>1000,比较大小可知,2013 年的增长量最少。故本题选 A。

74.【答案】A。解析:2018 年,居民一天有酬劳动用时 4 小时 24 分钟,即 264 分钟,比 2008 年减少 4 分钟,则所求为减少了 $\frac{4}{264+4}=\frac{4}{268}\approx 1.5\%$。故本题选 A。

75.【答案】B。解析:由材料可知,2014 年我国轻工工艺品出口 6615.8 亿美元,增长 7.8%。其中,一般贸易出口金额为 3939.1 亿美元,同比增长 6.0%;加工贸易出口金额为 1974.0 亿美元,同比增长 7.2%。在混合增长率中,整体增长率介于各部分增长率之间。已知我国轻工工艺品出口额增长率为 7.8%,一般贸易和加工贸易出口额的增长率分别为 6.0% 和 7.2%,均小于 7.8%,则其余方式贸易出口金额增长率一定大于 7.8%,只有 B 项符合。故本题选 B。

76.【答案】D。解析:由材料可知,2014 年我国轻工工艺品进出口总值达到 8322.6 亿美元,占全商品贸易总额的 19.3%,增长 10.0%,增速较全商品高 6.6 个百分点。那么全商品贸易总额为 $\frac{8322.6}{19.3\%}$ 亿美元,同比增长 10.0%-6.6%=3.4%。根据"同比增长量=$\frac{现期值}{1+同比增长率}\times$同比增长率",可知轻工工艺品进出口总值的同比增长量为 $\frac{8322.6}{1+10.0\%}\times 10.0\%$,全商品贸易总额的为 $\frac{\frac{8322.6}{19.3\%}}{1+3.4\%}\times 3.4\%$。根据"贡献率=$\frac{部分增长量}{整体增长量}$",可知所求为 $\frac{8322.6}{1+10.0\%}\times 10.0\%\div\frac{\frac{8322.6}{19.3\%}}{1+3.4\%}\times 3.4\%)=\frac{1}{3.4\%}\times\frac{19.3\%\times(1+3.4\%)}{11}=\frac{19.3\%}{37.4\%}\times(1+3.4\%)>50\%$,符合要求的只有 D。故本题选 D。

77.【答案】A。解析:由材料可知,2017 年全国规模以上文化及相关产业企业实现营业收入比上年增长 10.8%,增速提高 3.3 个百分点。则 2017 年相较 2015 年增长了 (1+10.8%)×(1+10.8%-3.3%)-1=18.3%+10.8%×7.5%>18.3%,只有 A 项符合。故本题选 A。

78.【答案】C。解析:根据图形可知,2016 年的年增长率为 $\frac{73125}{68826}-1=\frac{4299}{68826}\approx\frac{43}{688}\approx 0.063$,则 2020 年是 2016 年的 (1+0.063)⁴ 倍,该式 ≈1+4×0.063+6×0.063²≈1+0.25+6×0.004≈1.27,2020 年的中国网民人数为 73125×1.27≈73100×1.3=95030(万人),即约 9.5 亿人,最接近 C。故本题选 C。

79.【答案】B。解析:根据表格结合"增长率=$\frac{现期值-基期值}{基期值}$"可知,2011 年我国在线机票市场交易规模的增长率为 $\frac{817.7-611.0}{611.0}=\frac{206.7}{611}=3X\%$,2012 年的增长率为 $\frac{1042.0-817.7}{817.7}=\frac{224.3}{817.7}=2X\%$,2015 年的增长率为 $\frac{2589.0-1925.2}{1925.2}=\frac{663.8}{1925.2}=3X\%$,2016 年的增长率 $\frac{3492.0-2589.0}{2589.0}=\frac{903}{2589}=3X\%$。比较可知,2012 年的增长率最低。故本题选 B。

80.【答案】C。解析:J 省 2017 年 5 月铁路(旅客发送量)同比增长 8.5%,2016 年 5 月增长 8.5%-8.1%=0.4%,则所求为(1+8.5%)×(1+0.4%)-1≈8.5%+0.4%=8.9%。故本题选 C。

81.【答案】D。解析:7月热水器用电量占比为20%,总用电量为800千瓦时,则7月热水器用电 800×20%;11月热水器用电量占比为33%,总用电量为800千瓦时,则11月热水器用电 800×33%,根据"增速=$\frac{现期值}{基期值}-1$"可知,所求为$\frac{800×33\%}{800×20\%}-1=\frac{13}{20}=65\%$。故本题选 D。

82.【答案】A。解析:欧盟、东盟、金砖国家和美国对我国轻工工艺品进口,即我国轻工工艺品对欧盟、东盟、金砖国家和美国出口。同比增长量=$\frac{现期值}{1+同比增长率}$×同比增长率,由材料可知,2014年,我国轻工工艺品对欧盟出口额的同比增长量为$\frac{1150.1}{1+7.7\%}×7.7\%≈\frac{1150.1}{1+\frac{1}{13}}×\frac{1}{13}=\frac{1150.1}{14}=8X$,对东盟为$\frac{628.7}{1+9.7\%}×9.7\%≈\frac{628.7}{1+\frac{1}{10}}×\frac{1}{10}=\frac{628.7}{11}=5X$,对美国为$\frac{1376.7}{1+5.6\%}×5.6\%≈\frac{1376.7}{1+\frac{1}{18}}×\frac{1}{19}=\frac{1376.7}{19}=7X$。金砖国家中,增长率最大为13.4%,最小为-13.9%,那么金砖国家混合增长率一定在-13.9%与13.4%之间,其同比增长量必然小于$\frac{437.8}{1+13.4\%}×13.4\%≈\frac{437.8}{1+\frac{2}{15}}×\frac{2}{15}=\frac{437.8}{8.5}=5X$。简单比较可知,最大的是欧盟。故本题选 A。

83.【答案】D。解析:A项,由条形图可知,2016年该省工业企业主营业务收入为47311亿元,2007年为17116亿元,47311÷17116≈473÷171=(342+131)÷171>2.5倍,说法不正确。

B项,由条形图可知,2015年该省工业企业主营业务收入低于2014年的,不是逐年提高,说法不正确。

C项,由条形图可知,2016年该省工业企业主营业务利润为2815亿元,2007年为1270亿元。那么年均增长率=$\sqrt[9]{\frac{2815}{1270}}-1≈\sqrt[9]{2.22}-1$,$(1+15.3\%)^9>1+9×15.3\%=2.377>2.22$,则$\sqrt[9]{2.22}-1<15.3\%$,说法不正确。

D项,主营业务利润率=$\frac{主营业务利润}{主营业务收入}$。代入条形图中数据估算可知,2015年主营业务利润率最低,为2361÷45667≈5.2%,说法正确。

故本题选 D。

84.【答案】B。解析:主营业务利润率=$\frac{主营业务利润}{主营业务收入}$。根据条形图可知,2016年该省工业企业主营业务利润率为$\frac{2815}{47311}≈\frac{28}{473}≈5.9\%$,2007年为$\frac{1270}{17116}≈7.4\%$。所以2016年比

2007年降低了约7.4-5.9=1.5(个)百分点。故本题选B。

85.【答案】C。解析：比较条形图中数据可知，2015年该省工业企业主营业务收入的同比增速为负，其余年份为正，所以2015年的同比增速最低，可排除A、B。比较条形图的高度差可知，2016年的同比增量大于2014年，2016年的基期值小于2014年，根据"同比增速= $\frac{同比增量}{基期值}$"可知，2016年的同比增速大于2014年，排除D。故本题选C。

86.【答案】C。解析：根据"同比增长量=现期值-基期值"，可知2008年该省工业企业主营业务收入同比增长量为22496-17116=5XXX，2010年为31640-24121=7XXX，2011年为40229-31640=8XXX，2016年为47311-45667=1XXX。增长量最多的是2011年。故本题选C。

87.【答案】B。解析：根据材料第一段可知，2018年前三季度完成工业总产值15777.56亿元，比去年同期增长16.2%，则2017年前三季度完成工业总产值15777.56÷(1+16.2%)≈15750÷(1+$\frac{1}{6}$)=15750-$\frac{15750}{7}$=13500(亿元)，且略大于该值。根据材料第二段可知，电子信息产品制造业和汽车制造业共拉动全市工业增长8.5个百分点，由公式"拉动……增长……百分点=$\frac{部分增长量}{整体基期值}$×100"可知，所求为13500×8.5%=13500×(10%-1.5%)=1350-135-67.5=1147.5(亿元)，且略大于该值。故本题选B。

88.【答案】A。解析：拉动……增长……百分点=$\frac{部分增长量}{整体基期值}$×100。根据材料第二段可知，六个重点发展工业行业2018年前三季度共完成工业总产值10282.8亿元，比去年同期增长19.3%。由于增长量=$\frac{现期值}{1+同比增长率}$×同比增长率，则2018年前三季度六个重点发展工业行业总产值的增长量为10282.8÷(1+19.3%)×19.3%≈10200÷(1+$\frac{1}{5}$)×$\frac{1}{5}$=10200÷6=1700(亿元)。结合上题可知整体基期值即2017年前三季度完成工业总产值(13500亿元)，则所求为1700÷13500×100=17÷135×100≈$\frac{1}{8}$×100=12.5，与A项最接近。故本题选A。

89.【答案】C。解析：根据材料可知，2018年前三季度，全市规模以上工业企业实现工业增加值3806.37亿元，比去年同期增长12.7%；重工业增加值2718.12亿元，增长14.2%。则2017年前三季度全市规模以上工业企业实现的增加值中，重工业所占的比重为$\frac{2718.12}{1+14.2\%}$÷$\frac{3806.37}{1+12.7\%}$≈$\frac{2718}{3806}$×$\frac{1.13}{1.14}$≈0.714×0.99=0.714-0.00714=70.X%。故本题选C。

90.【答案】B。解析：根据表格第二行数据可知，2018届本科生境外留学的人数占本科毕业生总数的$\frac{603}{3217}$=1X%，只有B项符合。故本题选B。

91.【答案】B。解析：由材料可知，2018年全国棉花产量609.6万吨，其中新疆棉花产量占全国的83.8%。则2018年新疆棉花产量为609.6×83.8%≈610×(1-16.2%)≈610-600×

$\frac{1}{6}$=510,B 项最接近。故本题选 B。

92.【答案】B。解析:根据材料可知,2016 年 1—11 月,我国规模以上工业企业实现利润总额 60334.1 亿元,同比增长 9.4%。采矿业实现利润总额 1549.8 亿元,同比下降 36.2%。则所求为 $\frac{1549.8}{60334.1}\times(1-\frac{1+9.4\%}{1-36.2\%})\approx-\frac{1500\times46}{60000\times64}=-\frac{23}{40\times32}\approx-1.8\%$,即约减少 2 个百分点。故本题选 B。

93.【答案】B。解析:根据第一个条形图可知,2016 年中国网民人数为 73125 万人。根据第二个条形图可知,2016 年中国网民中初中学历、大专学历分别占 37.30%、9.10%,初中学历的人数比大专学历的多 73125×(37.30%-9.10%)=73125×28.2%,略小于 73125×$\frac{2}{7}$≈20900(万人),B 项最接近。故本题选 B。

94.【答案】B。解析:根据材料可知,2017 年北京、上海和广州三大城市机场的旅客吞吐量占年旅客吞吐量 1000 万人次以上的机场旅客吞吐量的比重为 $\frac{24.3\%}{81.0\%}$=30%;2016 年为 $\frac{24.3\%+1.9\%}{81.0\%-1.9\%}=\frac{26.2\%}{79.1\%}\approx33.1\%$,则所求为降低了 33.1-30=3.1(个)百分点。故本题选 B。

95.【答案】B。解析:根据表格第二列数据可知,五个区空气质量指数(AQI)的平均值为 $\frac{69+93+26+35+109}{5}=\frac{332}{5}$=66.4,B 项最接近。故本题选 B。

96.【答案】A。解析:由材料可知,2018 年 G 省粮食作物播种面积 3226.56 万亩,比上年下降 0.9%;粮食产量 1193.49 万吨,比上年下降 1.3%。那么 2018 年 G 省粮食作物每亩产量为 $\frac{1193.49}{3226.56}$,2017 年为 $\frac{1193.49}{1-1.3\%}\div\frac{3226.56}{1-0.9\%}=\frac{1193.49}{3226.56}\times\frac{1-0.9\%}{1-1.3\%}$,则所求为 $\frac{1193.49}{3226.56}\div(\frac{1193.49}{3226.56}\times\frac{1-0.9\%}{1-1.3\%})-1=\frac{1-1.3\%}{1-0.9\%}-1=-\frac{0.4\%}{99.1\%}$,又因 $\frac{0.4\%}{99.1\%}$<4%,即 2018 年 G 省粮食作物每亩产量同比下降了不到 5%。故本题选 A。

97.【答案】C。解析:根据材料可知,2016 年 C 市平均每家非公新材料企业实现新材料产品产值为 $\frac{1608.68}{120}$,C 市平均每家公有制企业实现新材料产品产值为 $\frac{1732.76-1608.68}{144-120}=\frac{124.08}{24}$。所求为 $\frac{1608.68}{120}\div\frac{124.08}{24}\approx\frac{240}{120}\times\frac{16}{12}=\frac{8}{3}$=2.6X 倍,最接近的是 C。故本题选 C。

98.【答案】C。解析:根据材料可知,2016 年全国城镇非私营单位就业人员年平均工资为 67569 元,同比增长 8.93%,则所求为 $\frac{67569}{(1+8.93\%)\times12}$,略大于 $\frac{67569}{1.09\times12}=\frac{22523}{1.09\times4}=\frac{22523}{4.36}$≈51XX(元)。故本题选 C。

99.【答案】D。解析:我国软件和信息技术服务业从业人员人数=$\frac{业务收入}{人均创收额}$。根据图形可知,所求为 $\frac{55103}{89.22}\approx\frac{55103}{90}$=61X(万人)。故本题选 D。

100.【答案】C。解析：大致估算折线图数据可知,9.8-4.3>5(个)百分点,只有2014年我国软件和信息技术服务业人均创收额同比增速回落超过5个百分点,共1个。故本题选C。

101.【答案】A。解析：根据图1可知,2014年、2018年我国软件和信息技术服务业完成业务收入分别为37026亿元和63061亿元,2019年要想在2014年的基础上翻番,需要达到37026×2=74052(亿元),则所求为$\frac{74052}{63061}-1=\frac{10991}{63061}\approx\frac{110}{631}=17.X\%$。故本题选A。

102.【答案】D。解析：由材料可知,2017年A省完成客运总量同比增长5.4%,增幅比前三季度提高0.2个百分点；完成旅客周转总量同比增长7.7%,增幅比前三季度提高0.7个百分点。则所求为$\frac{1+7.7\%-0.7\%}{1+5.4\%-0.2\%}-1=\frac{7\%-5.2\%}{1+5.2\%}=\frac{1.8\%}{1.052}<1.8\%$,即上升了不到2%。故本题选D。

103.【答案】C。解析：根据条形图可知,中国企业科研经费投入2578亿美元,排在中国之后的国家企业科研经费之和为685+541+352+246+145+124=2093(亿美元),则所求为2578÷2093≈1.2X倍,故本题选C。

104.【答案】D。解析：根据材料可知,2017年文化信息传输服务业营业收入7990亿元,文化艺术服务业营业收入434亿元,则文化信息传输服务业的营收是文化艺术服务业的$\frac{7990}{434}>10$倍,只有D项符合。故本题选D。

105.【答案】A。解析：由材料可知,2017年全国棉花单位面积产量为1818.3-49.2=1769.1(公斤/公顷),2017年新疆棉花单位面积产量为2051.5+7.6=2059.1(公斤/公顷)。则所求为2059.1÷1769.1≈2100÷1800=$\frac{7}{6}$=1.1X倍。故本题选A。

第五章 常识判断

一、历史与人文

1. "四书五经"中的"四书"不包括（　　）。
   A. 《大学》　　　　　　　　　B. 《论语》
   C. 《诗经》　　　　　　　　　D. 《中庸》

2. 与著名诗句"借问酒家何处有？牧童遥指杏花村"相关的节日是（　　）。
   A. 清明节　　　　　　　　　　B. 端午节
   C. 寒食节　　　　　　　　　　D. 重阳节

3. 下列诗句与其所描写的季节对应正确的是（　　）。
   A. 儿童散学归来早，忙趁东风放纸鸢——春季
   B. 半夜银山上积苏，朝来九陌带随车——夏季
   C. 小荷才露尖尖角，早有蜻蜓立上头——秋季
   D. 碧云天，黄花地，西风紧，北雁南飞——冬季

4. 《诗经·小雅》载："维桑与梓，必恭敬止。"后人多用"桑梓"指代（　　）。
   A. 故乡　　　　　　　　　　　B. 情人
   C. 老师　　　　　　　　　　　D. 朋友

5. "不惑之年"指的是（　　）。
   A. 30岁　　　　　　　　　　　B. 40岁
   C. 50岁　　　　　　　　　　　D. 60岁

6. 干支这种纪年是以（　　）为起点。
   A. 除夕　　　　　　　　　　　B. 正月初一
   C. 立春　　　　　　　　　　　D. 春分

7. 唐宋八大家中"韩柳欧苏"的"苏"指的是（　　）。
   A. 苏味道　　　　　　　　　　B. 苏轼
   C. 苏辙　　　　　　　　　　　D. 苏舜钦

8. 下列哪一项中的民俗均与端午节有关？（　　）
   A. 剪窗花、踏青、燃放灯火、放风筝
   B. 饮菊花酒、赏月、佩茱萸、猜灯谜
   C. 赏菊花、放孔明灯、插柳、贴春联
   D. 饮雄黄酒、吃粽子、赛龙舟、插菖蒲

9. 下列唐诗名作，具有"田园诗派"风格的是（　　）。
   A. 《白雪歌送武判官归京》　　　B. 《芙蓉楼送辛渐》

C.《燕歌行》　　　　　　　　　　　　D.《山居秋暝》

10. 沉鱼落雁的"落雁"指（　　）。
A. 王昭君　　　B. 西施　　　C. 杨玉环　　　D. 貂蝉

11.《山海经》是先秦古籍，是一部富于神话传说的最古老的地理书。它主要记述古代地理、物产、神话、巫术、宗教等内容。下列与《山海经》无关的是（　　）。
A. 夸父逐日　　　　　　　　　　　　B. 哪吒闹海
C. 精卫填海　　　　　　　　　　　　D. 羿射九日

12.（　　）是我国古代医学家，他所著的《伤寒杂病论》为中医史上现存最早的一部论述诊治杂病的专书，后人称之为"中方医书的鼻祖"。
A. 祖冲之　　　　　　　　　　　　　B. 张仲景
C. 沈括　　　　　　　　　　　　　　D. 张衡

13. 王国维在《人间词话》中提到"三种境界"，其中第一层境界是（　　）。
A. 昨夜西风凋碧树，独上高楼，望尽天涯路
B. 衣带渐宽终不悔，为伊消得人憔悴
C. 无可奈何花落去，似曾相识燕归来
D. 众里寻他千百度，蓦然回首，那人却在，灯火阑珊处

14. 陈子昂在《春夜别友人》中有诗句："明月隐高树，长河没晓天。"该诗句中的"长河"指（　　）。
A. 银河　　　　　　　　　　　　　　B. 北斗星
C. 长江　　　　　　　　　　　　　　D. 黄河

15. 五彩缤纷中的"五彩"指青、黄、赤、白、（　　）五种颜色。
A. 黑　　　B. 紫　　　C. 蓝　　　D. 绿

16.《步辇图》是唐朝画家阎立本的名作之一，其内容是（　　）。
A. 皇帝亲自春耕　　　　　　　　　　B. 昭君出塞
C. 将士出征　　　　　　　　　　　　D. 吐蕃王松赞干布迎娶文成公主入藏

17. "三言二拍"是明代著名的拟话本系列，是我国古代流传颇广的短篇小说集。其中，"三言"是指由明代（　　）所编纂的《喻世明言》《警世通言》《醒世恒言》。
A. 冯梦龙　　　　　　　　　　　　　B. 汤显祖
C. 吴承恩　　　　　　　　　　　　　D. 施耐庵

18. 我国是一个诗的国度，在浩瀚的诗海中，文人墨客不惜笔墨，给雪冠以不少美名，别有情趣。下列诗句所描写的内容与雪无关的是（　　）。
A. 玉花飞半夜，翠浪舞明年　　　　　B. 闲招好客斟香蚁，闷对琼华咏散盐
C. 忽如一夜春风来，千树万树梨花开　D. 新年鸟声千种啭，二月杨花满路飞

19. 下列诗词名句及其文学作品出处对应错误的是（　　）。
A. 孤标傲世偕谁隐，一样花开为底迟——《红楼梦》
B. 百代兴亡朝复暮，江风吹倒前朝树——《儒林外史》
C. 他时若遂凌云志，敢笑黄巢不丈夫——《三国演义》
D. 晓来谁染霜林醉？总是离人泪——《西厢记》

20. 我国民族打击乐器品种多,技巧丰富,具有鲜明的民族风格。下列属于打击乐器的是( )。
   A. 琵琶　　　　　B. 镲　　　　　C. 唢呐　　　　　D. 二胡

21. 《茶经》是中国乃至世界现存最早、最完整、最全面介绍茶的一部专著,被誉为"茶叶百科全书",为唐代( )所著。
   A. 李白　　　　　　　　　　　　B. 陆羽
   C. 曾巩　　　　　　　　　　　　D. 杜甫

22. 《清明上河图》所描绘的自然风光和繁荣景象所在的城市是( )。
   A. 杭州　　　　　　　　　　　　B. 南京
   C. 西安　　　　　　　　　　　　D. 开封

23. 古丝绸之路除了推动商品的流通,也带来了物种的交流。以下属于原产于中国的物种是( )。
   A. 荔枝　　　　　B. 葡萄　　　　　C. 苜蓿　　　　　D. 胡萝卜

24. "文景之治"是汉文帝刘恒和汉景帝刘启统治时期出现的盛世局面。下列不属于此时期采取的政策的是( )。
   A. 轻徭薄赋,与民休息　　　　　　B. 重视农业,鼓励农耕
   C. 抑制工商业的发展　　　　　　　D. 强化军权,安定边疆

25. 下列成语并非出自《论语》的是( )。
   A. 不耻下问　　　B. 温故知新　　　C. 一鼓作气　　　D. 道听途说

26. 下列我国历史上曾出现的选官制度按时间先后顺序排列正确的是( )。
   ①九品中正制　　　　　　　　　　②察举制
   ③科举制　　　　　　　　　　　　④王位世袭制
   A. ①②③④　　　B. ④①②③　　　C. ④②①③　　　D. ②④③①

27. 我国历史上著名的"昭君出塞"的故事,发生在( )代。
   A. 秦　　　　　　B. 汉　　　　　　C. 唐　　　　　　D. 宋

28. 毛泽东同志在( )上提出"枪杆子里面出政权"的论断,并在会议结束后,以中共中央特派员的身份前往长沙,领导湘赣边界的( )。
   A. 中共四大　广州起义　　　　　　B. 延安会议　南昌起义
   C. 洛川会议　百色起义　　　　　　D. 八七会议　秋收起义

29. 下列历史事实错误的是( )。
   A. 北宋的都城是临安,即今杭州市
   B. 北宋时期,宋徽宗、宋钦宗被金人挟持,史称"靖康之难"
   C. 宋朝的开国皇帝是赵匡胤
   D. 辛弃疾是中国南宋豪放派词人,与苏轼合称"苏辛"

30. 唐玄宗统治前期,政治清明,经济空前繁荣,人口明显增加,唐朝进入全盛时期,史称"( )"。
   A. 文景之治　　　　　　　　　　　B. 开元盛世
   C. 贞观之治　　　　　　　　　　　D. 康乾盛世

31. 以下在古代曾作为都城的城市中,与其朝代对应完全正确的是(   )。
   A. 洛阳——东汉、北宋   B. 西安——西晋、西汉
   C. 北京——赵国、元朝   D. 南京——东吴、东晋

32. 导致中国完全沦为半殖民地半封建社会的不平等条约及其对应的战争是(   )。
   A. 《南京条约》——鸦片战争
   B. 《天津条约》《北京条约》——第二次鸦片战争
   C. 《马关条约》——中日甲午战争
   D. 《辛丑条约》——八国联军侵华战争

33. 中国共产党在抗日战争时期于敌后开创的第一个抗日根据地是(   )。
   A. 陕甘宁抗日根据地   B. 豫皖苏抗日根据地
   C. 晋绥抗日根据地   D. 晋察冀抗日根据地

34. 中国共产党第一次全国代表大会产生的中央领导机构称为(   )。
   A. 中央局   B. 中央委员会
   C. 中共中央   D. 中央执行委员会

35. 下列哪一事件发生在党的一大召开期间?(   )
   A. 制定了第一部《中国共产党章程》
   B. 通过了《关于少年运动问题的决议案》
   C. 确定了党的名称为中国共产党
   D. 通过了《关于妇女运动的决议案》

36. 中国新民主主义革命胜利的标志是(   )。
   A. 抗日战争胜利   B. 解放战争胜利
   C. 中华人民共和国成立   D. 三大改造顺利完成

37. (   )重新确立了马克思主义的思想路线、政治路线、组织路线,开启了我国改革开放和社会主义现代化建设的新时期。
   A. 党的十届三中全会   B. 党的十届四中全会
   C. 党的十一届三中全会   D. 党的十一届四中全会

38. (   )是中国核武器研制工作的开拓者和奠基者,被誉为"两弹元勋"。
   A. 黄旭华   B. 邓稼先
   C. 李四光   D. 杨振宁

39. 1945年,党的(   )将毛泽东思想写入党章,确立为党必须长期坚持的指导思想。
   A. 五大   B. 六大
   C. 七大   D. 八大

40. 辛亥革命前后,孙中山为了革命做了许多努力。下列事件按照发生时间先后排序正确的是(   )。
   ①发动首次广州起义   ②发动"二次革命"
   ③改组国民党   ④成立同盟会
   A. ①②③④   B. ②③④①   C. ①④②③   D. ①③②④

二、科技与生活

41. 4月12日是世界航天日。下列说法错误的是( )。

    A. 天宫是中国首个空间站,由一个核心舱和两个实验舱组成,已于2020年建成

    B. 1961年4月12日,航天员尤里·加加林首次飞入太空,在远地点为301千米的轨道上绕地球一周,开启太空探索新纪元

    C. 1961年5月5日,阿兰·谢泼德乘坐"自由7号"宇宙飞船,在距地面约185千米(115英里)的空间进行了15分钟的飞行

    D. 1971年4月19日,世界上第一个载人空间站"礼炮1号"发射

42. 下列名称与航空用途匹配有误的是( )。

    A. "神舟"系列——宇宙飞船

    B. "长征"系列——运载火箭

    C. "嫦娥"系列——探月工程

    D. "风云"系列——弹道导弹

43. "一种可以创建和体验虚拟世界的计算机仿真系统,具有沉浸感、交互感、三维感的特点。"这句话描述的是( )。

    A. 人工智能(AI)　　　　　　　B. 虚拟现实技术(VR)

    C. 智慧城市　　　　　　　　　D. "互联网+"

44. 二维码是桥接现实与虚拟最得力的工具之一。当其因穿孔、污损等引起局部损坏时,照样可以正确得到识读,损毁面积达30%仍可恢复信息。这体现了二维码具有( )的特点。

    A. 译码可靠性高

    B. 编码范围广

    C. 容错能力强,具有纠错功能

    D. 高密度编码,信息容量大

45. 下列选项中,属于合成材料的是( )。

    A. 羊毛　　　　　　　　　　　B. 棉花

    C. 塑料　　　　　　　　　　　D. 天然橡胶

46. 隐形战斗机很难被发现是因为( )。

    A. 在飞机上有发射干扰雷达的装置

    B. 在飞机上有反射光照装置

    C. 全部用新型材料制成,雷达波可以穿透

    D. 在飞机上涂了一层能吸收雷达波的纳米材料

47. 核能是人类最具希望的未来能源之一,被运用于军事、能源、工业、航天等领域。核能又称为( )。

    A. 量子能　　　B. 中子能　　　C. 质子能　　　D. 原子能

48. 下列关于人工智能(AI)的说法,错误的是( )。

    A. 人工智能是新一轮科技革命和产业变革的重要驱动力量

B. 人工智能领域的研究包括机器人、语言识别、图像识别、自然语言处理和专家系统等

C. 人工智能呈现出深度学习、跨界融合、人机协同、群智开放、自主操控等新特征

D. 人工智能属于单一学科领域

49. 2023年5月,国产大型客机C919完成从上海到北京的首次商业航班飞行,标志着该机型正式进入民用航空市场。关于C919大型客机,下列说法正确的是(　　)。

　　A. 是我国首款按照国际通行适航标准自行研制、具有自主知识产权的螺旋桨支线飞机

　　B. C919中的后两个数字"19"代表最大载客量为190座

　　C. 机体主结构大量采用钛铝合金材料,其抗辐射性能相比传统铝锂合金更强

　　D. 采用超临界机翼的设计,能够减小燃油容积,增大结构空间

50. 关于生活中的常见问题,下列说法错误的是(　　)。

　　A. 玉米棒上出现不同颜色的玉米粒是因为基因突变

　　B. 相比于浅海中的鱼,深海鱼的脂质和胶质相对较多

　　C. 自然干燥的毛巾会变硬是因为毛巾表面形成了结合水

　　D. 黑白胡椒是由于处理方式不同而产生了迥异的味道

51. 随着全球一体化的发展,卫星导航系统在航空、汽车导航、通信、测绘、娱乐等各个领域均有应用。目前,全球有四大卫星定位系统,除了美国全球定位系统、俄罗斯格洛纳斯卫星导航系统和欧洲伽利略卫星导航系统外,还有中国的(　　)。

　　A. 东方红卫星导航系统

　　B. 神州卫星导航系统

　　C. 北斗卫星导航系统

　　D. 长征卫星导航系统

52. 5G是第五代移动通信技术的简称,具有(　　)等特性,应用场景由传统的移动互联网拓展到移动物联网,未来的发展目标是实现真正的万物互联。

　　A. 更大内存、更高速率、更低时延、更大数据

　　B. 更大带宽、更高速率、更低时延、更大连接

　　C. 更大内存、更强保密、更低费用、更大连接

　　D. 更大带宽、更强保密、更低费用、更大数据

53. 某单位使用门禁系统,需要用手指在指纹识别器上按一下才能打开,这种方式主要体现了人工智能的(　　)。

　　A. 信息编程加工　　　　　　　　B. 虚拟现实技术

　　C. 智能代理技术　　　　　　　　D. 模式识别技术

54. 被蚊子叮咬后,涂肥皂水可以止痒。其化学原理是(　　)。

　　A. 吸热反应　　　　　　　　　　B. 盐类溶解

　　C. 酸碱中和　　　　　　　　　　D. 络合反应

55. 随着云时代的来临,大数据吸引了越来越多的关注。下列与其相关的表述不正确的是(　　)。

　　A. 大数据也称巨量资料

　　B. 目前,大数据主要在经济学、信息学领域被广泛应用

C. 大数据是云计算、物联网之后IT行业又一大颠覆性的技术革命

D. 从技术上看,大数据与云计算的关系就像一枚硬币的正反面一样密不可分

56. 下列说法正确的是( )。

A. 沼气的主要成分是氨气

B. 将水烧开可以升高水的硬度

C. 酒精浓度越大,消毒作用越好

D. 用洗涤剂清洗油污时,利用了洗涤剂的乳化作用

57. 中国在南极建立的第一个科考站是( )。

A. 东方站　　　　　　　　B. 和平站

C. 中山站　　　　　　　　D. 长城站

58. 下列自然现象是基于光的反射原理发生的是( )。

A. 小孔成像　　　　　　　B. 玻璃幕墙

C. 投影仪　　　　　　　　D. 海市蜃楼

59. 下列食品不会造成中毒的是( )。

A. 青西红柿　　　　　　　B. 刚采摘的木耳

C. 鲜黄花菜　　　　　　　D. 干黄花菜

60. DNA是人类进行亲子鉴定的主要依据,下面关于DNA的组成,说法正确的是( )。

A. DNA由核糖、碱基和磷酸组成

B. DNA由脱氧核糖、磷酸和碱基组成

C. DNA由脱氧核糖、磷酸、碱基和蛋白质组成

D. DNA由脱氧核糖、磷酸、碱基和脂肪组成

61. 古语有云,"夫气者,音之帅也。"人们说话时,气息作用于( )导致有声音发出。

A. 声带　　　　　　　　　B. 鼻腔

C. 牙齿　　　　　　　　　D. 舌头

62. 以下关于化学常识的说法,正确的是( )。

A. 任何金属都能和氧发生反应生成金属氧化物

B. 雷雨过后,人们感到空气清新,是因为闪电条件下生成了臭氧

C. 被科学家称为"防癌之王"的人体微量元素是碘

D. 浓硫酸和稀硫酸都具有脱水性

63. 人的味蕾对各种味的敏感程度不同。其中,人分辨( )的本领最高。

A. 咸味　　　　B. 酸味　　　　C. 苦味　　　　D. 甜味

64. 生态系统中的生物种类繁多,他们之间构成食物链,错综复杂的食物链又形成食物网。下列关于食物链的说法,不正确的是( )。

A. 食物链存在生物富集现象

B. 在食物链中能量逐级递减

C. 蚯蚓属于分解者

D. 生产者都是绿色植物

65. 汽车驾驶室外面的观后镜是一个凸镜,利用凸镜对光线的发散作用和成(　　)的特点,可使看到的实物变小、观察范围更大,从而保证行车安全。

　　A. 倒立、缩小、虚像　　　　　　　　B. 正立、缩小、虚像

　　C. 正立、放大、实像　　　　　　　　D. 倒立、放大、实像

66. 下列餐具中,通常情况下属于导体的是(　　)。

　　A. 玻璃缸　　　　　　　　　　　　　B. 瓷汤匙

　　C. 不锈钢筷　　　　　　　　　　　　D. 竹签

67. 茶壶盖上有孔是为了(　　)。

　　A. 透气散热,更快冷却

　　B. 保持壶内外气压平衡,更好倒水

　　C. 外形美观,使人心情愉悦

　　D. 能闻到茶叶浸泡所产生的香气

68. 我们通常说的晕船和晕车,是因为体内平衡感受器受到了刺激,使人感到眩晕和不适。这个平衡感受器位于(　　)。

　　A. 心脏　　　　　　　　　　　　　　B. 小脑

　　C. 胃　　　　　　　　　　　　　　　D. 耳朵

69. 蛋白质是遗传物质(　　)的表达产物,是生命活动中最重要的物质。

　　A. tRNA　　　　　　　　　　　　　　B. rDNA

　　C. DNA　　　　　　　　　　　　　　D. RNA

70. 下列现象说法正确的是(　　)。

　　A. 唱歌、说话主要是由于空气的振动

　　B. 傍晚的彩虹出现在西边的天空

　　C. 在灯光下能看到物体是光的直射现象

　　D. 用冰块冷却食物,冰块应放在食物的上方

71. 维生素是维持人体生命活动必需的一类有机物质,也是保持人体健康的重要活性物质。维生素在体内的含量很少,但在人体生长、代谢、发育过程中却发挥着重要的作用。下列关于维生素的说法,不正确的是(　　)。

　　A. 人体内的维生素 A 和维生素 D 主要储存于肝脏

　　B. 维生素的四个特点是外源性、微量性、调节性、特异性

　　C. 人体或哺乳动物缺乏维生素 D 时易出现眼干燥症

　　D. 维生素 E 多存在于鸡蛋、肝脏、鱼类、植物油等食物中

72. 下列关于燃料的说法正确的是(　　)。

　　A. 煤炭在不充分燃烧时会产生大量的有毒气体——二氧化碳

　　B. 用液氢做火箭燃料主要是为了环保

　　C. 电石加水产生的甲烷气体可用于照明

　　D. E10乙醇汽油是由乙醇和组分汽油按1∶9的体积调合而成的

73. 关于地球生物演化史,下列哪组排序是正确的?(　　)

　　A. 蓝藻—蕨类—裸子植物—被子植物

B. 节肢动物—草履虫—软体动物—脊椎动物

C. 细菌—腔肠动物—爬行动物—鱼类

D. 苔藓—绿藻—菌类—双子叶植物

74. 中药起源于我国,是指主要用于预防和治疗疾病的天然药物及其加工代用品,主要包括植物类药、动物类药和矿物类药等。下列属于植物类药的是( )。

A. 地龙、龙骨 B. 决明子、牛黄

C. 田七、茯苓 D. 阿胶、蝉衣

75. 关于泥石流的应急要点,下列说法错误的是( )。

A. 发现有泥石流迹象,应立即观察地形,向沟谷两侧山坡或高地跑

B. 逃生时,要抛弃一切影响奔跑速度的物品

C. 不要躲在有滚石和大量堆积物的陡峭山坡下面

D. 不能停留在低洼的地方,应攀爬到树上躲避

76. 人在运动后通过流汗来维持体温相对恒定,流汗对人体有很多好处。以下不属于运动流汗的好处的是( )。

A. 增加血管壁弹性 B. 排出人体产生的垃圾

C. 让人感到疲劳 D. 加快新陈代谢

77. 下列关于条件反射的说法,正确的是( )。

A. 条件反射是固定的,不会消退

B. 条件反射由脑干、脊髓参与即可完成

C. 条件反射是需要人在后天的生活中不断获得的一种经验性行为

D. 条件反射是外界刺激与有机体反应之间与生俱来的固定神经联系

78. 关于细菌,下列说法错误的是( )。

A. 乳酸菌是一种原核生物

B. 酵母菌的细胞核有核膜

C. 破伤风杆菌喜氧,容易出现在伤口表面

D. 鱼缸适量增氧可以使硝化细菌更容易繁殖

79. "春蚕到死丝方尽,蜡炬成灰泪始干"是唐代诗人李商隐的著名诗句。下列关于该诗句中所涉及物质的说法,错误的是( )。

A. 蚕丝的主要成分是蛋白质

B. 蚕丝属于天然高分子材料

C. "蜡炬成灰"的过程中发生了氧化反应

D. 古代的蜡是高级脂肪酸酯,属于高分子聚合物

80. 以下化学物质直接加热,不能放出气体的是( )。

A. 碳酸氢钠 B. 碳酸氢铵 C. 氯化钠 D. 高锰酸钾

三、国情与地理

81. 我国最大的内流河是( )。

A. 黑河 B. 塔里木河 C. 渭干河 D. 和田河

82. 下列不属于粤港澳大湾区建设的城市是(　　)。
   A. 中山　　　B. 佛山　　　C. 厦门　　　D. 江门

83. 古代地理中,"阴"是指(　　)。
   A. 山南水北　　　B. 山北水南
   C. 山南水南　　　D. 山北水北

84. 下列关于我国概况说法错误的是(　　)。
   A. 我国位于亚洲东部,太平洋西岸,是一个海陆兼备的国家
   B. 我国地形复杂,山地和高原主要分布在西部,平原、丘陵主要分布在东部
   C. 我国是典型的季风气候,冬季盛行偏北风,夏季盛行偏南风
   D. 我国土地资源类型多样,山地少,平地多,耕地后备资源较丰富

85. 下列关于我国少数民族及其传统节日,对应不正确的是(　　)。
   A. 蒙古族——那达慕大会　　　B. 壮族——火把节
   C. 傣族——泼水节　　　D. 苗族——跳花节

86. 关于我国地理,下列说法正确的是(　　)。
   A. 我国地势东高西低,呈阶梯状分布
   B. 我国领土南北跨越的纬度近50度,跨越热带、温带、寒带地区
   C. 我国最大的岛屿是海南岛
   D. 我国最大的沙漠是塔克拉玛干沙漠

87. 下列谚语中,描绘云贵高原的是(　　)。
   A. 春雨贵如油　　　B. 早穿棉袄午穿纱,围着火炉吃西瓜
   C. 远看是山,近看成川　　　D. 天无三日晴,地无三尺平

88. 中国是一个历史悠久、统一的多民族国家。从夏、商、周三代起,中华民族的先民就通过无数血缘族的生长壮大、融汇聚合,逐渐形成了一个多民族的统一体。目前55个少数民族中,人口最多的少数民族是(　　)。
   A. 回族　　　B. 彝族　　　C. 壮族　　　D. 藏族

89. 我国喀斯特地貌分布区域较广,如广西、云南等地,其形成是(　　)地区地下水长期溶蚀的结果。
   A. 石灰岩　　　B. 花岗岩　　　C. 砂岩　　　D. 页岩

90. 传统节日及其风俗习惯作为中国悠久历史文化的重要组成部分,形式多样,内容丰富。下列传统节日的风俗习惯与其所处月相的对应,正确的是(　　)。
   A. 登高赏菊——蛾眉月　　　B. 穿针乞巧——上弦月
   C. 赏月吃月饼——朔月　　　D. 食粽赛龙舟——望月

91. 以下世界自然文化遗产与所在地的对应关系正确的是(　　)。
   A. 武陵源风景名胜区——湖南　　　B. 莫高窟——云南
   C. 明清皇家陵寝——吉林　　　D. 云冈石窟——甘肃

92. 我国山脉众多,给自然与人文地理环境带来深刻影响。对此,下列说法错误的是(　　)。
   A. 秦岭山脉是我国南北方的重要地理分界线

B. 祁连山脉融雪是河西走廊绿洲农业的主要水源

C. 喜马拉雅山脉是世界海拔最高的山脉

D. 昆仑山是我国季风区和非季风区的分界线

93. 下列不属于黄河流域的省份是(　　)。

A. 青海　　　　B. 贵州　　　　C. 陕西　　　　D. 山西

94. 下列气候类型中,降水集中在冬季的是(　　)。

A. 热带雨林气候　　　　　　B. 地中海气候

C. 温带大陆性气候　　　　　D. 温带季风气候

95. 下列诗句涉及的风景区与其所在省份的简称对应正确的是(　　)。

A. 鹳雀楼西百尺樯,汀洲云树共茫茫——"鄂"

B. 千峰环野立,一水抱城流——"苏"

C. 暮色苍茫看劲松,乱云飞渡仍从容——"赣"

D. 东临真定北云中,盘薄幽并一气通——"皖"

96. 从环境角度来看,不宜晨练的原因是(　　)。

A. 早晨空气中有时有逆温层,不利于污染物的扩散

B. 早晨空气中含有大量的二氧化碳

C. 早晨公路上汽车太多,污染严重

D. 早晨人们刚刚起床,不适宜在室外锻炼

97. 下列关于地震的说法中,不正确的是(　　)。

A. 震波发源的地方叫作震源

B. 震源深度不一样,对地面造成的破坏程度也不一样

C. 接受震动最早的部位是震源

D. 震源越浅,破坏越大,但波及范围却越小

98. "黄梅时节家家雨,青草池塘处处蛙"中的降水类型是(　　)。

A. 锋面雨　　　　　　　　　B. 对流雨

C. 地形雨　　　　　　　　　D. 台风雨

99. 9月30日太阳直射点的纬度位置和即将移动的方向是(　　)。

A. 在北半球,将向北移动

B. 在南半球,将向北移动

C. 在北半球,将向南移动

D. 在南半球,将向南移动

100. 关于诗句"一山有四季,十里不同天"与"才从塞北踏冰雪,又向江南看杏花"中自然景观差异的说法,正确的是(　　)。

A. 前句体现的是垂直地带分异规律,后句体现的是纬度地带分异规律

B. 前句体现的是经度地带分异规律,后句体现的是纬度地带分异规律

C. 前句体现的是垂直地带分异规律,后句体现的是经度地带分异规律

D. 前句体现的是海陆热力性质差异规律,后句体现的是地方性分异规律

参考答案及解析

1.【答案】C。解析:"四书"是指《大学》《论语》《中庸》《孟子》,《诗经》是"五经"之一。故本题选C。

2.【答案】A。解析:"借问酒家何处有?牧童遥指杏花村"出自杜牧的《清明》,全诗为"清明时节雨纷纷,路上行人欲断魂。借问酒家何处有?牧童遥指杏花村"。此诗描写了诗人于清明春雨中之所见,色彩清淡,心境凄冷,历来广为传诵。第一句交代情景、环境、气氛;第二句写出了人物凄迷纷乱的心境;第三句提出了摆脱这种心境的办法;第四句写答话带行动,是整篇的精彩所在。全诗运用由低而高、逐步上升、高潮顶点放在最后的手法,余韵邈然,耐人寻味。故本题选A。

3.【答案】A。解析:"儿童散学归来早,忙趁东风放纸鸢"出自清代诗人高鼎的《村居》,描绘了一幅春天孩子们在村旁的芳草地上放风筝的画面。A项正确。

"半夜银山上积苏,朝来九陌带随车"出自北宋诗人苏轼的《浣溪沙·半夜银山上积苏》,描绘的是黄州冬日雨雪交加的风光。B项错误。

"小荷才露尖尖角,早有蜻蜓立上头"出自南宋诗人杨万里的《小池》,展现了初夏小池中生动的富于生命和动态感的景象。C项错误。

"碧云天,黄花地,西风紧,北雁南飞"出自元代王实甫的《西厢记》,借秋日的萧瑟景象来写离别之情的凄苦。D项错误。

故本题选A。

4.【答案】A。解析:"维桑与梓,必恭敬止"是说桑树和梓树乃父母所植,必须恭恭敬敬,故而后人便以"桑梓"作为家乡或父老的代名词。故本题选A。

5.【答案】B。解析:"不惑之年"出自《论语·为政篇》,原表达为"四十而不惑",意思是四十岁的人已经历了许多,有了自己的判断力。古人对年龄的称谓如下:"豆蔻"指女子十三四岁,"及笄"指女子十五岁,"加冠"指男子二十岁(也称"弱冠"),"而立之年"指三十岁,"不惑之年"指四十岁,"知命之年"指五十岁(也称"知天命""半百"),"花甲之年"指六十岁,"古稀之年"指七十岁,"耄耋之年"指八十九岁,"期颐之年"指一百岁。故本题选B。

6.【答案】C。解析:天干地支简称为干支。干支历的起点是甲子年、甲子月、甲子日。干支历每一年的起点则是建寅那一天,即立春日,而不是现在农历的正月初一。故本题选C。

7.【答案】B。解析:A项不选。苏味道,唐代文学家,少时与李峤以文辞齐名,时称"苏李",又与李峤、崔融、杜审言并称"文章四友"。其诗多写景咏物之作,仅存十余首,《正月十五日夜》较有名。

B项当选。"韩柳欧苏"是对唐代韩愈、柳宗元和宋代欧阳修、苏轼的合称,出自南宋罗大经的《鹤林玉露》。"韩柳",即唐代散文家韩愈和柳宗元。两人皆为唐代古文运动的代表作家,对后世散文发展影响很大。"欧苏"是宋代散文大家欧阳修和苏轼的并称。

C项不选。苏辙,北宋散文家,与父亲苏洵、兄长苏轼合称"三苏",三人都被列入"唐宋八大家"。

D项不选。苏舜钦,北宋诗人。其诗与梅尧臣齐名,称"苏梅",风格瑰奇豪健。

故本题选 B。

8.【答案】D。解析：雄黄酒是用研磨成粉末的雄黄泡制的白酒或黄酒，一般在端午节饮用。吃粽子和赛龙舟都是与端午节有关的习俗，另外，在端午节，人们把菖蒲插于门庭，有避邪驱疾的意义。故本题选 D。

9.【答案】D。解析：A 项不选。《白雪歌送武判官归京》是唐代诗人岑参的作品，是边塞诗的代表作。

B 项不选。《芙蓉楼送辛渐》是唐代诗人王昌龄的作品，是送别诗中的名篇。

C 项不选。《燕歌行》是唐代诗人高适的作品，属于边塞诗。

D 项当选。《山居秋暝》是唐代诗人王维的作品。此诗描绘了秋雨初晴后傍晚时分山村的风光，表现了诗人对隐居生活的喜爱，是一首具有田园风格的佳作。

故本题选 D。

10.【答案】A。解析："沉鱼落雁"意为鱼见之沉入水底，雁见之降落沙洲，形容女子容貌美丽。其中，"沉鱼"讲的是西施浣纱的故事，"落雁"讲的是昭君出塞的故事。此外，"闭月"讲的是貂蝉拜月的故事，"羞花"讲的是杨玉环醉酒观花的故事。故本题选 A。

11.【答案】B。解析：A 项与题意不符。夸父逐日出自《山海经·海外北经》，讲的是古时候有个叫夸父的人为征服太阳，与之赛跑，直至渴死的故事，后用来比喻人有大志，也比喻不自量力。

B 项符合题意。哪吒闹海出自明代神魔小说《封神演义》，该神话表现了一个天真烂漫的孩子对强权的毫不畏惧，甚至以身犯险与恶势力做斗争的精神。

C 项与题意不符。据《山海经·北次三经》《述异记》等记载，传说炎帝有一小女名女娃，游于东海，不幸淹死，灵魂化作精卫鸟，其状如乌，文首、白喙赤足。此鸟住北方发鸠山上，而常衔西山的石子、树枝投入东海，欲填大海，这就是精卫填海的故事。

D 项与题意不符。据《山海经》等古籍记载，尧时天上十日并出，草木焦枯，生民遭难。于是，天帝俊赐羿弓箭令其为民解难。羿用弓箭射日，有九个太阳中箭落于东海变作石山，这就是羿射九日的神话传说。

故本题选 B。

12.【答案】B。解析：张仲景是东汉末年著名医学家，被人尊为"医圣"。他所著的《伤寒杂病论》确立的辨证论治原则，是中医临床的基本原则。祖冲之为南北朝时期杰出的数学家，在数学、圆周率、天文历法和机械上做出了巨大贡献。沈括是北宋政治家，被誉为"中国整部科学史中最卓越的人物"，著有《梦溪笔谈》。张衡为东汉时期的天文学家、地理学家，与司马相如、扬雄、班固并称"汉赋四大家"。他发明了浑天仪、地动仪，被誉为"科圣"。故本题选 B。

13.【答案】A。解析：A 项当选，B、D 两项不选。王国维在《人间词话》中说，"古今之成大事业、大学问者，必经过三种之境界：'昨夜西风凋碧树，独上高楼，望尽天涯路'，此第一境也；'衣带渐宽终不悔，为伊消得人憔悴'，此第二境也；'众里寻他千百度，回头蓦见（蓦然回首），那人正（却）在，灯火阑珊处'，此第三境也"。

C 项不选。"无可奈何花落去，似曾相识燕归来"出自宋代晏殊的《浣溪沙·一曲新词酒一杯》，不属于王国维对人生"三种境界"的描述。

故本题选 A。

14.【答案】A。解析:"明月隐高树,长河没晓天"意为明月隐蔽在高树之后,银河消失在破晓的曙光之中。"长河"指银河。故本题选A。

15.【答案】A。解析:五彩原指青、黄、赤、白、黑五种颜色,后泛指多种颜色;缤纷是形容繁多交杂的样子,各种颜色错杂繁复。故本题选A。

16.【答案】D。解析:《步辇图》是唐朝画家阎立本的名作之一,该作品反映的是吐蕃王松赞干布迎娶文成公主入藏的故事,它是汉藏兄弟民族友好情谊的历史见证。故本题选D。

17.【答案】A。解析:"三言"是指明代冯梦龙所编纂的《喻世明言》《警世通言》《醒世恒言》,是我国文学史上第一部规模宏大的白话短篇小说总集。故本题选A。

18.【答案】D。解析:D项中的"杨花"指的是柳絮,该诗句没有描写雪。故本题选D。

19.【答案】C。解析:A项对应正确。"孤标傲世偕谁隐,一样花开为底迟"出自清代曹雪芹所做的《问菊》一诗,所属文学作品为长篇小说《红楼梦》。

B项对应正确。"百代兴亡朝复暮,江风吹倒前朝树"出自清代吴敬梓所做的长篇小说《儒林外史》。

C项对应错误。"他时若遂凌云志,敢笑黄巢不丈夫"出自元末明初施耐庵所做的《西江月》,所属文学作品为长篇小说《水浒传》,而非《三国演义》。

D项对应正确。"晓来谁染霜林醉?总是离人泪"出自元代王实甫所做的《长亭送别·正宫·端正好》一章,所属文学作品为杂剧《西厢记》。

故本题选C。

20.【答案】B。解析:A项不选。琵琶属于拨奏弦鸣乐器,多由木制或竹制,历史上有曲项琵琶和直项琵琶两种主要形制,原先使用丝弦,现多用钢丝、钢绳、尼龙等。琵琶不属于打击乐器。

B项当选。镲属于击奏体鸣乐器,是钹的别称,用响铜(一种铜合金)制成,圆形,中央有半球形凸起,以两件为一副,合击发音。镲属于打击乐器。

C项不选。唢呐属于双簧气鸣乐器,管身木制,呈圆锥形,下端套着一个铜制的喇叭口(称作碗),上端装有带哨子的铜管,音色明亮,音量大,发音高亢、嘹亮。唢呐不属于打击乐器。

D项不选。二胡属于擦奏弦鸣乐器,由琴筒、琴杆、琴弦等构成,最初用丝弦,多用马尾弓拉奏,现在多用钢弦。二胡不属于打击乐器。

故本题选B。

21.【答案】B。解析:A项不选。李白,唐代著名诗人。其诗风雄奇豪放,想象丰富,语言流转自然,音律和谐多变,是屈原之后最具个性特色和浪漫精神的诗人。其诗作达到盛唐诗歌艺术的巅峰。

B项当选。《茶经》是中国乃至世界现存最早、最完整、最全面介绍茶的一部专著,被誉为"茶叶百科全书",为唐代陆羽所著。此书是关于茶叶生产的历史、源流、现状、生产技术以及饮茶技艺、茶道的综合性论著,是划时代的茶学专著,是精辟的农学著作,此书将普通茶事升格为一种美妙的文化艺术,推动了中国茶文化的发展。

C项不选。曾巩,北宋文学家,为"唐宋八大家"之一。其散文平易舒缓,长于叙事说理,讲究章法结构。

D项不选。杜甫,唐代诗人。他的许多优秀作品显示出唐代由开元、天宝盛世转向分裂衰微的历史过程,因而被称为"诗史"。宋代以后杜甫被尊为"诗圣",对历代诗歌创作产生了巨大影响。

故本题选 B。

22.【答案】D。解析:《清明上河图》是中国十大传世名画之一,是北宋画家张择端所作的风俗画。作品生动记录了北宋都城东京(又称汴京,今河南开封)的城市面貌和当时社会各阶层人民的生活状况,是北宋时期都城东京繁荣的见证,也是北宋城市经济情况的写照。故本题选 D。

23.【答案】A。解析:A 项属于。荔枝原产于我国南方地区,广东和福建南部栽培最盛,后来被世界很多地区引种。

B 项不属于。葡萄原产于欧洲、西亚和北非一带,是汉武帝时期由张骞从西域引进中原的。

C 项不属于。苜蓿原产于欧洲、美洲,是汉朝时经由丝绸之路传入中国的。

D 项不属于。胡萝卜原产于亚洲的西南部,是宋元时期由伊朗引入中国的。

故本题选 A。

24.【答案】C。解析:A 项不选。西汉建立初期,社会凋敝,国家急需休养生息。至汉文帝、汉景帝统治时期,朝廷推崇道家无为之术,采取"轻徭薄赋""与民休息"的政策。

B 项不选。汉文帝、汉景帝十分重视农业,曾多次下令劝课农桑,根据户口比例设置三老、孝悌、力田若干人员,并给予他们赏赐,以鼓励农民生产。

C 项当选。在工商业方面,汉文帝下诏"弛山泽之禁",即开放原来归国家所有的山林川泽,从而促进了农民的副业生产,以及与国计民生有重大关系的盐铁生产事业的发展。汉文帝还废除了过关用传制度,促进商品流通和各地区间的经济交往。商品经济的发展,使工商杂税的收入逐步超过了全国的田租收入,从而使政府有财力减免田租。汉景帝恢复了与匈奴等周边民族的关市,发展边境贸易。在"异物内流,利不外泄"的原则下,取得了巨大的贸易顺差。

D 项不选。除了加强促进农业、工业等方面的发展,汉文帝、汉景帝还通过强化军权、安定边疆等方式,给"文景盛世"的出现打下了坚实的基础。经过各方面的不断努力和发展,终于出现了封建社会的第一个盛世——"文景之治",这也是中国历史上的经济文化发展水平很高的盛世。

故本题选 C。

25.【答案】C。解析:A 项不选。"不耻下问"出自《论语·公冶长》,"子贡问曰:'孔文子何以谓之文也?'子曰:'敏而好学,不耻下问,是以谓之文也。'"其意思是不为向地位、学问不如自己的人请教而感到丢面子,比喻谦虚好学。

B 项不选。"温故知新"出自《论语·为政》:"温故而知新,可以为师矣。"其意思是温习旧的知识,得到新的理解和体会,也指回忆过去,能更好地认识现在。

C 项当选。"一鼓作气"出自《左传·庄公十年》:"夫战,勇气也。一鼓作气,再而衰,三而竭。"其比喻趁劲头大的时候鼓起干劲,一口气把工作做完。

D 项不选。"道听途说"出自《论语·阳货》:"道听而涂说,德之弃也。"其意思是路上听来的话,泛指没有根据的传闻。

故本题选 C。

26.【答案】C。解析:王位世袭制代替禅让制,标志着中国氏族社会基本瓦解,奴隶制社会已经确立。察举制是中国古代选拔官吏的一种制度,它的确立是从汉武帝时开始的。九品中正制,又称九品官人法,是魏晋南北朝时期重要的选官制度。科举制从隋朝开始实行,到清朝光绪三十一年(1905年)举行最后一科进士考试为止。正确排序应是④②①③。故本题选C。

27.【答案】B。解析:"昭君出塞"发生在汉朝,汉元帝把宫女王昭君嫁给了呼韩邪单于,结束了百余年来汉、匈之间的武装冲突,此后约半个世纪,在北部边境出现了"三世无犬吠之警,黎庶无干戈之役"的和平局面。故本题选B。

28.【答案】D。解析:1927年,蒋介石、汪精卫先后发动四一二反革命政变和七一五反革命政变,大肆迫害共产党员,第一次国共合作破裂。这使中国共产党意识到,想要革命成功,建立无产阶级政权,必须拥有自己的武装力量。1927年8月7日,中共中央在湖北汉口召开紧急会议,即八七会议,毛泽东同志在会上提出"枪杆子里面出政权"的论断。八七会议结束后,毛泽东同志受中共中央委派,以中共中央特派员的身份前往长沙领导了湘赣边界的秋收起义。故本题选D。

29.【答案】A。解析:北宋建都汴京,即今河南开封。故本题选A。

30.【答案】B。解析:本题考查的是开元盛世。唐玄宗统治前期,政治清明,经济空前繁荣,唐朝进入全盛时期,历史上称为"开元盛世"。故本题选B。

31.【答案】D。解析:A项对应错误。东汉的都城为洛阳;北宋的都城为开封。

B项对应错误。西晋的都城为洛阳;西汉的都城为长安(今陕西省西安市)。

C项对应错误。赵国是春秋战国时期的诸侯国,战国七雄之一,都城为晋阳(今山西省太原市),后迁至邯郸(今河北省邯郸市);元朝的都城为大都(今北京市)。

D项对应正确。东吴即三国时期的吴国,222年,孙权在武昌(今湖北省鄂州市)称吴王,229年孙权称帝,国号吴,迁都建业(今江苏省南京市);东晋是由西晋宗室司马睿南迁后建立起来的政权,都城为建康(今江苏省南京市)。

故本题选D。

32.【答案】D。解析:A项不符合题意。鸦片战争和《南京条约》的签订,破坏了中国的领土完整和关税主权,便利了英国对华的商品输出,使中国开始沦为半殖民地半封建社会。

B项不符合题意。第二次鸦片战争和《天津条约》《北京条约》的签订,使中国半殖民地半封建化的程度加深。

C项不符合题意。中日甲午战争和《马关条约》的签订,使日本获得巨大利益,刺激其侵略野心。与此同时,《马关条约》也使中华民族危机空前严重,中国半殖民地半封建化程度大大加深。

D项符合题意。八国联军侵华战争和《辛丑条约》的签订,进一步加强了帝国主义对中国的全面控制和掠夺,表明清政府已完全成为帝国主义统治中国的工具,标志着中国已完全沦为半殖民地半封建社会。

故本题选D。

33.【答案】D。解析:晋察冀抗日根据地是中国共产党在抗日战争时期开创的第一个敌后抗日根据地,为夺取华北抗战的伟大胜利发挥了极其重大的战略作用,被党中央和毛泽东同志称赞为"敌后模范的抗日根据地及统一战线的模范区"。故本题选D。

34.【答案】A。解析:中国共产党第一次全国代表大会选举中央领导机构时,代表们认为目前党员人数少、地方组织尚不健全,暂不成立中央委员会,先建立三人组成的中央局,并选举陈独秀任书记,张国焘为组织主任,李达为宣传主任。故本题选 A。

35.【答案】C。解析:A 项不选。1922 年 7 月,党的二大通过的《中国共产党章程》,是中国共产党的第一部正式党章,标志着中国共产党的创建工作完成。

B 项不选。1922 年 7 月,党的二大召开。此次会议通过的《关于少年运动问题的决议案》,是中国共产党制定的关于青年运动的第一个纲领性文件。

C 项当选。1921 年 7 月,党的一大通过了《中国共产党纲领》,确定党的名称为"中国共产党",规定党的纲领是革命军队必须与无产阶级一起推翻资本家阶级的政权;承认无产阶级专政,直到阶级斗争结束,即直到消灭社会的阶级区分;消灭资本家私有制,没收机器、土地、厂房和半成品等生产资料,归社会公有;联合共产国际。

D 项不选。1922 年 7 月,党的二大通过了党史上第一个关于妇女工作的中央决议——《关于妇女运动的决议案》。

故本题选 C。

36.【答案】C。解析:A、B、D 三项不选,C 项当选。中国从 1919 年"五四运动"开始到 1949 年的民主革命胜利,属于新民主主义革命时期。它是无产阶级领导的,人民大众的,反对帝国主义、封建主义和官僚资本主义的革命,目标是在政治上建立以工人阶级为领导的、以工农联盟为基础的各个革命阶级专政的共和国。中华人民共和国成立标志着中国新民主主义革命取得了伟大胜利。故本题选 C。

37.【答案】C。解析:1978 年 12 月,党的十一届三中全会在北京举行。会议做出把工作重点转移到社会主义现代化建设上来和实行改革开放的决策,重新确立了马克思主义的思想路线、政治路线、组织路线,开启了我国改革开放和社会主义现代化建设的新时期。故本题选 C。

38.【答案】B。解析:A 项不选。黄旭华,"共和国勋章"获得者,中国第一代核潜艇总设计师,为国家利益隐姓埋名、默默工作,60 多年来潜心技术攻关,为核潜艇的研制和跨越式发展做出了巨大贡献。

B 项当选。邓稼先,九三学社社员,中国科学院院士,著名核物理学家,中国核武器研制工作的开拓者和奠基者,为中国核武器、原子武器的研发做出了重要贡献,1999 年被追授"两弹一星功勋奖章"。他对中国核科学事业做出了伟大贡献,因此被誉为"两弹元勋"。

C 项不选。李四光,地质学家、教育家、音乐家和社会活动家,中国地质力学的创立者,中国现代地球科学和地质工作的主要领导人和奠基人之一,中华人民共和国成立后第一批杰出的科学家和为新中国发展做出卓越贡献的元勋,2009 年当选为 100 位中华人民共和国成立以来感动中国人物之一。

D 项不选。杨振宁,著名美籍华裔科学家、物理学大师、诺贝尔物理学奖获得者。杨振宁在粒子物理学、统计力学和凝聚态物理等领域做出了里程碑式的贡献。

故本题选 B。

39.【答案】C。解析:1945 年 4 月 23 日至 6 月 11 日,党的七大在延安隆重召开。党的七大在党章中首次增写总纲部分,阐明了党的性质、纲领、宗旨、作风、群众路线,从而使党章具备了完整的理论形态;第一次将毛泽东思想确立为党的指导思想写入党章,这是马克思主义中国化的第一次历史性飞跃;首次在党章中规定了党员的权利和义务;进一步完善了党的民主集中制。故本题选 C。

40.【答案】C。解析：①：1895 年，孙中山从夏威夷到了香港，准备发动广州起义。但由于起义计划泄露，孙中山领导的首次广州起义宣告夭折。

②：1913 年，孙中山为维护辛亥革命民主共和的成果，与袁世凯开战，史称"二次革命"。

③：1922 年，在第三国际和中国共产党的帮助下，孙中山开始改组国民党。

④：1905 年，孙中山与黄兴等人发起的中国同盟会在日本东京正式成立。随后，在同盟会刊物《民报》的发刊词中，孙中山第一次提出"民族、民权、民生"三大主义。

上述事件按照时间先后排序为①④②③。

故本题选 C。

41.【答案】A。解析：A 项说法错误。中国首个空间站叫"天宫"，是由一个核心舱和两个实验舱组成的，已于 2022 年全面建成。

B 项说法正确。1961 年 4 月 12 日，苏联宇航员尤里·加加林搭乘"东方 1 号"飞船进入太空，在最大高度为 301 千米的轨道上绕地球一周，历时 1 小时 48 分钟，成功实现了人类首次太空飞行。

C 项说法正确。1961 年 5 月 5 日，阿兰·谢泼德乘坐红石火箭携带的"自由 7 号"宇宙飞船上天，在距地面约 185 千米（115 英里）的空间进行了 15 分钟的飞行，这次飞行使他成为第一个进入太空的美国人。

D 项说法正确。"礼炮 1 号"空间站是苏联首个太空站，也是人类历史上首个太空站，于 1971 年 4 月 19 日发射升空。

故本题选 A。

42.【答案】D。解析：A 项匹配正确。"神舟"系列是我国自主研发的载人航天飞船（又称宇宙飞船），国人称之为"神舟飞船"。2003 年 10 月 15 日，"神舟五号"飞船成功将杨利伟送上太空，杨利伟成为中国飞天第一人。

B 项匹配正确。"长征"系列运载火箭是我国自主研制的航天运载工具。长征火箭从 1965 年开始研制，1970 年 4 月 24 日，"长征一号"运载火箭首次发射"东方红一号"卫星成功。

C 项匹配正确。"嫦娥"系列是我国的探月工程，以中国古代神话人物嫦娥命名，叫作"嫦娥工程"，是我国自主研发的探月卫星。2007 年 10 月 24 日，"嫦娥一号"成功发射升空。

D 项匹配错误。"风云"系列是我国的气象卫星代号的名称。我国的弹道导弹主要是"东风"系列。

故本题选 D。

43.【答案】B。解析：A 项不选。人工智能，英文缩写为 AI。它是研究、开发用于模拟、延伸和扩展人的智能的理论、方法、技术及应用系统的一门新的技术科学。

B 项当选。虚拟现实技术（VR）是一种可以创建和体验虚拟世界的计算机仿真系统，它通过交互式的三维动态视景和实体行为的系统仿真，使用户沉浸到计算机生成的模拟环境中，具有沉浸感、交互感、三维感的特点。

C 项不选。智慧城市是指利用各种信息技术或创新概念，将城市的系统和服务打通、集成，以提升资源运用的效率，优化城市管理和服务，以及改善市民生活质量。

D 项不选。"互联网+"是指在创新 2.0（信息时代、知识社会的创新形态）推动下由互联网发展的新业态,也是在知识社会创新2.0推动下由互联网形态演进、催生的经济社会发展新形态。

故本题选B。

44.【答案】C。解析:二维码的特点有:①高密度编码,信息容量大。其可容纳多达1850个大写字母或2710个数字或1108个字节或500多个汉字,比普通条码信息容量高约几十倍。②编码范围广。其可以把图片、声音、文字、签字、指纹等可以数字化的信息进行编码,用条码表示出来;可以表示多种语言文字;可表示图像数据。③容错能力强,具有纠错功能。这使得二维码因穿孔、污损等引起局部损坏时,照样可以正确得到识读,损毁面积达30%仍可恢复信息。④译码可靠性高。它比普通条码译码错误率百万分之二要低得多,误码率不超过千万分之一。⑤可引入加密措施,保密性、防伪性好。⑥成本低,易制作,持久耐用。故本题选C。

45.【答案】C。解析:合成材料又称人造材料,是人为地把不同物质经化学方法或聚合作用加工而成的材料。合成材料包括塑料、纤维、合成橡胶、黏合剂、涂料等。合成纤维和人造纤维统称为化学纤维。合成塑料、合成纤维和合成橡胶被称为20世纪三大有机合成材料。故本题选C。

46.【答案】D。解析:雷达是靠发射电磁波然后检测反射回来的信号再通过信号的放大进行工作的,所以就存在反射面积的大小问题。隐形战斗机的原理是战斗机身通过结构或者涂料的技术使得雷达反射面积尽量变小。在战斗机上涂抹一层能够吸收雷达波的纳米材料,是隐形方式之一。A、B、C三项做法均不能达到隐形目的,只有D项符合题意。故本题选D。

47.【答案】D。解析:核能又称原子能,是通过核反应从原子核释放的能量,是人类最具希望的未来能源之一,被运用于军事、能源、工业、航天等领域。故本题选D。

48.【答案】D。解析:人工智能具有多学科综合、高度复杂的特征。故本题选D。

49.【答案】B。解析:A项说法错误。C919大型客机是我国首款按照国际通行适航标准自行研制、具有自主知识产权的喷气式干线客机。

B项说法正确。C919的全称是"COMAC919",COMAC是C919的主制造商中国商飞公司的英文名称简写,"C"既是"COMAC"的第一个字母,也是中国的英文名称"CHINA"的第一个字母。第一个"9"寓意"天长地久","19"代表最大载客量为190座。

C项说法错误。在材料使用上,C919机体主结构大量采用第三代铝锂合金。相较于传统铝合金,铝锂合金的比强度和比刚度更高,损伤容限性能、抗疲劳、抗辐射的性能更强。铝锂合金的使用可以大大提高飞机的寿命。

D项说法错误。C919采用超临界机翼。这款翼型可以减轻飞机的结构重量,增大结构空间及燃油容积,既能适应高速巡航飞行,又能保持较高气动效率。

故本题选B。

50.【答案】A。解析:A项说法错误。玉米雌雄同株,属于典型的异花授粉作物。雄蕊开花时,由于花粉很小、很轻,所以只有点风,花粉就会被吹到其他玉米植株上去,给周边植株上的雌蕊授粉。因此,玉米变得色彩斑斓,是玉米的自然杂交,而非基因突变。

B项说法正确。很多深海鱼在进化的过程中"舍弃"了鱼鳔这个"危险"的结构,转而依靠某些脂类来提供浮力。相比于浅海中的鱼,深海鱼的骨骼和肌肉含量都比较少,而脂质和胶质则相对较多。这都是为了适应深海生活所做出的必要的"妥协"。

C项说法正确。当毛巾的水分蒸发时,纤维素之间的距离被拉近。那些在毛巾表层、未蒸发完全的水分子和纤维素分子之间形成了特殊的氢键,成为结合水。这些结合水像胶水一样让纤维素分子交联在一起,形成更紧密的网络结构,于是毛巾就会变硬。

D项说法正确。黑胡椒是由不去皮的胡椒果实直接风干或晾干制成的。由于胡椒皮中含有胡椒油和微量胡椒碱,所以黑胡椒更香。白胡椒则是先将果皮去除,再经过风干或晾干处理制成的。由于胡椒果核中含有大量胡椒碱,所以白胡椒更辣。

故本题选 A。

51.【答案】C。解析:目前全球有四大卫星定位系统,分别是美国全球定位系统、俄罗斯格洛纳斯卫星导航系统、欧洲伽利略卫星导航系统和中国北斗卫星导航系统。故本题选 C。

52.【答案】B。解析:5G 是第五代移动通信技术的简称,具有更大带宽、更高速率、更低时延、更大连接等特性,应用场景由传统的移动互联网拓展到移动物联网,服务对象从传统的人与人通信拓展到人与物、物与物通信,未来的发展目标是实现真正的万物互联。故本题选 B。

53.【答案】D。解析:A 项不符合题意。信息编程是指让计算机代为解决某个问题,对某个计算体系规定一定的运算方式,使计算体系按照该计算方式运行,并最终得到相应结果的过程。

B 项不符合题意。虚拟现实技术又称灵境技术,是 20 世纪发展起来的一项全新的实用技术。虚拟现实技术囊括计算机、电子信息、仿真技术于一体,其基本实现方式是计算机模拟虚拟环境从而给人以环境沉浸感。

C 项不符合题意。智能代理是定期地收集信息或执行服务的程序。它不需要人工干预,具有高度智能性和自主学习性,可以根据用户定义的准则,主动地通过智能化代理服务器为用户搜集最感兴趣的信息,然后利用代理通信协议把加工过的信息按时推送给用户,并能推测出用户的意图,自主制订、调整和执行工作计划。

D 项符合题意。模式识别就是用计算的方法,根据样本的特征将样本划分到一定的类别中去。手掌及其手指、脚、脚趾内侧表面的皮肤凹凸不平产生的纹路会形成各种各样的图案。而这些皮肤的纹路在图案、断点和交叉点上各不相同,是唯一的。依靠这种唯一性,就可以将一个人同他的指纹对应起来,通过比较他的指纹和预先保存的指纹,便可以验证他的真实身份。

故本题选 D。

54.【答案】C。解析:蚊子在吸血的同时,还会将一些"毒汁"——蚁酸注入人的肌肉中,从而引起皮肤和肌肉局部发炎,使人产生痒的感觉。这时,如果在被叮咬处涂点浓肥皂水或氨水(浓度为 1%),就可以让蚁酸和这些碱性物质打一场"化学战",变成既不是酸也不是碱的盐类和水。蚁酸变成盐类物质后,使人产生的痒感和起红疙瘩的"酸性格"也就减弱或失去了,人体的痒感便得到缓解。故本题选 C。

55.【答案】B。解析:大数据可分为大数据技术、大数据工程、大数据科学和大数据应用等领域。除了影响经济方面,它同时也能在政治、文化等方面产生深远的影响。故本题选 B。

56.【答案】D。解析:A 项说法错误。沼气是经过微生物发酵产生的可燃性气体,其主要成分是甲烷。甲烷在常温下是无色、无味气体,具有可燃性。该项"氨气"表述有误。"氨气"是一种无色、有强烈刺激气味的气体。

B项说法错误。在加热的过程中,硬水中的钙、镁等离子会沉淀,形成水垢。水中的钙、镁离子含量降低了,水的硬度也就降低了。

C项说法错误。消毒酒精的浓度应该在70%~75%。酒精浓度过高,会使病原微生物外表面的蛋白质较快凝固,在病原微生物表面形成一层保护壳,反而不利于酒精向病原体内部渗透,达不到消毒作用。

D项说法正确。用洗涤剂清洗油污,是利用了洗涤剂的乳化作用,将油污分散成微小颗粒溶解在水中。

故本题选D。

57.【答案】D。解析:中国南极科考站包括长城站、中山站、昆仑站、泰山站以及目前在建的罗斯海新站。其中长城站是中国在南极建立的第一个科学考察站。D项正确,C项错误。东方站与和平站都是苏联建立的南极科考站。A、B两项错误。故本题选D。

58.【答案】B。解析:A项不选。小孔成像是一种因光沿直线传播而形成的一种物理学现象。这一现象可以证明光在同种均匀介质中沿直线传播。

B项当选。玻璃幕墙是城市建筑中的主流材料,它具有受人喜爱的美观外表,但是玻璃幕墙在实际的应用中会产生很多的反射光,容易造成光污染。

C项不选。投影仪的镜头相当于一个凸透镜,投影仪成像是光的折射成像,所成的像是放大倒立的实像。

D项不选。海市蜃楼,又称蜃景,是一种因光的折射而形成的自然现象,是地球上物体反射的光经大气折射而形成的虚像。其本质是一种光学现象。

故本题选B。

59.【答案】D。解析:鲜黄花菜中含有一种"秋水仙碱"的物质,它本身虽无毒,但经过胃肠道的吸收,在体内氧化为"二秋水仙碱",则具有较大的毒性。干黄花菜由鲜黄花菜加工而成,几乎不含秋水仙碱,不会造成中毒。故本题选D。

60.【答案】B。解析:DNA分子属于双螺旋结构,由两条平行的链组成。DNA每条单链由脱氧核糖、核苷酸和磷酸构成,而核苷酸由碱基构成。故本题选B。

61.【答案】A。解析:人之所以能发出声音,主要是因为气息冲击声带而使声带产生振动。故本题选A。

62.【答案】B。解析:A项说法错误。有极少数金属如金不能和氧发生反应生成金属氧化物。

B项说法正确。雷雨时,闪电发生的化学变化使空气中的部分氧气变成臭氧。臭氧具有净化空气,杀死细菌的作用。人们感到空气特别新鲜,是因为臭氧分子增多。

C项说法错误。被科学家称为"防癌之王"的人体微量元素是硒而不是碘。

D项说法错误。浓硫酸有脱水性,稀硫酸没有脱水性。

故本题选B。

63.【答案】C。解析:味蕾对各种味的敏感程度不同。人分辨苦味的本领最高,其次为酸味,再次为咸味,最差的是甜味。故本题选C。

64.【答案】D。解析:A项说法正确。生物富集是指生物有机体或处于同一营养级上的许多生物种群,从周围环境中蓄积某种元素或难分解化合物,使生物有机体内该物质的浓度超过环境中的浓度的现象。生物富集与食物链相联系,各种生物通过一系列吃与被吃的关系,把生物与生物紧密地联系起来。

B项说法正确。生态系统的功能是进行物质循环和能量流动,它们是通过食物链和食物网进行的。因为每一个营养级都会通过呼吸作用散失很多能量,所以,能量在沿着食物链和食物网传递时,具有单向性、逐级递减且不循环的特点。

C项说法正确。分解者是异养生物,其作用是把动植物残体内固定的复杂有机物分解为生产者能重新利用的简单化合物,并释放出能量,其作用与生产者相反。分解者主要是各种细菌和真菌,也包括某些原生动物及腐食性动物,如食枯木的甲虫、白蚁,以及蚯蚓和一些软体动物等。

D项说法错误。生产者为自身和生态系统中的其他生物提供营养物质和能量,所以其营养方式必须是自养。只要能利用无机物合成有机物的,其营养方式就是自养,它就是生态系统中的生产者。生产者主要是绿色植物,但并不都是绿色植物。硫细菌和硝化细菌能够利用光能或化学能将无机物转变为储能的有机物满足自身对营养物质的需要,其营养方式为自养,也属于生产者。

故本题选 D。

65.【答案】B。解析:凸镜对光线具有发散作用,汽车的观后镜是利用凸镜成正立的、缩小的虚像来增大观察范围,从而保证行车安全。故本题选 B。

66.【答案】C。解析:玻璃、陶瓷、橡胶、竹签是常见的绝缘体。不锈钢筷是金属制品,属于导体。故本题选 C。

67.【答案】B。解析:茶壶盖上的小孔是为了使作用在壶内外水面上的气压平衡。如果茶壶盖上没孔,倒水时,茶壶内上方的气体压强会随着水的流出逐渐减小,茶壶外的大气压强大于茶壶内的压强,使水不易倒出。故本题选 B。

68.【答案】D。解析:运动病又称晕动病,是晕车、晕船、晕机等的总称。它是指乘坐交通工具时,人体内耳前庭平衡感受器受到过度运动刺激,前庭器官产生过量生物电,影响神经中枢而出现的出冷汗、恶心、呕吐、头晕等症状群。内耳前庭是人体平衡感受器官,它包括三对半规管和前庭的椭圆囊和球囊。半规管内有壶腹嵴,椭圆囊、球囊内有耳石器(又称囊斑),它们都是前庭末梢感受器,可感受各种特定运动状态的刺激。故本题选 D。

69.【答案】C。解析:A项不选。tRNA(转运 RNA)可以转运氨基酸。

B项不选。rDNA,即核糖体 DNA,是一种 DNA 序列,该序列用于 rRNA(核糖体 RNA)编码。

C项当选。DNA(脱氧核糖核酸)携带有合成 RNA(核糖核酸)和蛋白质所必需的遗传信息,是生物体发育和正常运作必不可少的生物大分子。蛋白质是遗传物质 DNA 的表达产物,是生命活动中最重要的物质。

D项不选。RNA 一般不作为遗传物质,只有少数病毒的遗传物质是 RNA。

故本题选 C。

70.【答案】D。解析:A项说法错误。唱歌、说话主要是由于声带的振动。

B项说法错误。彩虹呈现在与太阳方向相反的天空,所以傍晚的彩虹出现在东边的天空。

C项说法错误。在灯光下能看到物体是光的漫反射现象。

D项说法正确。冰吸热降低周围空气的温度,空气的温度下降,遇冷收缩后体积变小,密度变大后会下沉。所以用冰块冷却食物,冰块应放在食物的上方。

故本题选D。

71.【答案】C。解析:人体或哺乳动物缺乏维生素A时易出现眼干燥症,缺乏维生素D时易出现缺钙或患佝偻病。故本题选C。

72.【答案】D。解析:A项说法错误。煤炭在充分燃烧时多产生二氧化碳,在不充分燃烧时会产生大量的有毒气体——一氧化碳。

B项说法错误。用液氢做火箭燃料的主要原因是氢气燃烧时放热多,即它的热值高。

C项说法错误。电石的主要成分是碳化钙,其与水反应后生成氢氧化钙和乙炔。乙炔可用于照明、切割与焊接金属,也是制造乙醛、醋酸、苯、合成橡胶、合成纤维等的基本原料。

D项说法正确。E10乙醇汽油是指在不添加含氧化合物的车用乙醇汽油调和组分油中,加入10%(体积分数)的变性燃料乙醇调合而成的用作车用点燃式发动机的燃料。

故本题选D。

73.【答案】A。解析:地球生物进化过程一般是由单细胞到多细胞、由低级到高级、由简单到复杂的过程。

A项排序正确,D项排序错误。植物进化第一阶段是菌藻植物时代,蓝藻是地球上最早出现的单细胞生物之一;第二阶段是蕨类植物时代;之后是裸子植物,最原始的裸子植物(原裸子植物)也是由裸蕨类演化出来的;再之后是被子植物,它是从白垩纪迅速发展起来的植物类群,并取代了裸子植物的优势地位。A项的排序正确,D项中的苔藓是蕨类植物,而绿藻、菌类属于菌藻植物,苔藓应排在绿藻、菌类后。

B、C两项排序错误。动物的演化过程是:原始单细胞动物—无脊椎动物(腔肠动物—扁形动物—线形动物—环节动物—软体动物—节肢动物)—脊椎动物(鱼类—两栖动物—爬行动物—鸟类、哺乳动物)。B项中的草履虫属于动物界中最原始、最低等的单细胞原生动物,应早于节肢动物。C项中的鱼类是最古老的脊椎动物,应排在爬行动物之前。

故本题选A。

74.【答案】C。解析:A项不属于。地龙又名蚯蚓,是我国重要的中药材之一,具有清热定惊、通络、平喘、利尿的功效。龙骨,中药名,为古代脊椎动物如象类、犀牛类、三趾马、牛类、鹿类等的骨骼化石。

B项不属于。决明子,中药名,是豆科植物决明或小决明干燥成熟的种子,有明目的作用。牛黄是牛科动物黄牛或水牛的胆囊或胆管中的结石。

C项属于。田七即三七,中药名,为五加科植物三七的干燥根,具有化瘀止血、活血止痛的功效。茯苓,中药名,为多孔菌科真菌茯苓的干燥菌核。二者均属于植物类药。

D项不属于。阿胶,亦称驴皮胶,中药名,为马科动物驴的皮去毛后熬制而成的胶块。蝉衣即蝉蜕,为蝉科昆虫黑蚱羽化后的蜕壳。

故本题选C。

75.【答案】D。解析:泥石流暴发时,应立即观察地形,向沟谷两侧山坡或高地跑。逃生时,要抛弃一切影响奔跑速度的物品,不要躲在有滚石和大量堆积物的陡峭山坡下面,不能停留在低洼的地方,也不能攀爬到树上躲避。A、B、C三项说法正确,D项说法错误。故本题选D。

76.【答案】C。解析:A项属于。运动出汗可以扩张毛细血管,加速血液循环,增加血管壁弹性,达到降低血压的目的。

B项属于。汗液在降低体温的同时,能够排出部分代谢废物,清除体内垃圾。如普通感冒借助发汗来解毒散热。

C项不属于。通常情况下,出汗时矿物质、盐会随着汗液排出。但是身体可以通过皮肤表面对其进行二次吸收。因此,出汗时,由于矿物质、盐分等没有随着汗液流走,出汗后便会觉得神清气爽。所以一般情况下,出汗不会让人感到疲劳。若运动中流汗过多,人体水分和盐分大量流失,且不及时补充,则可能导致身体脱水,出现疲惫感。这是运动出汗过多的危害。

D项属于。流汗可以加快新陈代谢,促进人体排出毒素,促进血液循环。
故本题选C。

77.【答案】C。解析:A项说法错误。条件反射是暂时的刺激,可以消退。A项中"固定的,不会消退"的说法错误。

B项说法错误。非条件反射大多由较低级的神经中枢(如脑干、脊髓)参与完成,而条件反射必须有高级神经中枢大脑皮层的参与才能完成。B项中"由脑干、脊髓参与即可完成"的说法错误,条件反射还必须有高级神经中枢大脑皮层的参与。

C项说法正确。条件反射是需要人在后天的生活中不断获得的一种经验性行为。

D项说法错误。条件反射是发生在人大脑皮层中暂时性的神经联系,任何无关联的事物长期一起出现都有可能引起条件反射。D项中"与生俱来的固定神经联系"的说法错误。
故本题选C。

78.【答案】C。解析:A项说法正确。原核生物是指一类细胞核无核膜包裹,只有称作核区的裸露DNA的原始单细胞生物,包括细菌、蓝藻、放线菌、衣原体等。乳酸菌呈杆形,属于细菌,是一种原核生物。

B项说法正确。酵母菌属于真核细胞,是有核膜包围的细胞核。

C项说法错误。破伤风杆菌厌氧,容易在较深的伤口中大量繁殖,从而使人患上破伤风。

D项说法正确。硝化细菌是一类好氧细菌。鱼缸适量增氧可以供鱼类呼吸用,还可以使一定量的硝化细菌存在,保证鱼缸中的氮循环。
故本题选C。

79.【答案】D。解析:A、B两项说法正确。蚕丝的主要成分是蛋白质,属于天然高分子材料。

C项说法正确。蜡烛属于有机物,"蜡炬成灰"的燃烧过程中发生了氧化还原反应。

D项说法错误。在古代,蜡烛通常由动物油脂制成,动物油脂的主要成分为高级脂肪酸酯。高级脂肪酸酯不属于高分子聚合物。
故本题选D。

80.【答案】C。解析:A项不选。碳酸氢钠直接加热会放出二氧化碳气体。

B项不选。碳酸氢铵直接加热会放出氨气和二氧化碳。

C项当选。氯化钠直接加热会形成钠离子和氯离子,不放出气体。

D项不选。高锰酸钾直接加热会放出氧气。

故本题选C。

81.【答案】B。解析：A项不选。黑河是我国西北地区第二大内陆河，甘肃省最大的内陆河，发源于祁连山北麓中段，流经青海、甘肃、内蒙古等省区。

B项当选。塔里木河位于新疆维吾尔自治区塔里木盆地北部，发源于天山及喀喇昆仑山，注入台特马湖，是我国最大的内流河。

C项不选。渭干河是新疆维吾尔自治区十一大河之一，是塔里木河的重要支流之一，又称龟兹川水，发源于天山南坡，由木扎尔特河、克孜尔河等六条支流汇合而成。

D项不选。和田河是塔里木河三大源流之一，发源于喀喇昆仑山和昆仑山，向北流入塔里木盆地，穿过塔克拉玛干沙漠，汇入塔里木河。

故本题选B。

82.【答案】C。解析：粤港澳大湾区由香港、澳门两个特别行政区和广东省的广州、深圳、珠海、佛山、肇庆、惠州、东莞、中山、江门等9个城市（珠三角）组成，是中国开放程度最高、经济活力最强的区域之一。其中，深圳毗邻香港、澳门、广州，为连接粤港澳的黄金走廊，是粤港澳大湾区的核心区域。厦门不属于粤港澳大湾区建设的城市。故本题选C。

83.【答案】B。解析：我国大部分地区位于北回归线以北，太阳直射点位于北回归线以南，太阳光从南向北照射，使山的南面成为向阳坡，阳光照射充足，故为阳；北面为背阳坡，阳光照射较少，故为阴。中国的主要水系一般是自西向东流，北半球受地转偏向力向右的影响，水流冲刷南岸，使南岸地势低湿，故为阴；北岸则相反。故本题选B。

84.【答案】D。解析：A项说法正确。我国位于亚洲东部，太平洋西岸，是一个海陆兼备的国家。

B项说法正确。我国地形复杂，地势西高东低，山地和高原主要分布在西部，丘陵和平原主要分布在东部，且复杂多样。

C项说法正确。我国的气候具有夏季高温多雨、冬季寒冷少雨、高温期与多雨期一致的季风气候特征。冬季盛行从大陆吹向海洋的偏北风，夏季盛行从海洋吹向陆地的偏南风。

D项说法错误。我国山地多，平地少，耕地后备资源少，难利用的土地多。

故本题选D。

85.【答案】B。解析：我国各少数民族都保留着自己的传统节日，诸如傣族的泼水节、蒙古族的那达慕大会、彝族的火把节、瑶族的达努节、白族的三月街、壮族的歌圩、藏族的藏历年和望果节、苗族的跳花节等。故本题选B。

86.【答案】D。解析：A项说法错误。我国地势西高东低，呈阶梯状分布。地势的第一级阶梯是青藏高原；第二级阶梯上分布着主要的盆地和高原；第三级阶梯上分布着广阔的平原，间有丘陵和低山。

B项说法错误。我国位于中纬度地区，领土南北跨越的纬度近50度，大部分处于北温带，小部分在热带，没有寒带。

C项说法错误。台湾岛是我国第一大岛；海南岛是我国第二大岛。

D项说法正确。塔克拉玛干沙漠是我国最大的沙漠，位于新疆维吾尔自治区南部、塔里木盆地中部，面积约33.76万平方千米。

故本题选 D。

87.【答案】D。解析：A 项不选。"春雨贵如油"是指我国华北地区的春季,雨水像油一样可贵,形容春雨宝贵难得。云贵高原位于我国西南地区,故 A 项不符合题意。

B 项不选。"早穿棉袄午穿纱,围着火炉吃西瓜"是对我国新疆地区气候特点的形象写照。新疆深居内陆,地处我国西北,受海洋影响小,是典型的温带大陆性气候。这种气候的主要特点就是夏热冬冷、降水稀少,气温的年较差和日较差都很大。

C 项不选。"远看是山,近看成川"是青藏高原地表形态的真实写照,青藏高原虽然海拔高,但相对高度小。

D 项当选。"天无三日晴,地无三尺平"描述的是我国云贵高原崎岖的地形特点及多雨的气候特点。

故本题选 D。

88.【答案】C。解析：据 2020 年第七次全国人口普查数据,我国少数民族中,壮族的人口最多,约为 1957 万人;维吾尔族排在第二位,约为 1177 万人;回族排在第三位,约为 1138 万人;彝族人口约为 983 万人;藏族人口约为 706 万人。故本题选 C。

89.【答案】A。解析：喀斯特地貌的形成是石灰岩地区地下水长期溶蚀的结果。石灰岩的主要成分是碳酸钙,在有水和二氧化碳时发生化学反应生成碳酸氢钙,后者可溶于水,于是空洞形成并逐步扩大。故本题选 A。

90.【答案】B。解析：A 项对应错误。登高赏菊是重阳节的习俗。重阳节为每年农历九月初九,而蛾眉月分为上蛾眉月与下蛾眉月,对应的时间大约是农历初三、初四和二十六、二十七。故蛾眉月与登高赏菊对应错误。

B 项对应正确。穿针乞巧是七夕节的习俗。七夕节为每年农历七月初七,而上弦月为农历初七、初八。故上弦月与穿针乞巧对应正确。

C 项对应错误。赏月吃月饼是中秋节的习俗。中秋节为每年农历八月十五,而朔月为农历初一。故朔月与赏月吃月饼对应错误。

D 项对应错误。食粽赛龙舟是端午节的习俗。端午节为每年农历五月初五,而望月为农历十五、十六。故望月与食粽赛龙舟对应错误。

故本题选 B。

91.【答案】A。解析：A 项对应正确。武陵源风景名胜区位于湖南省西北部,武陵源被称为"自然的迷宫""地质的博物馆""森林的王国""植物的百花园""野生动物的乐园"。1992 年,其作为自然遗产被列入《世界遗产名录》。

B 项对应错误。莫高窟亦称"千佛洞",中国著名的石窟,位于甘肃敦煌东南鸣沙山。其融建筑、雕塑、壁画于一体,是世界现存规模最大、内容最丰富的佛教艺术圣地,为全国重点文物保护单位,其作为文化遗产被列入《世界遗产名录》。

C 项对应错误。明清皇家陵寝,指建于中国明清时期,现分布于北京市、河北省、湖北省、江苏省、安徽省、辽宁省的皇家陵寝建筑群。其中,明孝陵是明太祖朱元璋的陵墓,位于江苏南京紫金山(钟山)南麓。明十三陵是明代自成祖到思宗共计十三个皇帝的陵墓,位于北京昌平天寿山南麓。其中以长陵的规模最大。清东陵位于河北遵化马兰峪西,是清代帝王陵墓群之一。清西陵在河北易县城西梁各庄永宁山下,是清代帝王陵墓群之一,其因与遵化的东陵相对,故称"西陵"。

D项对应错误。云冈石窟位于山西大同武州(周)山南麓、武州川的北岸,依山开凿,东西绵延约1千米。云冈石窟的雕刻风格,是继承汉代石刻艺术的传统和吸收外来文化的影响而形成的。

故本题选A。

92.【答案】D。解析:A项说法正确。由于秦岭山脉南北面的温度、气候、地形均呈现差异性变化,因而秦岭—淮河一线成为我国地理上最重要的南北分界线。

B项说法正确。祁连山脉位于河西走廊南侧,山上的冰雪融水是河西走廊绿洲农业的主要水源。

C项说法正确。喜马拉雅山脉位于青藏高原南巅边缘,是世界上海拔最高的山脉。

D项说法错误。我国的季风区与非季风区分界线为大兴安岭—阴山—贺兰山—巴颜喀拉山—冈底斯山一线,该线西北为非季风区,东南为季风区。

故本题选D。

93.【答案】B。解析:A、C、D三项属于。黄河自西向东分别流经青海、四川、甘肃、宁夏、内蒙古、陕西、山西、河南及山东9个省(区),最后流入渤海。故本题选B。

94.【答案】B。解析:热带雨林气候终年多雨,年降水量在2000毫米以上;地中海气候冬季多雨;温带大陆性气候全年降水较少;温带季风气候夏季多雨。故本题选B。

95.【答案】C。解析:A项对应错误。该诗句出自唐代李益的《同崔邠登鹳雀楼》,意思是鹳雀楼西边有百尺桅樯,汀洲上高耸入云的树木茫茫一片。鹳雀楼位于山西省。山西省简称"晋"。"鄂"是湖北省的简称。

B项对应错误。该诗句出自宋代刘克庄的《簪带亭》,意思是数不尽的山峰像巨人环绕立于大地,漓江像舞女一样旖旎环抱桂林城。其描写了桂林山水的独特风光。桂林山水位于广西壮族自治区。广西壮族自治区简称"桂"。"苏"是江苏省的简称。

C项对应正确。该诗句出自毛泽东同志的《七绝·为李进同志题所摄庐山仙人洞照》,意思是松树在暮色苍茫中傲然挺立在山崖上,一阵阵乱云从容地飞过。其描写的是庐山仙人洞和劲松。庐山位于江西省。江西省简称"赣"。

D项对应错误。该诗句出自明代顾炎武的《五台山》。五台山位于山西省,为佛教名山。山西省简称"晋"。"皖"是安徽省的简称。

故本题选C。

96.【答案】A。解析:辐射逆温是由于地面辐射冷却而形成的逆温,最为常见。夜晚,空气自下而上被冷却,形成"上暖下凉"的逆温层结构,黎明时逆温现象最强;日出后随太阳辐射逐渐加强,地面增温,逆温便自下而上逐渐消去。逆温阻碍了近地面空气的垂直对流运动,不利于空气污染物向高空扩散,而使其停留在低空,因此空气条件不适宜锻炼。故本题选A。

97.【答案】C。解析:A项说法正确。地震是地壳的震动。震波发源的地方,叫作震源。震动从震源传出,在地球中传播。

B、D两项说法正确。震中到震源的深度叫作震源深度。通常将震源深度小于60千米的叫浅源地震,深度在60~300千米的叫中源地震,深度大于300千米的叫深源地震。对于同样大小的地震,由于震源深度不一样,对地面造成的破坏程度也不一样。震源越浅,破坏越大,但波及范围却越小,反之亦然。

C项说法错误。震源在地面上的垂直投影,地面上离震源最近的一点称为震中,它是接受震动最早的部位。

故本题选C。

98.【答案】A。解析:题干诗句出自南宋赵师秀的《约客》,描写的是黄梅成熟时节,我国南方地区出现的景象。这个季节受势均力敌的冷暖气流形成的准静止锋影响,江南地区会出现梅雨天气,会出现阴雨连绵的景象。这种类型的雨属于锋面雨。故本题选A。

99.【答案】D。解析:春分,太阳直射点在赤道,此后北移。夏至,太阳直射点在北回归线上,此后南移。秋分,太阳直射点在赤道,此后继续南移。冬至,太阳直射点在南回归线上,此后北移。9月30日在秋分后,太阳直射点在南半球,将向南移动。故本题选D。

100.【答案】A。解析:B、D两项说法错误。"一山有四季,十里不同天"是指在同一位置,海拔不同导致气温不同、景象不同,体现了自然景观的垂直地带分异规律。

A项说法正确,C项说法错误。"才从塞北踏冰雪,又向江南看杏花"中"塞北"和"江南"的差异主要体现在南北差异,属于纬度地带性差异,即从赤道到两极的纬度地带分异规律。

故本题选A。

第二篇

形势与政策

内容概述

形势与政策主要考查国家重大方针政策及思想,国内的重大时事。其内容主要包含党的二十大报告的主要内容,以及国内其他重要会议及文件。

第一章 国家重大方针政策及思想

1. 党的二十大报告指出,中国式现代化的本质要求是:坚持中国共产党领导,坚持中国特色社会主义,实现(   ),发展全过程人民民主,丰富人民精神世界,实现全体人民共同富裕,促进人与自然和谐共生,推动构建人类命运共同体,创造人类文明新形态。

　　A. 高质量发展　　　　　　　　　　B. 中华民族伟大复兴
　　C. 国家治理体系和治理能力现代化　　D. 第二个百年奋斗目标

2. 党的二十大报告指出,全党必须牢记,全面从严治党永远在路上,党的(   )永远在路上,决不能有松劲歇脚、疲劳厌战的情绪,必须持之以恒推进全面从严治党,深入推进新时代党的建设新的伟大工程,以党的(   )引领社会革命。

　　A. 自我批评　　B. 自我监督　　C. 自我革命　　D. 自我斗争

3. 党的二十大报告中多次提到高质量发展,下列关于高质量发展的表述,不符合党的二十大报告的是(   )。

　　A. 实现高质量发展是中国式现代化的本质要求之一
　　B. 高质量发展是全面建设社会主义现代化国家的首要任务
　　C. 实现高质量发展是中国共产党的中心任务
　　D. 要坚持以推动高质量发展为主题,着力提高全要素生产率

4. 党的二十大报告在回顾过去十年工作时指出,我国成为一百四十多个国家和地区的主要贸易伙伴,货物贸易总额居世界第一,吸引外资和对外投资居世界前列,形成(   )对外开放格局。

　　A. 全方位、多层次、宽领域　　　　B. 领域更宽、平台更多、范围更广
　　C. 更大范围、更宽领域、更深层次　　D. 全覆盖、多层次、宽领域

5. 党的二十大报告指出,全面建设社会主义现代化国家、全面推进中华民族伟大复兴,关键在(   )。

　　A. 党　　B. 政府　　C. 社会主义　　D. 马克思主义

6. 党的二十大报告指出,经过不懈努力,党找到了(   )这一跳出治乱兴衰历史周期率的第二个答案,确保党永远不变质、不变色、不变味。

　　A. 自我改革　　B. 人民监督　　C. 自我革命　　D. 党内监督

7. 党的二十大报告指出,健全资本市场功能,提高(   )比重。加强反垄断和反不正当竞争,破除地方保护和行政性垄断,依法规范和引导资本健康发展。

　　A. 财政支持　　　　　　B. 间接融资
　　C. 直接融资　　　　　　D. 综合融资

8. 党的二十大报告指出,国家安全是(   )的根基,(   )是国家强盛的前提。必须坚定不移贯彻总体国家安全观,把维护国家安全贯穿党和国家工作各方面全过程,确保国家安

全和社会稳定。

　　A. 民族复兴　科技进步　　　　　　B. 民族复兴　社会稳定
　　C. 经济发展　科技进步　　　　　　D. 经济发展　社会稳定

9. 党的二十大报告指出,党的十八大以来,我们经历了对党和人民事业具有重大现实意义和深远历史意义的三件大事,分别是(　　)。
①迎来中国共产党成立一百周年
②中国特色社会主义进入新时代
③提出并贯彻新发展理念,实现全体人民共同富裕
④完成脱贫攻坚、全面建成小康社会的历史任务,实现第一个百年奋斗目标
　　A. ①②③　　　　B. ②③④　　　　C. ①③④　　　　D. ①②④

10. 党的二十大报告指出,全面建成社会主义现代化强国,总的战略安排是分两步走:从2020年到2035年基本实现社会主义现代化;从2035年到(　　)把我国建成富强民主文明和谐美丽的社会主义现代化强国。
　　A. 2050年　　　　　　　　　　　　B. 新中国成立一百年
　　C. 二十一世纪中叶　　　　　　　　D. 2060年

11. 党的二十大报告指出,(　　)是全面建设社会主义现代化国家的首要任务。
　　A. 高质量发展　　　　　　　　　　B. 坚持党中央权威和集中统一领导
　　C. 坚持创新驱动发展　　　　　　　D. 实现中华民族伟大复兴

12. 2022年10月16日,党的二十大在北京人民大会堂开幕。习近平总书记代表第十九届中央委员会向大会作了题为(　　)的报告。
　　A.《高举中国特色社会主义伟大旗帜为夺取全面建设小康社会新胜利而奋斗》
　　B.《决胜全面建成小康社会夺取新时代中国特色社会主义伟大胜利》
　　C.《坚定不移沿着中国特色社会主义道路前进为全面建成小康社会而奋斗》
　　D.《高举中国特色社会主义伟大旗帜为全面建设社会主义现代化国家而团结奋斗》

13. 党的二十大报告指出,尊重自然、顺应自然、保护自然,是全面建设社会主义现代化国家的(　　)。必须牢固树立和践行绿水青山就是金山银山的理念,站在(　　)的高度谋划发展。
　　A. 核心要义　人类命运共同体　　　B. 核心要义　人与自然和谐共生
　　C. 内在要求　人类命运共同体　　　D. 内在要求　人与自然和谐共生

14. 党的二十大报告指出,(　　)是社会主义的生命,是全面建设社会主义现代化国家的应有之义。
　　A. 改革开放　　　　　　　　　　　B. 科技创新
　　C. 人民民主　　　　　　　　　　　D. 自我革命

15. 党的二十大报告指出,全面建设社会主义现代化国家,必须坚持中国特色社会主义文化发展道路,增强(　　),围绕举旗帜、聚民心、育新人、兴文化、展形象建设社会主义文化强国,发展(　　)、面向世界、面向未来的,民族的科学的大众的社会主义文化,激发全民族文化创新创造活力,增强实现中华民族伟大复兴的精神力量。
　　A. 文化自觉　面向现代化　　　　　B. 文化自觉　面向新时代
　　C. 文化自信　面向现代化　　　　　D. 文化自信　面向新时代

16. 党的二十大报告指出,"一国两制"是中国特色社会主义的伟大创举,是香港、澳门回归后保持长期繁荣稳定的最佳制度安排,必须长期坚持。下列关于"一国两制"的说法,错误的是(　　)。
　　A. "一国两制"的伟大构想,最早是针对香港问题提出来的
　　B. "一国"是实行"两制"的前提和基础,"两制"从属和派生于"一国"并统一于"一国"之内
　　C. "一国两制"的成功实践维护了港澳长期的繁荣稳定
　　D. "和平统一、一国两制"方针是实现两岸统一的最佳方式,对两岸同胞和中华民族最有利

17. 党的二十大报告指出,(　　)是中国特色社会主义的本质要求,也是一个长期的历史过程。
　　A. 依法治国　　　　　　　　　　B. 深化改革
　　C. 从严治党　　　　　　　　　　D. 共同富裕

18. 党的二十大报告指出,人心是最大的政治,(　　)是凝聚人心、汇聚力量的强大法宝。
　　A. 党的建设　　　　　　　　　　B. 基层民主
　　C. 统一战线　　　　　　　　　　D. 为民服务

19. 党的二十大报告指出,(　　)是全面建设社会主义现代化国家的基础性、战略性支撑。
　　A. 经济发展　　　　　　　　　　B. 科技创新
　　C. 教育、科技、人才　　　　　　D. 培养高素质技术技能人才

20. 党的二十大报告指出,(　　)是社会主义民主政治的本质属性,是最广泛、最真实、最管用的民主。
　　A. 直接民主　　　　　　　　　　B. 间接民主
　　C. 全过程人民民主　　　　　　　D. 协商民主

参考答案及解析

1.【答案】A。解析:党的二十大报告指出,中国式现代化的本质要求是:坚持中国共产党领导,坚持中国特色社会主义,实现高质量发展,发展全过程人民民主,丰富人民精神世界,实现全体人民共同富裕,促进人与自然和谐共生,推动构建人类命运共同体,创造人类文明新形态。故本题选A。

2.【答案】C。解析:党的二十大报告指出,全党必须牢记,全面从严治党永远在路上,党的自我革命永远在路上,决不能有松劲歇脚、疲劳厌战的情绪,必须持之以恒推进全面从严治党,深入推进新时代党的建设新的伟大工程,以党的自我革命引领社会革命。故本题选C。

3.【答案】C。解析:A项符合。党的二十大报告指出,中国式现代化的本质要求是:坚持中国共产党领导,坚持中国特色社会主义,实现高质量发展,发展全过程人民民主,丰富人民精神世界,实现全体人民共同富裕,促进人与自然和谐共生,推动构建人类命运共同体,创造

人类文明新形态。

B 项符合。党的二十大报告指出,要加快构建新发展格局,着力推动高质量发展。高质量发展是全面建设社会主义现代化国家的首要任务。

C 项不符合。党的二十大报告指出,从现在起,中国共产党的中心任务就是团结带领全国各族人民全面建成社会主义现代化强国、实现第二个百年奋斗目标,以中国式现代化全面推进中华民族伟大复兴。中国共产党的中心任务不包括实现高质量发展。

D 项符合。党的二十大报告指出,我们要坚持以推动高质量发展为主题,把实施扩大内需战略同深化供给侧结构性改革有机结合起来,增强国内大循环内生动力和可靠性,提升国际循环质量和水平,加快建设现代化经济体系,着力提高全要素生产率。

故本题选 C。

4.【答案】C。解析:党的二十大报告在回顾过去十年工作时指出,我国成为一百四十多个国家和地区的主要贸易伙伴,货物贸易总额居世界第一,吸引外资和对外投资居世界前列,形成更大范围、更宽领域、更深层次对外开放格局。故本题选 C。

5.【答案】A。解析:党的二十大报告指出,全面建设社会主义现代化国家、全面推进中华民族伟大复兴,关键在党。我们党作为世界上最大的马克思主义执政党,要始终赢得人民拥护、巩固长期执政地位,必须时刻保持解决大党独有难题的清醒和坚定。故本题选 A。

6.【答案】C。解析:党的二十大报告指出,经过不懈努力,党找到了自我革命这一跳出治乱兴衰历史周期率的第二个答案,确保党永远不变质、不变色、不变味。故本题选 C。

7.【答案】C。解析:党的二十大报告指出,健全资本市场功能,提高直接融资比重。加强反垄断和反不正当竞争,破除地方保护和行政性垄断,依法规范和引导资本健康发展。故本题选 C。

8.【答案】B。解析:党的二十大报告指出,国家安全是民族复兴的根基,社会稳定是国家强盛的前提。必须坚定不移贯彻总体国家安全观,把维护国家安全贯穿党和国家工作各方面全过程,确保国家安全和社会稳定。故本题选 B。

9.【答案】D。解析:党的二十大报告指出,"十八大召开至今已经十年了。十年来,我们经历了对党和人民事业具有重大现实意义和深远历史意义的三件大事:一是迎来中国共产党成立一百周年,二是中国特色社会主义进入新时代,三是完成脱贫攻坚、全面建成小康社会的历史任务,实现第一个百年奋斗目标"。①②④当选。故本题选 D。

10.【答案】C。解析:党的二十大报告指出,全面建成社会主义现代化强国,总的战略安排是分两步走:从 2020 年到 2035 年基本实现社会主义现代化;从 2035 年到二十一世纪中叶把我国建成富强民主文明和谐美丽的社会主义现代化强国。故本题选 C。

11.【答案】A。解析:党的二十大报告指出,高质量发展是全面建设社会主义现代化国家的首要任务。发展是党执政兴国的第一要务。没有坚实的物质技术基础,就不可能全面建成社会主义现代化强国。故本题选 A。

12.【答案】D。解析:D 项当选。2022 年 10 月 16 日,党的二十大在北京人民大会堂开幕。习近平总书记代表第十九届中央委员会向大会作了题为《高举中国特色社会主义伟大旗帜 为全面建设社会主义现代化国家而团结奋斗》的报告。

A、B、C 三项不选。A 项,为党的十七大报告的标题;B 项,为党的十九大报告的标题;

C项,为党的十八大报告的标题。

故本题选D。

13.【答案】D。解析:党的二十大报告指出,尊重自然、顺应自然、保护自然,是全面建设社会主义现代化国家的内在要求。必须牢固树立和践行绿水青山就是金山银山的理念,站在人与自然和谐共生的高度谋划发展。故本题选D。

14.【答案】C。解析:党的二十大报告指出,人民民主是社会主义的生命,是全面建设社会主义现代化国家的应有之义。全过程人民民主是社会主义民主政治的本质属性,是最广泛、最真实、最管用的民主。故本题选C。

15.【答案】C。解析:党的二十大报告指出,全面建设社会主义现代化国家,必须坚持中国特色社会主义文化发展道路,增强文化自信,围绕举旗帜、聚民心、育新人、兴文化、展形象建设社会主义文化强国,发展面向现代化、面向世界、面向未来的,民族的科学的大众的社会主义文化,激发全民族文化创新创造活力,增强实现中华民族伟大复兴的精神力量。故本题选C。

16.【答案】A。解析:A项说法错误,C项说法正确。"一国两制"的伟大构想,最早是为解决台湾问题提出来的,但首先在香港、澳门回归祖国问题上得到成功实践。事实表明,"一国两制"是适合香港、澳门实际情况的,也确实促进了香港、澳门回归后长期的繁荣稳定。

B项说法正确。党的十九届四中全会通过的《中共中央关于坚持和完善中国特色社会主义制度推进国家治理体系和治理能力现代化若干重大问题的决定》强调,"坚持'一国'是实行'两制'的前提和基础,'两制'从属和派生于'一国'并统一于'一国'之内"。这是旗帜鲜明地重申"一国"和"两制"的关系,斩钉截铁地表明态度——我们绝不容忍任何挑战"一国两制"底线的行为,绝不容忍任何分裂国家的行为。

D项说法正确。党的二十大报告指出,"和平统一、一国两制"方针是实现两岸统一的最佳方式,对两岸同胞和中华民族最有利。

故本题选A。

17.【答案】D。解析:党的二十大报告指出,共同富裕是中国特色社会主义的本质要求,也是一个长期的历史过程。故本题选D。

18.【答案】C。解析:党的二十大报告指出,人心是最大的政治,统一战线是凝聚人心、汇聚力量的强大法宝。故本题选C。

19.【答案】C。解析:党的二十大报告指出,教育、科技、人才是全面建设社会主义现代化国家的基础性、战略性支撑。必须坚持科技是第一生产力、人才是第一资源、创新是第一动力,深入实施科教兴国战略、人才强国战略、创新驱动发展战略,开辟发展新领域新赛道,不断塑造发展新动能新优势。故本题选C。

20.【答案】C。解析:党的二十大报告指出,人民民主是社会主义的生命,是全面建设社会主义现代化国家的应有之义。全过程人民民主是社会主义民主政治的本质属性,是最广泛、最真实、最管用的民主。故本题选C。

第二章 国内其他重要会议及文件

1. 2025年3月5日,第十四届全国人民代表大会第三次会议在北京人民大会堂开幕。国务院总理李强作《政府工作报告》。关于2025年发展主要预期目标,下列表述不准确的是( )。
   A. 国内生产总值增长5%左右
   B. 城镇调查失业率5%以下
   C. 城镇新增就业1200万人以上
   D. 粮食产量1.4万亿斤左右

2. 2025年经济社会发展任务十分繁重。我们要突出重点、把握关键,着重抓好的工作包括( )。
   ①大力提振消费、提高投资效益,全方位扩大国内需求
   ②因地制宜发展新质生产力,加快建设现代化产业体系
   ③着力抓好"三农"工作,深入推进乡村全面振兴
   ④加大保障和改善民生力度,提升社会治理效能
   A. 仅①②③　　　　　　　　　　B. 仅①③④
   C. 仅②③④　　　　　　　　　　D. ①②③④

3. 2025年中央一号文件指出,要锚定( )目标,以改革开放和科技创新为动力,巩固和完善农村基本经营制度。
   A. 农业增效益、农村增活力、农民增收入
   B. 确保国家粮食安全、不发生规模性返贫
   C. 推进乡村全面振兴、建设农业强国
   D. 提升乡村产业发展水平、乡村建设水平

4. 《中共中央 国务院关于进一步深化农村改革 扎实推进乡村全面振兴的意见》指出,要深入推进粮油作物大面积单产提升行动。下列措施属于"深入推进粮油作物大面积单产提升行动"的有几项?( )
   ①稳定粮食播种面积,主攻单产和品质提升,确保粮食稳产丰产
   ②进一步扩大粮食单产提升工程实施规模,加大高产高效模式集成推广力度,推进水肥一体化,促进大面积增产
   ③加力落实新一轮千亿斤粮食产能提升任务
   ④分类有序做好耕地"非粮化"整改,结合产业发展实际、作物生长周期等设置必要的过渡期
   ⑤多措并举巩固大豆扩种成果,挖掘油菜、花生扩种潜力,支持发展油茶等木本油料
   A. 2项　　　　　　　　　　　　B. 3项

C. 4 项 D. 5 项

5. 人民政协在 2025 年的主要任务有哪些？（　　）
①坚持中国共产党对人民政协的全面领导
②强化思想政治引领，广泛凝聚共识
③紧扣推进中国式现代化议政建言
④健全人民政协协商民主机制

A. 仅①②③ B. 仅①②④
C. 仅②③④ D. ①②③④

6. 2024 年 12 月 11 日至 12 日举行的中央经济工作会议指出，2025 年要坚持（　　），充实完善政策工具箱，提高宏观调控的前瞻性、针对性、有效性。
①稳中求进、以进促稳 ②求真务实、因地制宜
③守正创新、先立后破 ④系统集成、协同配合

A. ①②③ B. ①②④
C. ②③④ D. ①③④

7. 2024 年中央农村工作会议强调，要聚焦学习运用"千万工程"经验，推进乡村全面振兴，集中力量抓好办成一批重点实事，千方百计推动（　　）。
A. 经济社会高质量发展
B. 农业增效益、农村增活力、农民增收入
C. 农民收入较快增长，农村社会和谐稳定
D. 农业基础更加稳固、农村地区更加繁荣、农民生活更加红火

8. 2024 年 9 月 29 日，习近平总书记在国家勋章和国家荣誉称号颁授仪式上的讲话中指出，要胸怀强国之志。以（　　）为念，以人民幸福为盼，忠心爱国、矢志报国，把个人小我融入国家大我，在为国尽责、为民服务中实现个人价值、展现人生风采。
A. 国家富强 B. 人民幸福
C. 为国尽责 D. 为民服务

9. 2024 年 8 月 3 日发布的《国务院关于促进服务消费高质量发展的意见》指出，要挖掘基础型消费潜力、激发改善型消费活力、培育壮大新型消费。下列对应正确的有几项？（　　）
①基础型消费——餐饮住宿消费、家政服务消费、养老托育消费
②改善型消费——文化娱乐消费、体育消费、教育和培训消费、居住服务消费
③新型消费——数字消费、绿色消费、健康消费、旅游消费

A. 0 项 B. 1 项
C. 2 项 D. 3 项

10. 2024 年 4 月，中共中央办公厅印发了《关于在全党开展党纪学习教育的通知》。下列有关说法正确的是（　　）。
A. 经党中央同意，自 2024 年 4 月至 7 月，在全党开展党纪学习教育
B. 聚焦解决一些党员、干部对党规党纪不上心、不了解、不解决等问题
C. 要原原本本学，以个人自学为主、集中学习为辅
D. 各级党委（党组）要把开展党纪学习教育作为重要组织任务，加强督促落实

参考答案及解析

1.【答案】B。解析：2025年《政府工作报告》指出，2025年发展主要预期目标是：国内生产总值增长5%左右；城镇调查失业率5.5%左右，城镇新增就业1200万人以上；居民消费价格涨幅2%左右；居民收入增长和经济增长同步；国际收支保持基本平衡；粮食产量1.4万亿斤左右；单位国内生产总值能耗降低3%左右，生态环境质量持续改善。综上可知，B项表述不准确。故本题选B。

2.【答案】D。解析：2025年《政府工作报告》指出，2025年经济社会发展任务十分繁重。我们要突出重点、把握关键，着重抓好以下几个方面工作：大力提振消费、提高投资效益，全方位扩大国内需求；因地制宜发展新质生产力，加快建设现代化产业体系；深入实施科教兴国战略，提升国家创新体系整体效能；推动标志性改革举措加快落地，更好发挥经济体制改革牵引作用；扩大高水平对外开放，积极稳外贸稳外资；有效防范化解重点领域风险，牢牢守住不发生系统性风险底线；着力抓好"三农"工作，深入推进乡村全面振兴；推进新型城镇化和区域协调发展，进一步优化发展空间格局；协同推进降碳减污扩绿增长，加快经济社会发展全面绿色转型；加大保障和改善民生力度，提升社会治理效能。综上可知，①②③④表述均准确。故本题选D。

3.【答案】C。解析：2025年中央一号文件指出，要坚持农业农村优先发展，坚持城乡融合发展，坚持守正创新，锚定推进乡村全面振兴、建设农业强国目标，以改革开放和科技创新为动力，巩固和完善农村基本经营制度。故本题选C。

4.【答案】C。解析：①②③⑤属于。《中共中央 国务院关于进一步深化农村改革 扎实推进乡村全面振兴的意见》指出，要深入推进粮油作物大面积单产提升行动。稳定粮食播种面积，主攻单产和品质提升，确保粮食稳产丰产。进一步扩大粮食单产提升工程实施规模，加大高产高效模式集成推广力度，推进水肥一体化，促进大面积增产。加力落实新一轮千亿斤粮食产能提升任务。多措并举巩固大豆扩种成果，挖掘油菜、花生扩种潜力，支持发展油茶等木本油料。推动棉花、糖料、天然橡胶等稳产提质。

④不属于。该意见指出，要强化耕地保护和质量提升。分类有序做好耕地"非粮化"整改，结合产业发展实际、作物生长周期等设置必要的过渡期。

据此可知，符合题意的共4项。故本题选C。

5.【答案】D。解析：人民政协在2025年的主要任务包括：坚持中国共产党对人民政协的全面领导；强化思想政治引领、广泛凝聚共识；紧扣推进中国式现代化议政建言；健全人民政协协商民主机制。由此可知，①②③④均为人民政协在2025年的主要任务，当选。故本题选D。

6.【答案】D。解析：2024年12月11日至12日，中央经济工作会议在北京举行。会议要求，2025年要坚持稳中求进、以进促稳，守正创新、先立后破，系统集成、协同配合，充实完善政策工具箱，提高宏观调控的前瞻性、针对性、有效性。故本题选D。

7.【答案】B。解析：2024年中央农村工作会议强调，要聚焦学习运用"千万工程"经验、推进乡村全面振兴，集中力量抓好办成一批重点实事，千方百计推动农业增效益、农村增活力、农民增收入。故本题选 B。

8.【答案】A。解析：2024 年 9 月 29 日习近平总书记在国家勋章和国家荣誉称号颁授仪式上的讲话中指出，要胸怀强国之志。以国家富强为念，以人民幸福为盼，忠心爱国、矢志报国，把个人小我融入国家大我，在为国尽责、为民服务中实现个人价值、展现人生风采。故本题选 A。

9.【答案】C。解析：2024 年 8 月 3 日，《国务院关于促进服务消费高质量发展的意见》发布。

①对应正确。该意见指出，要挖掘基础型消费潜力。基础型消费包括餐饮住宿消费、家政服务消费、养老托育消费。

②对应正确。该意见指出，要激发改善型消费活力。改善型消费包括文化娱乐消费、旅游消费、体育消费、教育和培训消费、居住服务消费。

③对应错误。该意见指出，要培育壮大新型消费。新型消费包括数字消费、绿色消费、健康消费。

综上可知，对应正确的有 2 项。故本题选 C。

10.【答案】A。解析：2024 年 4 月，中共中央办公厅印发了《关于在全党开展党纪学习教育的通知》。

A 项说法正确。该通知指出，为深入学习贯彻修订后的《中国共产党纪律处分条例》，经党中央同意，自 2024 年 4 月至 7 月，在全党开展党纪学习教育。

B 项说法错误。该通知明确，要坚持以习近平新时代中国特色社会主义思想为指导，聚焦解决一些党员、干部对党规党纪不上心、不了解、不掌握等问题。

C 项说法错误。该通知强调，党纪学习教育要注重融入日常、抓在经常。要原原本本学，坚持个人自学与集中学习相结合，紧扣党的政治纪律、组织纪律、廉洁纪律、群众纪律、工作纪律、生活纪律进行研讨，推动《中国共产党纪律处分条例》入脑入心。

D 项说法错误。该通知要求，各级党委（党组）要把开展党纪学习教育作为重要政治任务，精心组织实施，加强督促落实。

故本题选 A。

第三篇

国家电网有限公司企业文化、电力与能源战略

内容概述

国家电网有限公司企业文化、电力与能源战略主要考查考生对国家电网概况、企业文化的基本价值理念体系和公司发展战略目标、全球及中国能源的了解,以及对电网及智能电网、能源互联网建设等相关知识的掌握情况和应用能力。

国家电网有限公司企业文化、电力与能源战略

〔国家电网有限公司企业文化〕

国家电网有限公司企业文化知识点包括：中国共产党第二十次全国代表大会相关内容，新时代党建理论，习近平新时代中国特色社会主义思想，社会主义核心价值观；国家电网有限公司的概况、品牌建设、发展理念、指导思想、社会责任、基本价值理念体系及公司发展战略目标，国企国资改革，员工基本礼仪规范等。

〔电力与能源战略〕

电力与能源战略知识点包括：电力体制改革，电网的基本概念、发展历程和发展趋势，特高压、智能电网、能源互联网建设，"四个革命、一个合作"能源发展新战略，新能源汽车发展，清洁能源，区块链的相关知识及应用等。

从2018年开始，国家电网在发布考试大纲时会直接给出"国家电网有限公司企业文化、电力与能源战略参考题库"，不仅有题目，也附上了答案。也就是说，只要学会此题库中的题目，就能顺利拿到此部分的分数。但是，这个题库也不是一成不变的，每年都会有所调整。鉴于此，我们在图书封底二维码中，上传了电子版的题库，考生可扫码查看。同时，建议考生要多关注国家电网有限公司官网、中公电网等相关网站，及时了解最新信息、下载最新题库进行备考。